应用翻译研究

理 论 与 实 践

STUDIES ON APPLIED TRANSLATION

Theory and Practice

黄 蔷——著

中国财经出版传媒集团

经济科学出版社

Economic Science Press

图书在版编目（CIP）数据

应用翻译研究：理论与实践/黄蔷著. --北京：
经济科学出版社，2022.8
ISBN 978 - 7 - 5218 - 3889 - 3

Ⅰ.①应… Ⅱ.①黄… Ⅲ.①翻译 - 研究 Ⅳ.
①H059

中国版本图书馆 CIP 数据核字（2022）第 135565 号

责任编辑：胡成洁
责任校对：孙　晨
责任印制：范　艳

应用翻译研究：理论与实践
黄　蔷　著
经济科学出版社出版、发行　新华书店经销
社址：北京市海淀区阜成路甲 28 号　邮编：100142
总编部电话：010 - 88191217　发行部电话：010 - 88191522
网址：www. esp. com. cn
电子邮箱：esp@ esp. com. cn
天猫网店：经济科学出版社旗舰店
网址：http://jjkxcbs. tmall. com
北京季蜂印刷有限公司印装
710 × 1000　16 开　14.5 印张　220000 字
2022 年 10 月第 1 版　2022 年 10 月第 1 次印刷
ISBN 978 - 7 - 5218 - 3889 - 3　定价：73.00 元
（图书出现印装问题，本社负责调换。电话：010 - 88191510）
（版权所有　侵权必究　打击盗版　举报热线：010 - 88191661
QQ：2242791300　营销中心电话：010 - 88191537
电子邮箱：dbts@ esp. com. cn）

前　言

　　翻译活动源远流长，翻译不仅是一种语言对另一种语言文本或话语的解码和重新编码，更是一种跨国别、跨地域、跨文化、跨心理的交际实践活动，其目的是跨越语言障碍来阐释意义、传递信息、传播观念、启迪智慧，实现与异质文明文化的沟通理解、对话交流、互鉴互学、融合创新。

　　在中国，应用文体的翻译研究总能紧跟时代发展潮流，反哺和助力应用翻译实践。作为非文学文本体裁，应用翻译文本庞杂、体裁丰富、贴近现实，被广泛运用于政治、经济、科技、社会、生产、文化、教育、外宣等各个领域。在不同历史阶段，译界对某类特定文体类型的青睐，反映出应用翻译所具有的时代性特征。明末清初出现了以"师夷长技以制夷""会通以求超胜"为目的的西方科技书籍的汉译高潮；改革开放初期，在邓小平"科学技术是第一生产力"的号召下，我国各界对国外科技知识的渴求所带来的科技翻译热和术语翻译热，翻开了我国当代应用翻译研究的新篇章；随着中国加入 WTO，经济发展进入全球化快车道，国际商务往来密切，直接服务于我国国际贸易、跨境结算的商务翻译、外贸翻译、广告翻译、商标翻译、法律翻译渐次兴起；北京奥运会、上海世博会、西安世园会等国际盛会在中国的举办，为中国旅游带来历史契机，全国译界又掀起了旅游翻译热、公示语翻译热，以满足海外游客对城市公共服务体系国际化语言环境建设的需求。在积极推进中国文化走出去、加快构建中国对外话语及叙事体系的今天，由于应用翻译与对外话语体系天生的同构与互洽关系，在中国特色对外话语"生成—译介—传播—接受"全过程的传播链条中，应用翻译担负起了传播中国声音、建构中国形象、向世界翻译中国、向世界阐释中国的历史使命，翻译界出现了从改革开放之初以"英译中"为特色的"翻译世界"，到中国走向世界舞台中央以"汉译外"为特色的"翻译中国"的历史转向。当今中国正面临前所未有的历史机遇及挑战，主动对接中国对外话语体系在世界的译介与传播的国家发展战略，对包括中国政治话语、科技话语、学术话语、民间话语等体现中国国情、蕴含中国智慧的中国特色话语的对外译介进行系统研究，提升中国话语国际表达和传播的效果，打通中国特色话语对外传播的"最后一公里"，让世界了解真实、全面和立体的当今中国，是本书撰写的初衷。

　　本书包括八个章节的内容。第一章为翻译理论综述，介绍了翻译的定义、翻译的分类、译者的角色、翻译的策略与方法，并从语言学、语用学、美学、对外传播学以及行业标准等学术视角解读了翻译的不同标准。第二章与第三章为应用翻译的概论，详细介绍了国内外译界在应用翻译学元理论研究和学科框架体系构建方面的积极探索，以及应用翻译的定义、类型、功能、特点、历史（包括佛教东传、西学东渐在内的三次翻译高潮为中华民族恢宏漫长的历史发展进程中所注入的"文化活水"）、当下亟待解决的问题——在向世界翻译中国、阐释中国的过程中，应用翻译应当如何突破政治藩篱、跨越文化差异，处理好"说了没人听"（叙事方式问题）、"说了听不懂"（译介方式问题）、"说了传不开"（传播介质问题）、"有理说不出"（译材培养问题），实现从"自我叙事"到"对外阐释"生成转化，让中国话语体系完美对接国际传播场域。20 世纪以来，翻译研究的路径经过了多种转向，从"语言学转向""文化转向""实证论和全球化转向"，21 世纪初的"认知转向"、目前翻译研究正经历"回归语言学"的 U 形转向，进入"后语言学时代"。第三章从翻译目的视角、文本功能视角、平行文本对比视角、文化学视角探讨了应用翻译研究的多元视角。前三个章节为理论论证部分，为后续章节各类应用文体的翻译实证分析提供了扎实的理论基础，帮助对应用翻译理论感兴趣的读者在较短的时间内掌握应用翻译的"道"（翻译理论）、"体"（学科构架）、"法"（翻译方法）、"术"（翻译策略）。译学研究讲究"案本求信"，重考据、重实证，本书后面的五个章节聚焦应用翻译的"器"（翻译工具）、"用"（翻译实践），针对不同种类应用文体的翻译现状，选取大量有代表性的典型译例进行实证分析，提出了相应的解决方案和翻译原则、策略、技巧和方法，所涉及的体裁较为丰富，论证较为充分，包括政论话语翻译、科技文献翻译、学术话语翻译、旅游外宣资料翻译、文物解说词翻译、餐饮菜单翻译、城市公示语翻译、中国"文化专有项"翻译、当代中国新词翻译等。本书理论与实践并重,符合新形势下应用型翻译人才的培养目标,可作为高等院校英语专业、翻译专业的研究生和本科生的参考用书,对于相关行业翻译从业人员以及有志于从事翻译事业的自学者来说,本书也具有一定学习、阅读价值。

本书是重庆市语委、重庆市教委语言文字科学重点课题"国际化城市形象建构下的城市公共场所国际化语言环境建设——重庆公共服务领域公示语英译生态现状及规范性对策研究"的研究成果,项目立项到最终完成历时 3 年。本书部分章节来源于笔者近年来在外语类核心期刊以及高校学报独立撰写、发表的论文,本书中的一些学术观点来自于笔者长期以来从事教育国际合作与交流、口笔译实务、大学英语教学的体会和心得。本书可以算是笔者多年来对应用翻译不断实践、反思、学习、研究的一个阶段性总结。本书在成书过程中借鉴了很多专家学者的观点,在此表示深深的谢意,所引用的书目均在脚注和参考文献中列出,如有遗漏,恳请谅解。书稿付梓之际,要感谢重庆市语委办语言文字科学课题项目和重庆理工大学学术著作出版资助项目的资助,感谢经济科学出版社编辑胡成洁女士的悉心指导,感谢课题组全体成员的积极参与。由于作者水平有限,书中难免有不足、欠缺、疏漏之处,在此恳请各位专家、同仁在阅读过程中不吝赐教指正,共同切磋。

黄蔷

2022 年 5 月于重庆理工大学

目　录

第一章 翻译概论

第一节 什么是翻译

一、翻译的定义

关于翻译（translate）的词源，一说是中古时期诺曼时代的法语"translater"一词，一说是拉丁语"trānslātus"（trānsferre 的过去分词），"trāns –"表示"across, beyond, through"、" – lātus"表示"to carry away, remove"，意即"转换传送"。翻译是一种历史悠久、源远流长的人类文化交流活动，几乎与语言同时诞生，其作用是帮助消除人与人之间的语言文字沟通障碍。"从原始部落的亲善交往，文艺复兴时代古代典籍的发现和传播，直至今天世界各国之间文学、艺术、哲学、科学技术、政治、经济的繁荣交流与往来，维护世界的稳定和持久和平，翻译都发挥了不可估量的作用。"①

大英博物馆的镇馆之宝罗塞塔石碑（Rosetta Stone）制作于公元前196 年。这块高 114 厘米、宽 72 厘米、厚 28 厘米、重达 762 千克的石碑，采用古希腊文、古埃及象形文字以及当时的世俗体三种文字，记录了古埃及国王托勒密五世的登基诏书。由于三种文字的同时出现，尽管古埃及象

---

① 廖七一. 当代英国翻译理论 ［M］. 武汉：湖北教育出版社，2001：1.

形文字已消逝逾千年，古希腊文依然可以作为"翻译"古埃及文字的主要线索，成为破解罗塞塔石碑秘密的密匙。

据现有史料记载，我国最早的翻译文字作品可以追溯至春秋时期的《越人歌》，这是一部包括越语原文和楚语译文的诗歌作品。《礼记·王制》篇载有："中国、夷、蛮、戎、狄，皆有安居、和味、宜服、利用、备器，五方之民，言语不通，嗜欲不同，达其志，通其欲：东方曰寄，南方曰象，西方曰狄鞮，北方曰译"，其中"寄""象""狄鞮""译"分别指东、南、西、北四方语言的翻译人员。自古以来，翻译人员在跨国家、跨区域、跨民族、跨语言的对话交流、文化多样性的形成、人类社会发展中都发挥了巨大的作用。

在语言学领域，翻译有四层概念。翻译首先是一种实践性非常强的语言交流行为，例如"典籍翻译"；翻译是一种职业，即"当翻译"，提供翻译方面的"语言服务"；翻译是一种行为的结果即"译文"或"译本"；翻译是一门古老的学科，例如"学翻译"。译无定译，人们根据不同的学科、不同的侧重点、不同的认识和不同的需要给翻译下定义。"自古及今，人们对翻译所下定义实在不少，据统计，具有一定代表性的至少有 160种。"[①] 著名美国语言学家、翻译家尤金·奈达（Eugene Nida）曾说过，有多少人谈论翻译几乎就有多少种对翻译的定义。由于翻译行为和内涵的复杂性，至今为止尚无一个被译界一致认可的表述。如下是国内外较有影响力的有关翻译的定义，可以让我们从语言学、符号学、阐释学、信息学、跨文化交际学、美学、文学的视角对翻译的内涵和外延产生更加丰富的认识。

To express the meaning of speech or writing in a different language.（翻译是用另外一种语言来表达口头言语和书面语言的意义。）

——《牛津高阶英语词典》

把一种语言文字的意义用另一种语言文字表达出来（也指方言与民族共同语、方言与方言、古代语与现代语之间一种用另一种表达）。

——《现代汉语词典》

---

① 杨全红. 高级翻译十二讲［M］. 武汉：武汉大学出版社，2009：1.

所谓翻译，是指从语义到语体在译语中使用最贴切而又最自然的对等语再现源语的信息。首先是语义，其次是文体。

　　　　　　　　　　　　　　——美国翻译家 尤金·奈达

我们总是通过包含事物的各个整体的变化系统认识事物的。有四种这样的系统。在逻辑数学领域，是演绎；在实验领域，是归纳；在实践领域，是生产；在文本领域，是翻译。

　　　　　　　　　——法国哲学家 米歇尔·塞尔（Michael Serres）

An interpretation of verbal signs by means of some other languages.（翻译是使用其他语言对话语符号进行诠释。）

　　　　　　　　　　　　　——翻译理论家 雅各·布森

翻译是用等值的译语文本材料去替换源语文本材料的过程。

　　　　　　　　　　　　——英国译论家 约翰·卡特福德

翻译是交谈，翻译是对话，翻译是人际关系。

　　　　　　——英国译论家 道格拉斯·罗宾逊（Douglas Robinson）

翻译完全可以被看作是跨越不同话语传统的理解和阐释这些更大的问题所依赖的范式。

　　　　　　　　——美国比较文学学会会长 查尔斯·伯恩海默

译者，易也，谓换易言语使相解也。

　　　　　　　　　　　　　——贾公彦《义疏》

翻：飞也。从羽，番声。译，传译四夷之言者。

　　　　　　　　　　　　——许慎《说文解字》

从本质上看，翻译就是一种信息转化行为。而信息转化行为实际上贯穿于人类生活的方方面面，是人类的基本行为。

　　　　　　　　　　　　　　　——辜正坤

翻译是以符号转化为手段，意义再生为任务的一项跨文化交际活动。

　　　　　　　　　　　　　　——许钧《翻译论》

翻译不只是简单的译码重组，不应只局限于源语文本的等值，翻译更是一种交流行为，应满足不同文化群体间的交流需要。

——英国翻译理论家　苏珊·巴斯奈特

翻译其实是一种诠释过程，即对原著的语义声韵和思想感情、符号特征及风格意境的理解和表达。

——冯象

从哲学意义上讲，翻译乃是译者与原文之间的一种交往活动，这种活动包含了理解、解读、领会、移译等诸多环节，其客观化的结果即为译文，它是译者与原本之间交往活动的凝结和完成。

——贺麟

翻译是按照社会认知需要，在具有不同规则的符号系统之间传递信息的语言、文化和思维活动。

——方梦之《译学词典》

翻译是艺术的高级形式，既需要绘画之真实，又需要音乐之谐律，更需要雕塑之匠心。

——Morrison

翻译是一种转换信息内容和更换语言形式的活动，翻译的最初对象是话语，最终对象是文化信息，语言活动只是翻译最直接最显现的表层活动，思维活动是翻译最根本最隐蔽的深层活动，翻译是译文与原文求"似"的活动。

——黄忠廉

综上所述，翻译是一种语言对另一种语言文本或话语的输出。翻译与语言学关系密切，通过分析不同语言间存在的异同，在语音、语义、语法、修辞、句法、语篇等语言层面建立译文与源文的对应关系，实现源语语言输入的解码（decoding of language input in source language）到目的语语言输出的重新编码（recoding of language output in target language）的信息转换。但是将翻译活动局限于语言活动的认识显而易见是片面的，翻译同时又是一种跨国别、跨地域、跨文化、跨心理的交际实践活动，其目的是跨越语言障碍来阐释意义、传递信息、传播观念、启迪智慧，实现与异质文明文化的沟通理解、对话交流、互鉴互学、融合创新，因此，翻译又与众多超语言学因素诸如信息学、符号学、文化学、国情学、传播学、心理学、文学、艺术学等密切相关。

二、翻译的分类

（一）语内翻译、语际翻译和符际翻译——符号学视角

索绪尔在《普通语言学教程》中说："如果我们能够在各门科学中第一次为语言学指定一个地位，那是因为我们已经将其归属于符号学"。[①] "语言是一种意识化的符号，人类所有的语言都属于符号序列，都是交际工具，都有大体相同的整体性（或宏观）结构（如语音、语法、词汇），都有从不完善到大体完善的发展演进历程。"[②] 语言是一个民族的生存语境，是人类用来传递信息的一种复杂符号系统，"包括民族意识符号、社会化符号、声像化符号、物质化符号、地域化符号五大子系统"，[③] 而每一个子系统都具有鲜明的地域色彩和民族特色。布拉格语言学派奠基人、俄裔美籍语言学家、译论家罗曼·雅各布森（Roman Jakobson）在其著作《论翻译中的语言学》（*On Linguistic Aspects of Translation*）中，从符号学的角度将翻译概括性地分为语内翻译（intra-lingual translation）、语际翻译（inter-lingual translation）、符际翻译（inter-semiotic translation）三个类型。语内翻译，又称重述（rewording），指同一语言内把一些语言符号用另外一种语言符号进行解释，如将文言文翻译成白话文，闽南语、广东话、潮州话之间相互不能达意，需要进行语内翻译；符际翻译又称跨类翻译，指用非语言符号来解释语言符号，例如剧本拍摄成电影、诗歌谱成歌曲、文字禁止语转换成公示语图标等。最典型的例子莫过于雕塑大师罗丹根据法国诗人维庸笔下的《美丽的老宫女》（*Bell Heaulmiere*）中昔日"绮年玉

---

① 吕和发，张文，蒋璐. 文化视域下的旅游翻译 ［M］. 北京：外文出版社，2011：55.

② 索绪尔. 普通语言学教程 ［M］. 高名凯，译. 岑麒祥，叶蜚声，校注. 北京：商务印务馆，1982：38.

③ 金惠康. 跨文化交际翻译续编 ［M］. 北京：中国对外翻译出版公司，2004：64.

貌、倾倒一世"、暮年"色衰貌减、不堪回首"的诗歌形象。罗丹所创作的雕塑《丑之美》，紧跟诗人的描述，在他的雕塑刀下，老宫女"对着自己颓废的体格叹息，她俯身注视胸口，可怜的干枯的乳房，皱纹满布的腹部，比葡萄根还要干枯的四肢"。[①] 语际翻译是发生在不同语言之间的翻译，是严格意义上的翻译（translation proper），即用目的语（target language）来解释源语（source language）的语言符号的指示意义，例如汉译英、英译汉。

（二）人工翻译与机器翻译——翻译媒介视角

翻译经常被比喻为人与人沟通的桥梁，在机器翻译尚未成熟之前，跨语种的交流只能依靠人工翻译，传统意义上的翻译工作者都是"人"。翻译人员也是我国人力资源和社会保障部等部门公布的《中华人民共和国国家职业分类大典》的一种职业。人工翻译主要包括笔译和口译两种实践形式，其中口译又包括交替传译（consecutive interpretation，简称"交传"）和同声传译（simultaneous interpretation，简称"同传"）两种。交替传译顾名思义就是发言人说完一段话后，译者紧接着翻译一段，发言人再继续发言，中间有一个"等时"，交传译员与发言人近距离接触、需要直接面对观众，交传对译员的长时记忆、控场能力、翻译准确率的要求都要高于同传译员。交替传译多用于外交会晤、宴会致辞、双边洽谈、访问考察等规模较小且只涉及两种工作语言的场合，我国"两会"期间总理记者会就是采用的"交传"形式。同声传译是指译员在不打断讲话者讲话的情况下，在现场的隔音同传间里，利用同声传译设备不间断地将讲话者的内容口译给听众的一种实时翻译，同传需要译员一边听、一边记、一边说，听辨源语讲话的同时，借助已有的知识储备和译前准备，在短时间内完成对讲话信息的理解、分析、记忆并进行语言转换、组织、表达，说出目标语的译文，同时，同传还需要具备对话题和话语预判的能力。同传译员通常语速很快、口齿清晰、具有敏锐的听力、敏捷的应急处置

---

① 葛赛尔. 罗丹艺术论 [M]. 傅雷，译. 傅敏，编. 北京：中国社会科学出版社，1999：45-46.

能力、极佳的瞬时记忆能力和预测能力。由于具有不影响会议进程、不占用会议时间、不干扰讲话人发言思路、听众对发言全文可以通篇理解等特点，同声传译被广泛应用于大型的多语言国际会议和国际组织会议。由于同传现场要求译员几乎不间断地语言输出，对译员的体能、智能和语能都提出了超常规挑战，通常需要由两三名译员在同传间里轮换进行同传工作。

　　5G 时代、第四次工业革命的到来，伴随着 Encoder-Decoder（编码 – 解码）深度学习模型框架的提出，注意力机制（attention mechanism）被广泛应用于神经网络，智能语音技术（语音识别、语音分析、语音合成、文字识别、智能纠错、词法分析、语义角色标注、语义依存分析、情感分析、关键词提取等）日趋成熟，机器翻译（machine translation）取得了突破性进展，google 翻译、百度翻译、有道翻译、必应翻译等人工翻译平台相继崛起，翻译机、翻译笔、翻译软件等翻译产品广泛使用，文档翻译、拍照翻译和语音翻译已成为现实，机器同声传译甚至可以将说话者的音频流实时翻译输出成多语种的音频内容和文字版本，被广泛应用于国际会议、智慧教育、跨国交流等场景中。但是在处理复杂的文化信息和文本逻辑、文本风格的再现、读者效果方面，机器翻译的质量和水平目前还无法与人工翻译媲美。因此，在翻译实践中常常采取"机器翻译为主、译后编辑为辅"的模式接续完成翻译任务，提交满意的翻译成品。具体来讲，就是"机器翻译编辑人员先对原文按照受控语言的标准进行译前编辑，然后在机器翻译平台或软件对编辑过的原文进行自动翻译，生成机器翻译产出，最后在译文编辑区对译文进行审校编辑"。[①] 人工翻译与机器翻译孰优孰劣、后者是否有一天会取代前者，已经成为当今译界关注的热点话题。"不久的将来，不少译者的日常工作会变成程序设计、词汇整理、预编文件（pre-editing）、修改译文（post-editing）、翻译管理、人与机器合作将愈益紧密。"[②]

---

① 郑剑伟，范文君. 翻译思维、策略与技巧［M］. 武汉：武汉大学出版社，2018：142.
② 成绍伟. 此中有真"译"［M］. 北京：国防工业出版社，2011：18 – 19.

（三）全译与变译——文本处理方式视角

翻译的本质是跨文化的信息传播，是一种交际实践活动，翻译是否成功取决于交际双方相互对话、沟通、协商、妥协、理解、接受的效果，译者有权根据翻译的具体要求和目标，对原文文本的内容、形式、风格等语言及非语言因素进行灵活处理。根据译者在译入语语境中对原文文本的处理方式，翻译可以分为全译和变译两大类，变译又包括节译、摘译、译述、改译和本地化翻译等具体类型。

全译（complete translation），是指将源文不打折扣、不做删减、完整地译为目的语。节译，相对于全译，就是翻译原文的部分段落章节，节译的对象一般是完整的段落和章节且语义完整。以我国四大名著之一的《红楼梦》为例，一代代"红迷"译者穷毕生之力，使《红楼梦》名扬海外，其中最有影响力的当属翻译学家杨宪益和夫人戴乃迭合译的"杨译本"（*A Dream of Red Mansions*）以及英国牛津大学教授霍克思翻译的"霍译本"（*The Story of the Stone*），这两个英译版本均属于全译本。其实早在1812 年，英国汉学家、翻译家马礼逊（Robert Morrison）就将《红楼梦》第四回"薄命女偏逢薄命郎　葫芦僧判断葫芦案"中的前半部分内容译成英文，可谓是"红学"英译第一人。马礼逊英译《红楼梦》手稿全文共计十四页，他所翻译的这个版本就属于节译本。

"摘译是根据翻译的特定要求从原文文献（一文或一书）中选取部分进行翻译，以反映该文献的主题内容或译文读者感兴趣的部分内容。"[①]摘译是"先摘后译"的翻译变体形式，译者删去文献中可有可无的章节（或是段落、句群、词组）后进行翻译，翻译时需要根据针对性、重要性、简洁性、客观性等原则反映原文。摘译中，译者不能"渗水"，不能根据自身好恶对文章进行评判性解读、不进行评述概括，摘译内容往往是原文的中心或是某一章节的内容梗概。林则徐禁烟时，为了彻底根除鸦片的来源，要求"在华鸦片走私贩缴烟具结"，在对外交涉中，英美等国均表示缴烟具结属于"天朝法度"，与"本国之例不符"，对缴烟具结令进行坚

---

① 黄忠廉. 论摘译——国外信息开发方法之一 [J]. 上海科技翻译，1997（3）：5.

决抵抗。林则徐希望了解外国在处理国际贸易争端中的相关法律，从而以子之矛攻子之盾，找到严惩鸦片走私的国际法律依据。1839 年，林则徐派人对瑞士人滑达尔 1758 年所著的《滑达尔各国律例》的部分章节进行了摘译，"选择其中'国际贸易规则中的例禁与违禁''外国商人的法律地位''战争的发动及其决定权'三个主题组织了摘译工作"①。依据《各国律例》中"但有人买卖违禁之货物，货与人正法照办"的相关条款，林则徐坚信具结令中关于鸦片走私的外国人"货尽没官，人即正法"的规定并无不妥之处。摘译还常常用于对国外科技文献中的新技术、新工艺的译介。

"译述是指将原文的主要内容译出后，以译者的身份加以介绍和评论。译述作品除保留原作的主要内容外，尚有综述和述评两种译述形式。"②《天演论》在近代中国思想史上久负盛名，"中国西学第一人"严复所译的《天演论》就是采用的译述方式，同时采用古雅的文体进行翻译，以满足旧时士大夫的审美意趣，译本区别于赫胥黎的原著。严复抱着"为我所用"的态度，在译本中加入了许多按语及说明性文字以"借题发挥"（有些按语注明"复案"字样，意为严复自己的思想），严复结合当时中国的国情，以物竞天择、适者生存的生物进化论阐发其优胜劣汰、救亡图存、与天争胜的见解和主张，"词句之间，时有所颠倒附盖""取便发挥"，严复《天演论》的翻译中"按语、注释、序言和其他说明性文字总和达 4 万余字，占全数总量的 48%"。③鲁迅曾戏谑说：严复是"做"《天演论》。

"改译是指为达到预期目的在翻译时对原文内容作一定程度的改变或在形式上做出重大调整，以适应移入语国家或读者的政治语境、文化背景和技术规范。"④《浮生六记》是清朝文人沈复撰写的一部自传体散文，用"闺房记乐""闲情记趣""坎坷记愁""浪游记快""中山记历""养生记道"六个章节记录了他与爱妻芸娘的爱情日常。英籍汉学家雪莉·布莱克

---

① 韩琴. 论林则徐摘译国际法的选择性 [J]. 福建师范大学学报（哲学社会科学版），2018 (4)：151.

② 维颐，嘉祥，同均. 常用译法归类 [J]. 中国翻译，1986 (1)：64.

③ 周方珠. 厚翻译述评 [J]. 宿州学院学报，2011 (1)：44 - 48.

④ 方梦之，毛忠明. 英汉 - 汉英应用翻译教程 [M]. 上海：上海外语教育出版社，2005.

（Shirley M. Black）对原文以事件主题归类的章节框架进行了大刀阔斧的形式调整，雪莉·布莱克的译本 *Chapters from a floating life—The Autobiography of a Chinese Artist* 按照西方人更为熟悉的编年体方式将原文整合成三个部分。"布莱克英译本在改译沈复原本时，将其篇章内容进行'移花接木'，即把符合西方读者阅读兴趣的有关中国典故、诗词等进行添加、删减或者文内注释。与此同时，布莱克还在译本中加入中国古典画作，一共八幅，装饰和充实其译作。"[①] 改译可以理解为译者基于自身意图（如适应译入语文化需求），发挥译者主体性，对源语文本采用"创造性叛逆"手段进行翻译。

电商时代，以 B2B（Business to Business）、B2C（Business to Customer）、C2C（Customer to Consumer）为主要特征的电子商务交易行为大多始于网络搜索，跨国企业要开疆拓土，让自己的产品和服务打入国际市场，必须将相关产品进行本地化加工。本地化（Localization）是根据特定国家、区域、语言市场的需要，将产品（游戏、网站、app 等）从一种语言翻译成另一种语言，同时还包括对产品用户界面的风格和布局进行调整、本地化特性开发，技术手册、服务协议的制作加工，使之符合当地的语言和文化习惯，从而保障终端用户体验，赢得市场份额。译者在考虑翻译精确性的同时，还要兼顾目标客户群体的民族信仰、风格偏好、言辞忌讳、阅读习惯等等一系列问题，来进行语言处理和界面调整。本地化被广泛应用于网站本地化、游戏本地化、视频本地化、软件本地化等多个场景。

第二节　翻译的标准

翻译标准，即评价译文质量的标准，是翻译实践活动所应遵循的准则。

"译作是对原作的理解与阐释。翻译，作为对原作生命在时间和空间

---

① 吴琴琴. 论《浮生六记》布莱克英译本的改译现象 [J]. 合肥学院学报，2012（6）：43.

上的延伸和扩展，其本身却又不可能是超越时间和空间上的'不朽'。任何一个阐释者，不管其修养、常识如何，不管其意愿如何，都不可能穷尽对原作生命和价值的认识，他只可能给读者提供一个尽可能接近原著的本子，而不可能提供一个完全对等的'定本'。"① 译无定法，译无定本，由于译者及译论家们在翻译实践中的个体体验不同、个人风格不同、翻译文本的体裁不同、所追求的翻译理想和理想的翻译标准也不尽相同，一百个人眼中就会有一百个哈姆雷特，一百个译者也会译出一百个版本的哈姆雷特，关于翻译的标准历来是众说纷纭。

《国风·周南·关雎》是《诗经》中的第一篇诗歌，通常被认为是一首描写男女恋爱的情歌，其中的第一句"关关雎鸠，在河之洲。窈窕淑女，君子好逑。"可谓妇孺皆知。对于"关关"到底是什么声音，"雎鸠"到底是什么鸟类，不同的译者有不同的见解。许渊冲认为是 turtledove（斑鸠）相向合鸣、低声软语的"咕咕叫"以表达求偶的心绪——cooing and wooing；英国传教士理雅各（James Legge）认为是鹗鸟（ospreys）发出的"kwan kwan"的声音；英国汉学家阿瑟·韦利（Arthur Waley）认为是"fish hawk"（雎鸠）发出的一种"fair, fair"的声音；辜正坤认为关关是鹗鸟"欢快地叫"（merrily call）；贾福相②认为是"翠鸟"在唱着"关关"的歌谣——kingfisher sings "guan guan"。

从玄奘的"既须求真，又须喻俗"、严复的"信达雅"、陈西滢的"形似、意似、神似"、鲁迅的"存风姿、求易解"、许渊冲的"三美论"（音美、意美、形美）和"三势论"（优势、劣势、均势）、傅雷的"神似"、钱钟书的"化境"、金岳霖的"译言、译意、译味"、思果的"信达切"，翻译的标准可谓见仁见智，并没有一个放之四海皆准的标准化定论。在中国，译必提的"信达雅"之"雅"在学界便遭遇过另类解读。陈康在为柏拉图《巴曼尼得斯篇》所作的译序中就指出"雅"不过是"哲学翻译著作的脂粉"，陈西滢也曾说"非文学的翻译，只要能信能达，便尽

① 许钧. 翻译思考录 [M]. 武汉：湖北教育出版社，1998：136.
② 贾福相. 诗经·国风——英文白话新译 [M]. 北京：北京大学出版社，2010：3.

了译书者的能事"①。显而易见，不同的文本体裁也应该有不同的翻译标准。因此，我们应该摒弃翻译标准的"一刀切"，建立一种多维度、多视角、动态开放的翻译标准观念。

译无定本，译本却不能没有标准，翻译标准是在翻译实践中需要首当其冲解决的问题。站在不同观测视点的主体，希望达成的翻译目的并不一样，对译本评价的标准不一样。原本作者自然是希望译本能忠实传达自己的意图；目的语读者希望译本符合自身的阅读习惯，对译本的评价标准强调可读性；尊重原作和原文读者固然是一种美好的译德，但也有译者认为翻译是两种语言和文化的竞赛，译者需要化劣势为均势、充分发挥优势，翻译出超越原本的译本，"优势竞赛论"是此类译者的翻译标准；翻译委托人往往根据自身需要实现的政治、社会、经济意图来确定对译本评价的标准。翻译是在跨语言、跨文化、跨民族、跨心理的交际过程和传播过程中，面对众多二元对立的矛盾关系，所进行的动态选择过程。孙致礼在《坚持辩证法，树立正确的翻译观》② 一书中强调，翻译就是要用马克思主义的辩证统一思想，处理好"神似与形似""直译与意译""归化与异化""保存原味与避免洋腔""忠于作者与忠于读者""作者风格与译者风格""克己意识与创造意识""整体与细节""艺术性与科学性""得与失"等十个方面的"两难"问题。尽管译无定译，翻译却不能没有标准。好的翻译都是协调作者和读者、本族语文化和译入语文化、原文与译文之间的视域差异，求同存异的结果。

一、翻译之"忠实"——语言学视角

忠实是我国多年来所形成的翻译标准的主流之一，从道安主持梵文佛经翻译时提出的"三不易"（不背离源文之处）、鲁迅的"宁信而不顺"、茅盾的"批评说谎的媒婆"、王佐良的"一切照原作，雅俗如之，深浅如之，口书如之、文体如之"、马建忠的对原文"心悟神解"后下笔"无毫

---

① 杨晓荣. 翻译批评论 [M]. 北京：中国对外翻译出版公司，2005：194.
② 孙致礼. 翻译：理论与实践探索 [M]. 南京：译林出版社，1999：13–24.

发出入于其间"，忠实于原文几乎是译界对翻译的共识。爱丁堡大学教授泰特勒（A. F. Tytler）在《论翻译的原理》一书中提出了"完全复写原文思想""保持文体和风格与原文的一致""文笔与原文一样要行文自然"的翻译三原则，可以看出，其翻译标准的参照体是"原文"。翻译就是译意，在翻译实践中，译者要尽可能地忠实于原文，如实地反映源文的本来面目，全面准确传达原文的意义。

二、翻译之"等值"——语用功能视角

翻译语言学派的代表人物约翰·卡特福德（J. C. Catford）曾说："翻译实践的中心问题是找出目的语的等值译法，翻译理论的一个中心任务是确定翻译等值的性质和条件。"① equivalence（等值）一词是西方译论的核心概念，最初由结构主义学派语言学家罗曼·雅各布森（Roman Jakobson）在《论翻译中的语言学问题》（*On Linguistic Aspect of Translation*）提出，"含有差异的等值是语言的基本问题，是语言学关注的核心问题"。奈达在《论翻译》（*On Translation*）一书中指出，翻译就是要在不同语言之间找到"最接近的自然等值"（the closed natural equivalence）。

译界涉及等值的内涵、译文与原文之间的等值程度的讨论由来已久。我国清朝满汉文翻译家魏象乾基于自身的翻译经验总结出"夫所谓正者，了其意、完其辞、顺其气、传其神；不增不减、不颠不倒、不恃取意"的翻译之道。英国学者凯利（L. G. Kelly，1979）提出检验译文要看其是否与原文 shared significance（共享意义）、equivalent social function（社会功能对等）、equivalent on the affective level（情感层面对等）。奈达（Nida）将等值解释为对原文的准确诠释（rending of accuracy）以及风格的对等（stylistic equivalence）。不难发现，针对翻译过程中译文对原文的等值关系，翻译家们均各有其解。仅从上面的译论来看，等值的内涵就包括译文与原文之间的意义、措辞、气势、神韵、文体、风格、形式、文笔、情感、社会功能的对等，等值的程度又被解读为完全复写、准确诠释、保持

---

① Catford J C. A linguistic theory of translation［M］. Oxford：Oxford University Press，1965.

一致、共享意义、顺应传达等多种形式。

译文与原文的等值常常与原文的可译性限度有关。人类经验世界的相似体验使得翻译成为可能，然而不同语言之间其实不存在完全的对等，另外，语言差异又导致了人们认知世界方法的差异，因此翻译也不可能是完全对等的事，只可能是"差不多"。马建忠提出的译文与原文之间应"无毫发出入于其间"的善译标准，就对翻译的可译性限度的理解过分简单化和理想化了。奈达在 *On Translation* 一书中指出"翻译就是要在不同语言之间寻求最接近的自然等值"，"最接近"就是"差不多"的意思，因此，绝对的等值是不可能的，译文只能力争最大程度地再现原文。

三、翻译之"神似"——美学视角

"自严复以来，我国的翻译理论经过了几个成长期，从信、达、雅开始，经过'字译'和'句译'，直译、硬译、死译和意译，然后抵达"神似"和"化境"。"[①] 神似的概念是中国古典美学思想的核心，最初由东晋的顾恺之提出，后被广泛融入绘画、雕塑、戏曲等多种艺术形式的创作之中。我国译界的众多学者，在面对翻译标准时，"都不约而同用上了'神'这个概念，如：马建忠（神情）、瞿秋白（精神）、林语堂（传神）、陈西滢（神韵）、曾虚白（神韵）、朱生豪（神韵）、唐人（神韵）等，而傅雷关于'神似'的论述大概是最为完整而直接的"[②]。傅雷关于神似最具代表性的译论来自1951年出版的《〈高老头〉重译本序》——"以效果而论，翻译应当像临画一样，所求的不在形似而在神似"[③]。"神似"论是我国翻译文艺学派的发轫，文艺学派与注重语义对应和形式对仗的语言学派相对，注重翻译的整体效果和受众心灵的感受，注意把原文字里行间的"精"（同精神，即原文主旨）、"气"（同气质，即原文的风格）、"神"（同神韵，即原文离形得似的言外之意）传达给读者，"十七

---

① 陈刚，党争胜.论英汉翻译中的"神似"与"形似"[J].外语教学，1999（3）：46.

② 杨晓荣.翻译批评导论[M].北京：中国对外翻译出版公司，2005：112.

③ 怒安.傅雷谈翻译[M].沈阳：辽宁教育出版社，2005.

世纪有人赞美这种造诣的翻译，比为原作的'投胎转世'（transmission of souls），躯壳换了一个，而精神姿致依然故我"①。正如法国作家福楼拜指出，作品的风格是有生命的，是思想的血液，是可以感觉和辨识的。这种传神写照、出神入化的表现方式常用于诗歌及小说等文学作品的翻译，因为诗歌里的诗情画意、小说里的烟火气、作家的个人风格以及其中所折射的观念、心理和人文气息，都很难通过"字对字、句对句"的等值转换实现。例如在翻译海明威的系列文学作品时，只有译本反映出海明威简洁留白、含而不露的"冰川文学风格"以及他塑造的那些可以被摧毁却绝不可以被打败的"硬汉形象"的时候，方可以称为善译。善译使得翻译不再是一种技术而是一种具有创造性的美学艺术，翻译工作变得充满人文光辉。

四、翻译之"效果"——对外传播视角

翻译效果是指译文和译本所引起的读者心态的变化以及对译入语社会产生的影响，反映出翻译目的的达成程度。前文中的三个标准都是以文本视角从语言、语用、风格等层面"从内向外"地认识翻译标准。在对外译介本土文学、文化为目的的"译出翻译"时，我们也应从译入语文化、读者反应、规范性、对外传播效果等外部视角"从外向内"看待翻译。站在中华民族伟大复兴的历史起点，借助翻译活动，讲好中国故事、传播好中国声音已经成为当下译界的共识。对外译介，首当其冲就是要解决翻译效果——中国国际传播的"最后一公里"问题。由于国家政治、文化语境、意识形态、民族审美等的不同，国内外话语体系存在一定的差异，如果只满足于照搬照译，就会陷入自译自乐、"鸡同鸭讲"的困境。中国译协常务副会长黄友义就指出："中国外交战略的核心是和平与发展，但若总使用大量军事术语，如'桥头堡''速战速决''人民战争''打好组合拳'这样的词汇，显然不利于构建中国爱好和平的形象"②。翻译活动不是在

---

① 钱钟书等. 林纾的翻译［M］. 北京：商务印书馆，1981：18－52.
② 黄友义. 黄友义：如何突破中外文化差异让世界更了解中国？中国新闻网［EB/OL］.［2021－11－4］［2022－11－16］https：//www. chinanews. com. cn/gn/2021/11－04/9601886. shtml.

真空里进行的，需要考虑"谁来译""译给谁看""译什么""怎么译"，关注传播内容、传播途径、接受度等翻译行为以外的种种因素，采用海外受众"乐于接受的方式、易于理解的语言"进行翻译，改善传播艺术、提高传播效能、让国际社会更易于理解和接受。"在这方面，习近平同志为我们树立了很好的榜样。比如，谈到合作共赢，他说，东南亚朋友讲'水涨荷花高'，非洲朋友讲'独行快，众行远'，欧洲朋友讲'一棵树挡不住寒风'，中国人讲'大河有水小河满，小河有水大河满'。"① 这些比喻，针对不同地域、不同群体的受众开展精准传播，与受众产生了共情、实现了共鸣、拉近了感情距离，实现了中国特色观念的区域化和分众化表达。

五、翻译之"规范"——行业标准视角

"随着当今经济全球化的发展，翻译这一古老职业的职业化程度越来越高，从属于语言服务行业的翻译服务如专业文件翻译、口译及会务翻译、编辑排版、多媒体翻译与制作、网站与软件本地化、多语技术写作、语言服务外包等陆续进入翻译企业的业务范围，翻译项目管理、翻译客户服务、翻译质量监控等工作的标准化、规范化和制度化程度也越来越高。"② 全球经济一体化和"一带一路"倡议使得我国的语言服务市场进入飞速发展阶段，翻译公司的数量在成几何倍数递增的同时，翻译质量却难以得到充分保障。翻译质量是翻译服务的生命线，直接决定了委托人的满意度和忠诚度。这就要求翻译公司严格执行翻译的质量标准，译者对自己翻译的译本负责，提升翻译的整体质量。

在翻译实践活动中，影响译本质量的主要因素包括译者的双语（译入语与译出语）驾驭能力、跨文化交际能力、译务熟悉程度、对所翻译文本的主题熟悉和了解程度、委托者的翻译要求、规定的翻译时限等多种因素。翻译标准往往取决于译者对语言和文化的认知、对原文作品的理解和

---

① 晃彦. 中国对外传播"有理说不出"？习总告诉你如何破局. 大公网［EB/OL］. http：// news. takungpao. com/mainland/focus/2015－07/3037696_print. html. 2012－07－02/2021－11－16.

② 穆雷. 翻译的职业化与职业翻译教育［J］. 中国翻译，2012（4）：13.

感受、译者的个人风格和能力、翻译时限要求、翻译各方（委托人、译入语读者、译者、译出语作者等）的诉求，译者通过这些个人主观因素、外部的客观制约对翻译过程和状态进行动态控制、把握和调节。这就意味着翻译标准的把握因人而异，翻译标准可能千差万别，译本的质量参差不齐。

翻译质量是语言服务的生命线，直接决定了译本的美誉度和委托人的满意度，翻译从业人员需要严格执行翻译的相关国家标准，从而提升翻译的整体质量。根据国际翻译家联盟《翻译工作者章程》（*The Translator's Charter*），翻译工作者任何时候都应对其译文负全责（无论译者与译文使用者之间处于何种关系或合同如何规定）。译无定译，没有标准的译本，但译本却不能没有质量标准。

我国现行与翻译质量有关的国家标准，主要包括国家质量监督检验检疫总局、国家标准化管理委员会颁布实施的《翻译服务译文质量要求》（GB/T 19682－2005）、《翻译服务规范第 1 部分：笔译》（GB/T 19363.1－2008）、《翻译服务规范第 2 部分 口译》（GB/T 19363.2－2006），这三个文件对语言服务的规范化、翻译流程的标准化、译文质量的合格化提出了明确的规定。

2008 年 7 月 18 日发布、2008 年 12 月 1 日实施的《翻译服务规范第 1 部分：笔译》以国标的形式明确了"翻译服务"的定义及内涵，即"为顾客提供两种以上语言服务的有偿经营行为"，对翻译服务方的服务条件、业务接洽、业务标识、翻译业务流程、检验交付、质量要求、保质期限、资料存档、质量跟踪等提出明确的规范性标准。将术语的统一、注释的恰当、内容的准确性、译稿的完整性、语用的适切性、行文的流畅性作为译稿审核和检验交付的重要指标，明确要求"原件的脚注、附件、表格、清单、报表和图表以及相应的文字都应翻译并完整地反映在译文中，不得误译、缺译、漏译、跳译，对翻译准确度把握不大的个别部分还应加以注明"。

2005 年 3 月 24 日发布、2005 年 9 月 1 日正式实施的《翻译服务译文质量要求》是我国第二部翻译服务国家标准，《要求》提出了"译文质量"的概念，规定根据译文使用的目的，结合原文文体风格和质量、翻译时限、专业难度等关联因素考虑对"译文质量"进行综合评价，将译文质量差错类别分为"核心语义差错""一般语义差错""专业术语差错""计量单位、符号、缩略语差错"四类，确定了译文差错率计算的量化指标，明确规定译文综合差错率不超过 1.5‰。标准规定了确保译文质量的三大基本要求——"忠实原文"（完整准确表达原文信息，无核心语义差错）、"术语统一"（术语符合目标语言的行业、专业通用标准或习惯，并前后一致）、"行文通顺"（符合目标语言文字规范和表达习惯，行文清晰易懂），并就翻译过程中最常出现的数字表达、专用名词、计量单位、符号、缩写、译文编排等进行了明确的规范。

2006 年 9 月 4 日发布、2006 年 12 月 1 日正式实施的《翻译服务规范　第 2 部分：口译》是我国第三部翻译服务国家标准。确立了翻译服务方提供口译服务的过程及规范，标准明确了口译的定义、口译的种类、规定了口译所特有的设备要求，口译服务方和译员的资质要求，顾客（委托人）向口译服务方和译员提供的支持、业务管理（译员资质管理、译员安排、标识及档案管理）、口译服务过程控制（译前、译中、译后）、计费方法等。"该标准的发布，为口译服务提供了一个基本的技术规范，为口译市场提供了鉴别口译服务资质高低的准则。"[①]

第三节　译者的角色

郭沫若曾把译者比做"说谎的媒婆"；钱钟书认为翻译的艺术就是将"作者的美丽半遮半露"来引发译文读者深入阅读的欲望；余光中认为翻译犹如夫妻之道，是原文与译文相互妥协的结果，译者必须拥有"把并非一见钟情的文字配合成情投意合的一对佳偶"的能力。"说谎""遮露""妥协""配合"都是译者的主观能动性和创造性的具体阐释方式，是译者主体性的反映。德国译论家施莱尔马赫（Schleiermarcher）所说的"让作者安居不动"和"让读者安居不动"两种翻译方式，无一不需要译者

---

① 吕和发，周剑波，许庆欣．文化创意产业翻译［J］．北京：外文出版社，2011：216.

"左盼右顾""前后思量",在作者和读者之间"东奔西走""来回说和"。译者主体性在翻译过程中的作用是显而易见的,"无论是对文本的选择、理解和诠释,还是具体到翻译过程中翻译策略的取舍和选择,译者始终是最具有主观能动性、最积极活跃的因素。"[①]

"翻译活动本身无疑是一种创造,因为它涉及译者的想象、情感、联想等审美因素。但翻译对原作的依赖性和从属性,却时刻限制着译者的艺术创造的自由度。"[②]"译者的角色在翻译历史上经历了一个不断变化和不断丰富的过程,不同的理论指导下形成的翻译观赋予译者的不同角色及其性质的认定。"[③] 从翻译研究历史来看,翻译主体性研究大致经历了作者中心论、文本中心论和译者中心论三大范式。

在以原语为中心的古典主义语言学译论中,原文被奉为圭臬,原文作者拥有至高无上、不容置疑的绝对权威,译者居于从属地位,被认为是"通传夷狄之言"的"重舌之人",要伺候好主人(源文作者)的唯命是从的"仆人",召之即来、来之能战的"翻译工具",原文作者和译文读者之间的"传声筒",不需用脑的"文化搬运工"。译者绝不能自作主张、任意发挥,只能"亦步亦趋"地追随原文"对译""直译"甚至"死译",从而"原汁原味"地传达原文的内涵和原文作者的意图。不难发现,古典主义语言学译论中,作者与译者的关系是一种主从关系,原作者的地位被无限拔高,译者毫无身份和地位可言。

"进入现代,翻译研究经历了语言学转向。结构主义语言学派认为文本的意义来自语言内部的结构不是由作者的主观意图决定的。"[④] 语言结构主义时代是一个文本至上的时代,翻译研究的重心聚焦在对译出语与译入语的对比,语言的规律性、客观性被过度强调,翻译被认为是只要找到不同文本之间语言层面所存在的普遍性规律进行符际转码和意义转换就可

---

① 仲伟合,周静. 译者的极限与底线——试论译者主体性与译者的天职 [J]. 外语与外语教学,2006(7):45.

② 成绍伟. 此中有"真译"——教科书中鲜有提及的译论译事 [M]. 北京:国防工业出版社,2011:95.

③ 许钧. 翻译论 [M]. 南京:凤凰出版传媒股份有限公司,译林出版社,2014:221.

④ 季宇,王宏. 论译者主体性——从译者身份的变迁谈起 [J]. 扬州大学学报(人文社会科学版),2010(1):126.

以实现。在结构主义翻译观下，"翻译的理想标准就是译者、译作的'隐形'（invisibility of translator or translated text），理想的译文应该透明得像一块玻璃，让读者感觉不到他是在读翻译作品"①，译者可能对译本进行干预和改造的人为因素（如译者的双语水平、主观好恶、个人认知与风格、审美标准、译品译德等）被忽视，译者处于隐形的地位。

笛卡尔的"我思故我在"唤醒了人们主体意识的觉醒。"韦努蒂（L. Venuti）的《译者的隐身》和罗宾逊（D. Robinson）的《谁在翻译》等著作对我国翻译研究中主体性论题的形成产生了积极的推动作用。"②20 世纪 70 年代，西方翻译研究的文化转向使译者从幕后走到台前，文化翻译学派将翻译放置到更宏观的文化语境下进行审视，重视译本发起者对翻译过程的影响、译者的主体性发挥和译本读者的阅读体验。文化翻译观的两大核心要素"权力操纵""文化构建"都需要译者充分发挥自身主体性实现。文化转向观照下的翻译需要译者基于"为我性"，有翻译过程中发挥自身的主观能动性，有目的地对原文进行动态干预、阐释和创造性再现，译本实际上是权力操纵和文化构建的结果，译者的文化身份和主体地位得以彰显。

中国文学的对外译介中，译者主体性意识发挥着极其重要的作用，由于中西方的文化语境、民族心理、审美习惯、自我认知等方面的差异和隔阂，为了让译本契合西方读者的期待视野和阅读习惯，译者有必要摆脱原文形式、风格的束缚，对原文进行理解、阐释和创造性再现。诺贝尔文学奖获得者莫言就给予了他文学作品的外译者们充分的尊重和信任，他不仅没有把他们当作"文化搬运工"，而是表示"外文我不懂，我把书交给你翻译，这就是你的书了，你做主吧，想怎么弄就怎么弄"。莫言的理解与智慧使得他作品的译者们（包括"中国现当代文学的首席翻译家"美国人郭浩文、法译者 Noël Dutrait 夫妇、瑞典语译者陈安娜等人）可以放开手脚，将莫言的作品通过节译、改译、编译等方式改头换面、脱胎换骨地

---

① 王欣. 翻译研究的文化转向与译者的主体性 [J]. 青海民族学院学报（社会科学版），2009（2）：162.

② 蓝红军. 译者主体性困境与翻译主体性建构 [J]. 上海翻译，2017（3）：21.

向西方译介，大胆删去其中一些有争议的语言和情节，从而适应译入语的文化需求。正是译者的种种连译带改的"叛逆性改写"方式，"让莫言的外译本跨越了中西方文化心理与叙述模式差异的'隐形门槛'，成功地进入了西方的主流阅读语境"①。莫言的作品在国外取得了空前的成功，最终获得诺贝尔文学奖。"诺奖评委从莫言的作品里看到是符合自己想象的'中国''中国人'和'中国文化'，而不是真正的'中国''中国人'和'中国文化'；打动诺奖评委们的并不是莫言作品本身，而是'脱胎换骨'、彻底'美化'的译文；真正走出去的也不是中国的莫言，而是郭浩文的莫言。"②

第四节　翻译的策略

翻译策略是为实现特定翻译目的所采取的方案和遵循的原则，在方梦之"一分为三"的翻译理论研究体系中，翻译策略被作为联系翻译宏观理论（翻译本体论、方法论、认识论）与微观理论（具体的翻译技巧）的中间桥接，既要接受前者的宏观指导、又需要通过后者在翻译实践中得以运用、加以检验。具体而言，"翻译策略是指译者处理语段所偏好的有意识或无意识的途径"。③

文化是人类社会发展过程中所创造的所有物质文明和精神文明的总和。由于跨文化交际的双方所处的生存环境、历史背景、认知语境、社会政治文化结构体系的显著差异，文化具有鲜明的地域色彩和民族特色。"跨文化交际中，两种语言体系所承载的文化特征表现为完全重叠、部分重叠、不同、类似、相同、文化空缺或相互矛盾。"④ 不同民族之间的文化既有共性也有个性；既有可以产生共鸣的文化相通性，同时又存在无法

---

① 谢天振. 海上杂谈 [M]. 桂林：广西师范大学出版社，2020.

② 许钧. "忠实于原文"还是"连译带改" [N]. 人民日报，2014 – 08 – 18（24）.

③ Hejwowski K. The Cognitive-communicative theory of translation [M]. Warszawa：Wydawnictwo Naukowe PWN，2004.

④ 金惠康. 跨文化交际翻译续编 [M]. 北京：中国对外翻译出版公司，2004：6.

引起"共情"的文化缺省项。金惠康在《跨文化交际翻译续篇》一书中，根据不同文化之间的共性与个性，从跨文化交际的视角，将文化分为"你知我也知"的"文化开放区"、"你知我不知"的"文化盲区"、"我知你不知"的"文化隐蔽区"以及"你我都不知"的"文化未知区"。针对不同文化存在的不对称性和不可通约的部分，除了需要突破文化的自身局限性去认识和理解异质文化的"文化盲区"，拓展自身的文化心理空间；更要善于处理"文化隐蔽区"的文化差异，同外来文明对话交流。

从跨文化交际的视角，翻译策略可以分为归化和异化两种。作为处理文化差异的策略，异化（foreignization）和归化（domestication）的概念最初是由美国著名译论家劳伦斯·韦努蒂（Lawrence Venuti）1995 年在《译者的隐身》（*The Translator's Invisibility：A History of Translation*）一书中提出——"归化翻译是基于我族中心主义，使外国文本适应于译语的文化价值观，将读者带回家；异化翻译则是一种异族的压力，将外国文本的语言和文化差异标注在译语的价值观上，将读者带到国外"[①]。异化法是一种以源语文化认同为归宿，彰显源语语言民族性及文化异质性特征的翻译方法。异化法翻译主张保留源语在表达方式、句子结构、语篇组织和文化内容的"原汁原味"的风貌特征，故意打破目标语言常规，让目的语读者体会到不同文化的民族特色和异国情调，又被称作"阻抗式翻译"。正如联合国教科文组织（UNESCO）非物质文化遗产部主任塞西尔·杜维勒认为的那样——"文化多样性之于人类社会正如生物多样性之于自然界一样重要"，世界文化的繁荣昌盛是以"各美其美，美美与共"的多样性文化的和谐共生、互鉴互学为基础的。"异化法"不仅可以介绍异域文化特色来丰富本土文化、也可以把本民族文化的独特性引介给世界、增强国际话语权。

而归化翻译是将自身文化的异质性隐匿，在翻译处理上尽量向目的语读者靠拢，消除可能影响他们理解的文化障碍，使目的语读者对译本的陌生感降至最低，译文在"归化法"的包装下轻车熟路、自然而然地与译入

---

① Venuti Lawrence. The translator's invisibility—A history of translation ［M］. London：Routledge，1995.

语文化打成一片、混为一体，被目的语读者当成"自己人"，避免了源语文化与译入语文化可能发生的冲突。归化翻译包括以下步骤："精心选择有助于以这种方式翻译的文本；有意识地采用流畅、顺耳的目标语风格；改编目标文本以符合目标话语类型；添加解释性材料；删除源语既有特征以及以目标语的预设与取向来使目标文本变得总体和谐"。①

《西游记》是中国的四大名著之一，开篇就反映了中国古代"元会运世"的时空观。英国汉学家詹纳尔（William John Francis Jenner）翻译《西游记》时，充分关照读者的阅读感受，"他特别注意不要为了说明一些佛教和道教的概念，时不时出现学术思想的解释，干扰到读者享受故事"②。例1中，詹纳尔选择以西方读者更为熟悉的文化元素——"罗马数字"来揭示中国的天干地支和十二时辰，"天地"被译为"universe"（宇宙），一日之中子丑寅卯等"十二时辰"被归化为"a single day"（一天），于西方读者而言，这样的译文更为亲切、流畅、自然，可读性强。但与此同时，中国的"十二时辰"与西方的"罗马时间"虽然根本不存在趋同性，却被"一天"强势同化了，源文的核心文化元素丢失了。余国藩的译本用"音译法"将中国的"十二时辰"译介给西方世界，将其定义为"horary circle"保留了源语的异质化特征，同时，并不产生很大的阅读和理解障碍，实现了中国文化与世界文明的平等对话。

◉例1◉

原文：盖闻天地之数，有十二万九千六百岁为一元。将一元分为十二会，乃子、丑、寅、卯、辰、巳、午、未、申、酉、戌、亥之十二支也。每会该一万八百岁。且就一日而论：子时得阳气，而丑则鸡鸣；寅不通光，而卯则日出。

英译1：In the arithmetic of the universe, 129 600 years make one cy-

---

① Shuttleworth M，Moira Cowie. Dictionary of translation studies［Z］. Beijing：Foreign Language Teaching and Research Press，2004：59.

② 黄友义. 国家翻译队伍里的外国学者们［EB/OL］.［2020－11－23］［2021－10－27］http：//www. china. org. cn/chinese/2020－11/23/content_76939443. htm.

cle. Each cycle can be divided into twelve phases：Ⅰ，Ⅱ，Ⅲ，Ⅳ，Ⅴ，Ⅵ，Ⅶ，Ⅷ，Ⅸ，Ⅹ，Ⅺ，Ⅻ，the twelve branches. Each phase last 10 800 years. Now within a single day，the positive begins at the time Ⅰ；at Ⅱ the cock crows；at Ⅲ it is not quite light；and at Ⅵ the sun rise.

——詹纳尔（William John Francis Jenner）译

英译2：We heard that，in the order of Heaven and Earth，a single period consisted of 129 600 years. Dividing this period into twelve epochs were the twelve stems of Zi，Chou，Yin，Mao，Chen，Si，Wu，Wei，Shen，Yu，Xu and Hai，with each epoch having 10 800 years. Considered as the horary circle，the sequence would be thus：the first sign of dawn appears in the hour of Zi，while at Chou the cock crows；daybreak occurs at Yin，and the sun rises at Mao…

——余国藩　译

　　"翻译可以说是两种语言文化就某一命题所作的谈判，虽然是互为消长，但也缺一不能成其是。如果说译作是果，则原文的语言文化与译入语的语言文化同样是因，所以，假如译者抱着传教士式的热诚去推广原文文化，而罔顾译入语文化的即成规范，努力就会是徒然的。"① 于译者而言，跨文化交际翻译是一种复杂的思维活动，因为他们"既想传达洋味，又怕造成洋腔；既想避免洋腔，又怕失去洋味；既想接近作者，又怕失去读者；既想取悦读者，又怕背叛作者"②。归化翻译和异化翻译是一对综合的矛盾统一体，这两种翻译策略各见所长、相辅相成，自身并无优劣之分，绝对的归化和绝对的异化都是不存在的。译者在具体翻译实践中，不可顾此失彼或重此轻彼，而应根据翻译的具体目的、文本类型、语境的不同要求，综合统筹、反复权衡后充分发挥归化和异化策略各自的优势。

---

① 孔慧怡. 翻译·文学·文化 [M]. 北京：北京大学出版社，1999：88.
② 孙致礼. 翻译：理论与实践探索 [M]. 南京：译林出版社，1999：1-2.

第五节　翻译的主要方法

英语中的"method"源自希腊文，由"沿着"和"道路"两个词素构成，意即"沿着一定的道路和路径前行"。在牛津词典中，"method"被解释为"a particular way of doing something"（做事的特定方式）。中文中的"方法"意味着"解决思想、说话、行动等问题的门路和程序"①。无论是汉语中的"方法"还是英语中"method"都是指通过采取特定的途径、步骤、程序和方法去解决问题，侧重于采取"行动"。另外，"采用什么方法并不是随意的，而是基于事先确定的一定原则或方案"②。翻译方法是位于宏观的翻译策略与具体的翻译技巧之间的一个中观概念，"是翻译实践活动中，基于某种翻译策略，为实现特定的翻译目的所采取的特定的途径、步骤和处理方式"③，需要与翻译过程中处理具体问题的翻译技巧有所区别（如增词、减词、合译、分译、替换、移位、省略、引申、正话反说等）。

一、直译

西方最早的翻译理论家，罗马帝国时期的西塞罗首次提出了"演说家式"以及"解说员式"两种翻译范式，他在《论最优秀的演说家》一文中写道"我不是作为解释员，而是作为演说家进行翻译的……在这一过程中，我认为没有必要在翻译时字当句对，而是保留了语言总的风格和力量。我认为不应当像数硬币一样把原文词语一个个'数'给读者，而是应

① 中国社会科学院语言研究所词典编辑室. 现代汉语词典（增补版）［Z］. 北京：外语教学与研究出版社，2002：544.

② Zabalbeascoa Patrick. From techniques to types of solutions［C］//Allison Beeby, Doris Ensinger, Marisa Presas et al. Investigating Translation. Amsterdam & Philadelphia：John Benjamins, 2000：119.

③ 熊兵. 翻译中的概念混淆——以"翻译策略""翻译方法"和"翻译技巧"为例［J］. 中国翻译，2004：83.

该把原文'重量'称给读者"①。这也是对"直译"（literal translation）与"意译"（liberal translation）认识的雏形。

直译是指译文与原文在内容和形式上尽量保持一致的过程和结果。英国译论家纽马克（Newmark）在《翻译教程》一书中提出了 13 种翻译方法，并根据译者对源语的侧重程度的高低，将逐字对译（word-for-word translation）、字面翻译（literal translation）、忠实翻译（faithful translation）、语义翻译（semantic translation）四种方法归属于同一种翻译方法——"直译"。直译强调"形似"，即依照原文的形式，依样画葫芦，如"鸡毛蒜皮的事儿"——"affairs of chicken feather and onion skin"、"佛要金装，人要衣装"——"The gilded Buddha looks better and the well-dressed person looks more decent"、"前怕狼，后怕虎"——"fear the wolf in the front and the tiger behind"。可以看出，直译可以较好地保留原文的民族色彩、语言风貌，使译文与原文趋近，获得相似的读者反应，使语言更加丰富生动、富于感染力，便于不同文化活水之间的相互融汇、互相给养。

语言学家赵元任在《语言问题》一书中写道："语言与语言所表达的事物的关系是一种约定俗成的关系，这是已然的事实。由于中文与英文的诸多不同，绝对的'字对字'即'一个字不多一个也不少'的翻译，实际上是不可能实现的。那种译法不是直译而是死译"②。在希腊神话中，天后赫拉的乳汁有使人长生不老的神效，众神之神宙斯将自己的私生子赫拉克勒斯（Heracles）偷偷放在熟睡的赫拉身旁，以获取神力，谁知赫拉克勒斯吮吸过猛，惊醒了赫拉，赫拉一把将孩子推开，乳汁也喷薄而出，"Milky Way"乃是天后赫拉的乳汁喷泻而成的"银河"。翻译家赵景深在翻译契诃夫的小说《万卡》时，根据英国著名俄罗斯古典文学翻译家加尼特夫人的英译文进行了转译（见例2），一不留神把"Milky Way"（银河）直译成了"牛奶路"、把"centaur"（希腊神话中的"半人半马怪"）译成了"半人半牛怪"，鲁迅在《教授杂咏》中用打油诗"可怜织女星，

---

①　谭载喜. 西方翻译简史［M］. 北京：商务印书馆，2004：19.
②　茅盾. 茅盾译文选集［M］. 上海：上海译文出版社，1981：518.

化为马郎妇。乌鹊疑不来，迢迢牛奶路。"调侃赵景深的翻译"牛头不对马嘴"，成为翻译历史上的一段笑谈。

●例2●

英文：The whole sky spangled gay twinkling stars, and the Milky Way is as distinct as though it had been washed and rubbed with snow for holiday.

中文：……天上闪耀着光明的亮星，牛奶路很白，好像是礼拜日用雪擦洗过的一样。

——赵景深　译

二、意译

意译指译文与原文在内容上尽量保持一致并可以不拘泥于原文结构和形式的翻译方法。"西方早在古罗马时期，西塞罗、贺拉斯、哲罗姆等人就提出意译的概念，以区分当时宗教翻译的直译，西塞罗等学者认为直译是缺乏技巧的表现，应当避免逐字死译，翻译应保留的是词语最内层的东西，即'意思'。"① 纽马克根据译者不受源文形式束缚、处理译文的自由度，将意译又分为 communicative translation（传意翻译）、idiomatic translation（地道翻译）、free translation（自由翻译）、adaptation（改写）四类。语言是文化的载体，"文化铸定了一个民族的思维、气质、道德价值、行为规范、语言习俗和生活方式等方方面面"②。由于原文读者与译文读者文化背景的差异、文化内存的不同，在翻译原文中的典故、俗语、俚语等"文化专有项"以及运用比拟、双关、象征等修辞的语言时，很难做到神形兼备，如果一味直译，往往造成"能指相同"而"意指不同"。

意译是一种很好的变通手段，由于译入语文化差异的局限性，不能或

---

① 谭载喜. 西方翻译简史［M］. 北京：商务印书馆，2004.
② 王明树. 英语颜色词的文化内涵与翻译［J］. 重庆大学学报（社会科学版），2002（3）：101.

不宜采取直译时，往往只好舍弃原文的字面意义，转而寻求内容相符以及功能相似。法国人的浪漫举世闻名，英语中的"French leave"是"不辞而别"而不能直译为"法国式的告别"；"English disease"是"软骨病"而不是"英国病"；希腊人使用"木马计"（将希腊勇士藏进木马）诱使特洛伊人打开了城门，因此"Greek gift"意指"害人的礼物"；在西班牙国王的支持下，哥伦布发现美洲大陆，建立了号称天下无敌、坚不可摧的无敌舰队"the Armada"，后来却被英国海军一举击溃，英国开始嘲笑西班牙人爱吹牛，英语中的"Spanish Castle"是"空中楼阁"而不能按字面意思直译成"西班牙城堡"。"bring down the house"根据英语语境需要意译为"博得满堂彩"而不能直译为"拆掉房子"。汉译英也是一样，"脑筋急转弯""绕口令"如果直译为"sharp-turn of the brain""awkward-sounding order"显然与意指相差甚远，应该采用英语相应的惯用表达，分别意译为"brain-twister""tongue-twister"。

以"班门弄斧"为例，例3中我们通过直译法和意译法分别进行了翻译，采用直译后的译文，目的语读者一定会对"Luban"的意义产生困惑，通过意译，"Luban"的身份得以解密——"carpenter master"（木工大师）。意译不意味着译者可以随意增删或任意改写，译文同样需要对原文负责。在归化策略的指导下，意译2将中国的"班门弄斧"类比为"teach fish how to swim"（教鱼游泳），准确阐释了原文的内涵，便于目的语读者的理解，例4同理。

●例3●

班门弄斧

Don't display your axe in front of Lu Ban's door. （直译法）

Do not show off your axe in front a carpenter master. （意译1）

Do not teach fish how to swim. （意译2）

◉例4◉

中文：八卦是由"—"（阳爻）和"– –"（阴爻）每三个一组合成的一套符号系统。

英文：Bagua are eight trigrams，each of which consists of a combination of three lines，either broken or unbroken，representing Yin or Yang respectively.

　　直译和意译作为最重要的两种翻译方法并不存在孰优孰劣的问题，都有其存在的合理性和必要性，需要在翻译过程中根据具体情况选择具体的翻译方法，"直译可以达意的，就直译；直译不能达意的，就意译；遇到特殊情况或委托人有明确要求，可以对原文进行必要的调整、增删乃至于改写。"① 例5是大文豪狄更斯在《双城记》中有一段脍炙人口的开场白，反映的法国大革命时期的社会冲突和矛盾，"we were all going direct the other way"被译为"我们直奔地狱"，从而与上半句的"heaven"（天堂）相呼应，而不是简单直译为"我们都奔赴其他的方向"，确保了译文与原文的结构对称、形式对仗、内容对比。

◉例5◉

英文：It was the best of times，it was the worst of times，it was the age of wisdom，it was the age of foolishness，it was the epoch of belief，it was the epoch of incredulity，it was the season of Light，it was the season of Darkness. it was the spring of hope，it was the winter of despair，we had everything before us，we had nothing before us，we were all going direct to Heaven，we were all going direct the other way.

译文：这是最好的时代，这是最坏的时代；这是智慧的时代，这是愚昧的时代；这是信仰的时期，这是怀疑的时期；这是光明的季节，这是黑暗的季节；这是希望之春，这是绝望之冬；我们拥有一切，我们一无所

---

① 李长栓. 非文学翻译理论与实践［M］. 北京：中国对外翻译出版公司，2004：8.

有；我们都奔赴天堂，我们都奔赴地狱。

三、音译

"音译也称转写，即用一种文字符号（如拉丁字母）来表示另一文字系统的文字符号（如汉字）的过程或结果。"① 中国翻译史中音译法由来已久，《春秋谷梁传》引"号从中国，名从主人"，这里的"中国"特指"周王朝直接统辖下的中原地区"，意思是人名、地名以及器物专名应以原主的或原来所在地方的名称为名，在读音上夷狄方音应服从中原地区的发音。"从文字学角度来看，音译实际上继承了中国传统'六书'的假借机制，即所谓'本无其字，依声托事'。"② 玄奘大师在翻译佛经所提出的"五不翻"（秘密故不翻、多含故不翻、此无故不翻、顺古故不翻、生善故不翻），其中的"不翻"并不是指"省译"或"略译"，而是指把梵语佛经翻译成汉文时，当佛经里出现微妙深隐的真言咒语、内涵丰富的复杂多义词、彼有我无或彼无我有的"文化缺省词"和"语义缺省词"、已有约定俗成的音译译法、能够体现佛经至高无上的地位和智慧的词语的时候，宜采用"音译法"而非"意译法"，乃"不翻之翻"或者叫"零翻译"（zero translation）。例如，汉语文化中并不存在的"阎浮树"，就采用了梵文 Jombu 的音译，藏传佛教的六字真言"唵嘛呢叭咪吽"也来自其梵文音译，音译词充满了宇宙间神秘的力量，而没有采用简单直白的意译"哦，莲花里的珠宝"。

中文与英文是东方和西方最典型的语言，前者属于汉藏语系，是一种形音会意的文字，英文属于印欧语系，是一种表音文字。当源语与译入语出现语义缺省、语义偏差、文化缺省等情况时，两种语言实现语际意义转化的限制性因素多，可译性程度低的时候，译者无法从形式或内容入手消解其中的语义差异，往往采用译音代义的方式进行翻译，也就是音译

---

① 方梦之. 翻译学辞典 [Z]. 北京：商务印书馆，2019：626.
② 龚雪梅. 音译用字的文字学考察 [J]. 福建师范大学学报（哲学社会科学版），2006（4）：108－111.

（transliteration）。中国文化博大精深，地大物博，物产丰富，我们在翻译具有中国特色，独一无二的"文化负载词"时，应该遵从"名从主人"的原则，以我为主，扬我之长，传播弘扬中国文化。"文化负载词"中已经广为英语国家所熟知的词汇多以音译的面貌出现，比如：豆腐（tofu）、白菜（bokchoy）、麻将（mahjong）、功夫（kungfu）。

　　一般来说，外来借词（loan words）在译入语生根落户之前，通常会以"音译词"或"意译词"的面貌经历一段"考察期"，在翻译生态环境中接受优胜劣汰的"自然选择"。其中一些音译词顺利通过"考察期"的历练和试用，被译入语文化所认可和悦纳，成为约定俗成的"正式成员"，被汉语文化接纳的外来音译词如"sauna"（桑拿）、"hysteria"（歇斯底里）、"totem"（图腾）、"lace"（蕾丝）、"bully"（霸凌）、"bondage"（绷带）、"bungee"（蹦极）等。

　　作为一种典型的异化翻译手段，许多富于中国民族文化的专有词汇也通过以音代义的方式成功移植到英语目的语文化之中，例如太极（Tai-Chi）、孔子（Confucius）、大款（tycoon）、馄饨（wonton）等。也有一些外来音译词由于读起来拗口、记起来费劲、甚至让人产生错误的语义联想等多种原因，没有通过"考察期"顺利"转正"，逐渐被译入语本土文化所产生的意译词所取代。例如"president"原音译为"伯里玺天地"现意译为"总统"，"parliament"原音译为"巴力门"现意译为"国会"，"ambassador"原音译为"奄巴萨托"现意译为"大使"，"ultimatum"原音译为"哀的美敦书"现意译为"最后通牒"，"telephone"原音译为"德律风"现意译为"电话"，"philosophy"原音译为"斐洛苏非"现意译为"哲学"，"camera"原音译为"卡麦拉"现意译为"照相机"，"e-mail"原音译为"伊妹儿"现意译为"电子邮件"。不难发现这些取代音译词的意译词都具有简洁明了、一目了然、朗朗上口以及便于记忆的特点。

　　但是，音译的"一词多译"容易造成概念混淆。以外来词"logic"的汉译流变为例，明清时期，西洋传教士、东洋日本学者以及中国的学者们见仁见智、各行其是，翻译版本竟达50余种（如罗吉格、洛日克、罗奇格、论学、辩学、名学、思之法、理论学、格致学、推理学、明论之法、明理之学等），可谓众声喧哗、歧义丛生。对外来词的译名需要"正本清源"进行统一规范。"Logic"是指"推论的思维过程，对客观规律的系统研究"，"逻辑"的音译最早由严复提出，后弃而不用转而改用"名学"代替。20 世纪 20 年代，章士钊先后发表《论翻译名义》《译名》《论逻辑》《释逻辑》等文章，力主采用"逻辑"对"logic"进行音译，最终"逻辑"作为"logic"的定译沿用至今。

外来借词"音译"与"意译"多译并存的现象也常有发生，例如"engine"的音译"引擎"及意译"发动机"、"microphone"的音译"麦克风"及意译"话筒"、"cartoon"的音译"卡通"及意译"动画片"、"vitamin"的音译"维他命"与意译"维生素"都被译入语文化认可而得以广泛使用。

四、移译

移译（transference），是指将原文中的符号和词汇直接原封不动地移植到目的语中的一种翻译方法，是"形从主人"，属于零翻译（zero translation）。需要说明的是，音译是"音从主人"，以谐音方式实现了源语到目的语的语言转化，并非"原封不动"，因此并不属于"移译"。

移译主要包括语言符号和非语言符号两个大类。"根据符号学的观点，信息都是由符号构成的，语篇中不仅存在大量的语言符号，同时也存在着大量的非语言符号。翻译所涉及的非语言符号是指文字以外的书面表达形式，包括传递信息的特殊符号、记号、代号或图形。"① 非语言符号的移译具有一目了然、专业性强的特点，使用非常普遍，化学元素符号、数学公式、图像符号、术语符号等就常采用移译法。"太极生两仪，两生四象、四象生八卦"，八卦是中国古代象征天、地、雷、风、水、火、山、泽八种自然现象的非常复杂的符号系统，例 6 的译文采用了"音译＋移译"的方式，将中国的"八卦"符号原封不动地空间位移到目的语文化之中，全面保留了八卦符号的文化特色和形式特征。

---

① 李丹，黄忠廉. 零翻译类型考［J］. 山东外语教学，2012（2）：94.

◉例6◉

中文：八卦包括乾卦（☰）、坤卦（☷）、震卦（☳）、巽卦（☴）、坎卦（☵）、离卦（☲）、艮卦（☶）、兑卦（☱）。

译文：The eight trigrams consists of qian（☰）, kun（☷）, zhen（☳）, xun（☴）, kan（☵）, li（☲）, gen（☶）, and dui（☱）.

"移译"并不是译者不能译、不想译、不会译，而是综合考虑各种翻译要素后提出的一种稳妥的翻译方法，是不翻而"翻"、不为而"为"，由于包含了其在源语中的所有信息，所以移译也可以被看成一种较为准确的翻译方法。许多词汇正是通过"移译"将原语的形式和内容不加处理地移植到译入语，例如我们耳熟能详的"E-mail""iphone""ipad"等。以 Skype 为例，它是一种免费的即时通讯软件，具有视频会议、语音聊天、文件传输、文字聊天等多种功能，译界曾通过音译和意译的方式将"Skype"译为"斯盖普"和"讯佳普"，这两种译法并未得到大众的认可，如果采用释义、加注等补偿翻译策略又显得拖沓冗长。而移译的"skype"为自己代言，得到了广泛传播，成为在译入语中受欢迎的高频词。

许多英文首字母缩写词也正是通过移译的方式被译介到中国，CPU（中央处理器）、GDP（国内生产总值）、ISO（国际标准化组织）、GPS（全球卫星定位系统）、MTV（音乐电视）、PPT（演示文稿）、DNA（脱氧核糖核酸）、SPF（防晒指数）、ATM（自动取款机）等词在如今的新闻报道、日常生活中已成为能见度及识别度非常高的词汇。这些英文缩略词言简意赅，符合翻译的省力原则，又没有初期被译介给受众的陌生感，并不会成为理解障碍，可以极大提高读者的阅读效率。

五、注释

每一个国家的语言都有它的民族性、地域性，很多原文很难从译入语中找到完全对等的词汇进行表达。前文提到的音译法、移译法和直译法，是分别以源语的音、形、意为归宿，音从主人、形从主人和意从主人的翻译方法，保留了鲜明的民族特色和地域特色。但是当翻译西方国家还不太熟悉的中国特有现象和中国特色物品时，仅仅通过音译、直译和移译显然不能充分消解源语里的文化内涵和文化意象。越是具有民族特色的东西，越具有世界性，越具有对外传播价值，译者需要通过加注的方法进行补偿性翻译，这样目的语读者才能充分了解他们所没有从未见过、从未听说过的东西。

2022 年北京冬奥会，我国选手谷爱凌在比赛间隙吃韭菜合子，当外国记者问她在吃什么（What did you just eat）的时候，她采用音译"Jiu Cai He Zi"并进行了相应的阐释。韭菜盒子是一种中国特色传统食物，对于英语文化圈属于"文化缺省词"，仅仅通过音译难以在英语中"硬着陆"。为了把这种中国传统美食译介到英语国家，我们可以采用英译加注的方式"Jiu Cai He Zi—Chinese chive pocket"或者"Jiu Cai He Zi—Fried Chinese leek dumpling"对其内在的文化信息进行说明解释，便于目的语读者理解。许多中国传统食品都可以采用注释法，例如：拉面（lo mien—hand-pull noodle）、油条（You tiao—deep-fried stick made of dough）。以熊猫为原型设计创作的北京冬奥会场吉祥物"冰墩墩"，就可以翻译成"Bing Dwen Dwen—the Olympic mascot of Beijing 2022 Winter Olympics with 'Bing' the Chinese word for 'ice', and 'Dwen Dwen' meaning robust and lively"。

注释法是陌生化的源文在译入语语境软着陆的必要桥接，"它可以使不明确的信息明晰化；增加文章的生动性；为译文提供必要的文化背景，使读者了解到相关的历史典故和风俗习惯；有利于文化的交流和传播"[1]，主要包括音译加注法，直译加注法、移译加注法。大英博物馆中国馆在介绍中国文物时，常常采用"物从主人、名从主人"的做法，同时，将需要重点译介的"中国文化关键词"移译、音译、直译至文物说明牌中，并对此"中国文化关键词"做出相应的解释说明，并没有过分迁就西方游客。

---

① 卫梦舒．从跨文化交流角度探究异化与归化翻译及注释法的桥梁作用［J］．海外英语，2012（12）：143.

例如"五子登科图——五子登科图，May Your Five Sons Achieve Success"（移译加注）、"玉壶春瓶——Yuhuchun Ping（pear-shaped bottle）"（音译加注）、"玉琮——jade Cong, a tube with a square cross section and a cylindrical hole"（直译加注）、"秦朝——the Qin Dynasty（221 – 206 BC.）"（直译加注）、"掐丝珐琅——cloisonné（a technique for creating colorful emamel designs on metal objects）"（直译加注）。

第二章 应用翻译概论

第一节 应用翻译的定义与特点

"翻译活动源远流长，人类历史上有文字记载的翻译活动始于宗教翻译，尔后文学作品的翻译长期占据主导地位，20 世纪下半叶，随着政治、文化、经济和科技等的发展，翻译活动渗透到了人们生活的方方面面，应用翻译的实践和研究开始走向台前。"[①]

应用翻译（pragmatic translation）又称实用翻译（practical translation 或 applied translation），是人们在社会生产生活中所进行的实践性翻译活动。应用翻译的概念，最初由美国语言学家者约瑟夫·卡萨格兰德（Joseph Casagrande）提出，后来逐渐为广大学者所接受，特指应用性文本的翻译。法国译论家让·德利尔（Jean Delisle）在 *Translation：An Interpretive Approach*（《论翻译的阐述》）一书中将应用翻译定义为"以传达信息为根本目的，运用语用学原则来翻译实用性文本"[②]。《译学词典》编撰人、著名译论家方梦之是我国应用翻译理论体系的倡导者，他将应用翻译定义为"以传达信息为根本目的又注重信息传递效果的实用性文本翻译，

[①] 傅敬民，喻旭东. 大变局时代中国特色应用翻译研究：现状与趋势 [J]. 上海大学学报（社会科学版），2021（4）：128.

[②] 方梦之. 近半世纪我国科技翻译研究的回顾与评述 [J]. 上海科技翻译，2002（3）：1-4.

它区别于传达有强烈情感意义和美学意义的文学翻译"①。

应用翻译是翻译的重要分支，近年来在国内外发展势头迅猛，已成为翻译实践的绝对主流。其实际运用场景包括政府文书、科技文献、商贸信函、新闻报道、法律文书、公示语、广告、产品说明书、旅游指南等。应用翻译覆盖面广，实用性强，注重真实世界客观信息的传递，主要具有时代性、信息性、匿名性、目的性、专业性等特点。

一、应用翻译的"时代性"

作为非文学文本体裁，应用翻译文本庞杂、体裁丰富、贴近现实，被广泛运用于政治、经济、科技、社会、生产、文化、教育、外宣等各个领域。不同历史阶段，译界对某类特定文体类型的青睐，反映出应用翻译所具有的时代性特征。明末清初出现了以"师夷长技以制夷""会通以求超胜"为目的的西方科技书籍的汉译高潮；改革开放以来，中国加入WTO，经济发展进入全球化快车道后，国际商务往来密切，直接服务于我国国际贸易、跨境结算的商务翻译、广告翻译、法律翻译渐次兴起；北京奥运会、上海世博会、西安世园会等国际盛会在中国的举办，为中国旅游带来历史契机，全国译界又掀起了旅游翻译热、公示语翻译热，以满足海外游客对城市国际化语言环境建设的需求；在积极推进中国文化走出去、加快构建中国对外话语及叙事体系的今天，文化典籍、影视作品、政论文的主动外译成为应用翻译实践的主流。

二、应用翻译的"信息性"

与注重情感渲染、凸显异域风情、文本个性特征突出的文学翻译不同，应用翻译体裁文本信息功能突出。作为一种实用文体，应用文的实用性突出反映在它的"信息性"。应用翻译文本往往以客观的形式陈述有关事实和数据，强调语言间的信息传递和交际功能，希望译文实现与原文接

---

① 方梦之. 翻译学辞典 [M]. 北京：商务印书馆，2019：633.

近的信息等值、功能等效，注重信息传递的效果。应用文翻译的本质就是语际间信息的识别、分析、加工与传递。"由于汉英文化上的差异，汉英两种语言应用文本的语域、风格、体式等规范往往并不一致，对'信息型'文本的翻译，不妨采用'工具翻译'中的'等功能翻译'（equifunctional translation）法来处理。"① 翻译时应以传达文本功能的准确性和文本信息的真实性为第一要义，要避免因形害义。"从审美价值来看，应用翻译讲究'客观真实'而不是'艺术创造'、表达注重'言之有物'而不是'华而不实'、行文用字提倡'准确地道'和'通俗流畅'，遵循的是一种读者'喜闻乐见'而又能'雅俗共赏'的审美标准。"②

三、应用翻译的"匿名性"

从应用文体裁划分，应用翻译文本大多可以归属为纽马克界定的"信息性"和"呼唤性"文本，前者（如用户手册、新闻报道）更为关注事实的传递，后者（如广告翻译、景点介绍等外宣文本翻译）更为关注读者的呼应，而译者多处于一种"匿名"的状态。同时，应用翻译多数情况都不是译者的个人行为，而是商业化的市场行为，翻译作为一种服务被购买，委托人对翻译的影响是显而易见的，他会对译者提出具体的翻译要求，所有的应用翻译都必须符合相应的文体规约、实现相应的文本功能，译本中的译文需通过委托人的验收方能交付使用，译者不能随意发挥，显得缺乏个性。

四、应用翻译的"目的性"

大多数应用翻译文本都以公共宣传品的形式出现，如政府文书、科技文献、外贸信函、会展资料、景点介绍、公示语标牌、旅游指南等，常常

---

① Nord Christina. Translating as a purposeful activity, functionalist approaches explained［M］. 上海：上海外语教育出版社, 2001: 50 – 51.

② 贾文波. 应用翻译功能论［M］. 北京：中国对外翻译出版公司, 2004: 2.

出现在生产领域和经营活动之中（如广告宣传册、产品说明书、点餐单等），大多具有一定的现实甚至功利性目的，这类文本的翻译需要译文最大限度地实现预期功能，意在让目的语受众感知、体验并采取行动。例如广告翻译就是要提升品牌形象、推销商品，尽可能地拉动海外消费；城市宣传片翻译就是要提升城市的国际影响力、吸引力；会展资料翻译，就是企业通过展会营销宣传以实现打入国际市场的目的。应用文本翻译时强调 readability（可读性），重视读者反应和译文效果，文本的使役功能突出。

五、应用翻译的"专业性"

应用翻译文本包括除了纯文学（诗歌、散文、小说、戏剧）以外的所有文本类型。纽马克曾使用"specialized translation"来指称所有的应用翻译类型，反映了应用翻译的专业性和行业性特点。应用翻译根据所涉及的学科、专业、行业领域的不同（如法律英语、商务英语、新闻英语、广告英语等等），文本类型不同（如产品说明书、宣传手册、调查报告、活动策划书、单位简介、合同协议等），所使用的专业话语（domain-specific discourse）、专门话题（domain-specific topic）、专门术语（domain-specific terminology）、文本格式（domain-specific text-formatting）、风格范式（domain-specific stylistic features）也不尽相同。不同文本功能和运用情景的应用翻译专业行业特征明显，格式相对固定，术语约定俗成。应用翻译所使用的语言可以归入专门用途语言（language for specific purpose），应用翻译可以理解为专门用途翻译，具有高度的专业性和规约性。

第二节 应用翻译与"西学东渐"

文化是人类社会的共同财富，中华民族在恢宏漫长的历史发展进程中，对来自异域异质的文化，大多数时候都是采取兼容并蓄的态度，吸收其中的优秀成果来不断充盈自身以实现自我更新。国学大师季羡林在评述应用翻译在中国文化进程中作用时曾说："中华文化这条长河，有水满的时候，也有水少的时候，但却从未枯竭。原因就是有新水注入。最大的有两次，一次是从印度来的水，另一次是从西方来的水。而这两次的大注入依靠的都是翻译。中华文化之所以能常葆青春，万应灵药就是翻译。翻译之为用大矣哉！"① 中国历史进程中，每一次文化"活水"的注入都离不开翻译的译介，每一次文化复兴都伴随着翻译的高潮。季羡林先生所说的"印度来的水"，是指中国历史上的第一次翻译高潮（始于魏汉、盛于隋唐、延至宋元、前后持续一千多年的佛经翻译）带来的佛教东传；"西方来的水"，是指第二次翻译高潮（明末清初的科技翻译）和第三次翻译高潮（鸦片战争至五四之前的西学翻译）所带来的"西学东渐"。

秦始皇一统六国后，在"车同轨、书同文、行同伦"的大一统思想影响下，开始进行历史上的第一次文化大清洗——"焚书坑儒"。到了汉朝，汉武帝"罢黜百家"，以儒术为尊。先秦诸子各执一说、百家争鸣、众说融汇的盛况成了绝响，中国文化进入了低潮期。

西汉末，随着丝绸之路的开通，与西域诸国的交往频繁，佛教开始东传，开启了我国八百多年的佛经翻译盛世。"从 148 年（东汉恒帝建和二年）安世高译经到 1037 年（北宋仁宗景祐四年）译场停顿，凡 889 年，计译出佛典 1333 部，5081 卷，印度佛教大小乘之经、律、论几乎全部被译为汉文。"② "佛经的翻译，除了带来了宗教的兴盛之外，它还对中国文化进行了一系列的新知输入行动：佛经中的哲学、伦理学、逻辑学刺激了中国思想界的复兴，如宋明理学；佛经中的偈颂刺激了中国诗歌的勃兴，如诗歌的声律；佛经中的叙事刺激了中国小说的发生，如《西游记》；佛经中的语言刺激了中国语言的升华，如四声的提出、大量新词的引进；佛经的翻译刺激了中国对外文化交流的昌盛，如丝绸之路。"③ 佛典的移植过程中，外来僧侣是翻译主体，他们同时也是口说相传的布道者，助译的多是民间信徒，也有文人奉敕润文。佛经翻译同时开启了中国翻译理论研

---

① 季羡林. 中国翻译词典·序［Z］//林煌天. 中国翻译词典. 武汉：湖北教育出版社，1997：1-2.

② 方梦之. 翻译学辞典［Z］. 北京：商务印书馆，2019：173.

③ 王东风. 翻译与国运兴衰［J］. 中国翻译，2019（1）：31.

究的传统。佛经翻译是依从梵文的质朴还是追求汉语的文采？是捍卫佛经原本的权威性还是顺应译入语统治阶级的意识形态、与儒家的纲常名教和家族礼法吸收调和、两两相宜？是直译还是意译？死译还是活译？"文质之争""名实之争"贯穿佛经翻译史之始终。佛经翻译大师们在翻译实践中总结经验得失，提出了不同的翻译理论和思想：支谦提倡"因循本旨，不加文饰""美言不信，信言不美"、道安遵循"五失本""三不易"、鸠摩罗什讲究"依实出华"、慧远奉行"厥中之论"、彦琮提出"八备""十条"，玄奘更是佛经翻译之集大成者，他认为"既须求真，又须喻俗"，在佛经翻译实践中圆满调和了直译与意译两种翻译方法，形成了一种清新质朴且庄严凝重的翻译风格。

17～19世纪，伴随着西方向东方的殖民扩张，众多的西方耶稣会传教士来到中国，由于既懂中文又了解当时中国的国情，这些传教士采用了"以西顺中""以儒证耶"的文化适应性策略开展"学术传教"。利玛窦在绘制的《坤舆万国全图》中将中国故意编制在世界地图的中心，以让中国人接受"世界"观、改变对邻国"四夷"的认识。他们同时将西方科学和思想包装成"经世致用之学""格物穷理之学"，以符合当时中国社会"会通超胜""裨益当世""求真求知"的主流思想，西方的科技知识和文化思想比较顺畅地被中国人所接受，从而开启明末清初的我国第二次翻译高潮。在本次翻译高潮中，西方传教士和中国士大夫采用"西译华述"（即洋人口译，中士笔录润色题序）的方式，合作翻译西方科学技术典籍，翻译的"器用性"和"实用性"功能明显，中国人首次通过翻译全面了解到西方科学技术和文化。其中，最有影响力的译著包括徐光启和利玛窦合译的古希腊数学家欧几里得的《几何原本》、熊三拔与徐光启合译的《泰西水法》、利玛窦与李之藻合译的《同文指算》，王徵与邓玉涵合译的《奇器图说》等。"从利玛窦来华到最后一位传教士在华去世，历经约200年时间。根据《在华耶稣会士列传及书目》和《欧洲著作汉译书目》记载，这期间，耶稣会士的汉文西书共437部，其中宗教书籍251种；人文科学55种，包括哲学、伦理、教育、语言文字、地理等；自然科学131

种，包括数学、天文、物理、地质、生物、医学、军事等。"①

鸦片战争是中国近代史的开始，西方资本主义侵略者用坚船利炮轰开了中国的国门，清朝政府朝野上下开始筹划御夷之法、自救之术，采西学、办洋务成为共识，出现了"以夷攻夷、以夷款夷、师夷长技以制夷"为目的、以"引进西学"为标志的中国历史上第三次翻译高潮。林则徐是把西方民主制度引进中国的第一人，他在主持翻译的《四洲志》中首次介绍了英国君主立宪政体和美国民主共和政体。魏源在《四洲志》基础上编译的《海国图志》摈弃了九夷八荒、天朝中心的传统史地观念，详叙了海外各国的政治、史地、宗法、先进技术、气候物产、风俗民情，开启了近代中国向西方学习的风气。但是，在西学东源、"变器不变道"的自大心理影响下，这一时期所翻译的西学著作大部分是兵轮汽机一类的实用书籍。甲午中日战争的重创，丧权辱国的中日《马关条约》签订，"吾国四千年大梦之唤醒"（梁启超语），以梁启超、严复等为代表的维新派逐渐认识到"西方各国之富强，'不尽在船坚炮利，而在议院，上下同心，教养得法'，从而提出输入西学必须'道器兼备''本末兼赅'，既学习西方的'用'，也不能忽视西方的'体'"②。从戊戌变法到辛亥革命时期，大量揭示西方民主思想、社会制度、启迪民智、鼓舞民力的人文社科类西方典籍被译介中国，其中最具代表性的作品包括赫胥黎的《天演论》、亚当·斯密的《原富》（即《国富论》）、斯宾塞的《群学肄言》、孟德斯鸠的《法意》（即《论法的精神》）、马克思和恩格斯为共产主义者同盟起草的《共产党宣言》（摘译）、恩格斯的《社会主义从空想到科学的发展》，大大促进了五四以前的民主思想的传播与发展。毛泽东对第三次翻译浪潮中的代表人物严复等人的评价极高，认为其"代表了在中国共产党出世以前向西方寻找真理的一派人物"。随着译事的发展，京师同文馆、江南制造局翻译馆等一批官办翻译出版机构应运而生，政府出资派遣留美幼童向西方"取经"。第三次翻译高潮一改以往"西译华述"的翻译方式，中国出现了独立的译者、译著和译论，"马建忠、严复、梁启超等人分别提出

---

①　王吉会. 特殊历史条件下开启的明末清初科技翻译高潮［J］. 中国科技翻译, 2013 (3): 49.

②　王永义. 试论西学东渐与中国近代文化的发展［J］. 天津大学学报, 1989 (5): 49.

'善译''信达雅''翻译文体'之说"①。

第三节　应用翻译学

全球化时代，对信息共享的迫切需求推动了以"传递信息"为主要目的的应用翻译的蓬勃发展。"应用翻译学正是要研究翻译过程中信息传递的方式、流程、载体、途径、技术、标准以及信息传递者（个人或团队）等一系列的问题，这也是应用翻译学内在体系的一系列要素。"②

"正如应用语言学之于语言学，应用心理学之于心理学，应用经济学之于经济学，应用翻译学成为翻译学的重要分支学科，与理论翻译学相辅相成、形成互补。"③ 西方译界普遍认为，最早提出"应用翻译学"这一概念的是低地国家译界代表人物、荷兰翻译家詹姆斯·霍尔姆斯（James Holms）。他在 1972 年哥本哈根第三届国际应用语言学大会上宣读的《翻译学的名与实》（*the Name and Nature of Translation Studies*）一文被认为是翻译研究历史的里程碑事件，"翻译"作为一种科学、一门独立的学科被首次提出。在霍尔姆斯的译学框架里，纯翻译学（pure Translation Study）与应用翻译学（applied Translation Study）成为翻译学的两大并列的分支学科。霍尔姆斯将应用翻译学划分为译员培训、翻译辅助（如术语词典编撰）、翻译批评（即译本分析）和翻译政策四个子领域，霍尔姆斯译学体系中的应用翻译学实际是指"翻译实践中的应用问题研究"，其中的四个子领域由于缺乏内在的逻辑联系，很难形成完整系统的应用翻译学科的框架体系。

中国译学研究历来讲究"案本求信"，重考据、重实证，对应用翻译的"法"（方法层面）、"术"（实操层面）、"器"（工具层面）、"用"（运用层面）等子项研究的译论、译述、译识、译思颇丰，但多

---

① 方梦之. 翻译学辞典 ［Z］. 北京：商务印书馆，2019：543.

② 方梦之. 应用文体翻译学的内部体系 ［J］. 上海翻译，2014（2）：1 – 2.

③ 黄忠廉，朱灵慧. "应用翻译学"重构及其文库构想 ［J］. 上海翻译，2017（3）：9.

为散论，欠缺"道"的宏观叙事和"体"的系统构建。但是一个学科的确立和发展，对其元理论的研究和学科框架体系的构建却必不可少。近年来，方梦之、黄忠廉、傅敬民等人在应用翻译学元理论研究方面进行了积极的探索，但译界至今仍未对应用翻译学的框架体系、内涵外延形成广泛共识。

"方梦之对霍尔姆斯的译学构想进行了局部调整，提出应用（文体）翻译研究在译学整体框架中与文学（文体）翻译研究并列，共同构成理论研究中的专门研究。"① 在 2013 年出版的《应用翻译研究：原理、策略与技巧》一书中，方梦之提出"达旨、循规、共喻"的翻译三原则，提出采用"三分法"＋"特殊研究"，从宏观（体系与范畴）、中观（策略、模式、方案）、微观（词句段章的语言分析及翻译技巧）三个维度系统阐释应用翻译学的学科概念。"尤其是'特殊研究'中所包含的'翻译技术''翻译管理'等旨在与'应用研究'相结合，并在此基础上构建一个自洽的应用翻译研究话语体系。"② 黄忠廉与朱灵慧在《"应用翻译学"重构及其文库构想》一文中，主张基于应用翻译学之名，在本体学科和关系学科的框架内，调整重构应用翻译学的学科概念体系。其中本体学科细分为"应用翻译＋学"研究（即应用文体的翻译研究，如外事翻译学）、"应用＋翻译学"研究（即译学理论的应用性研究，如翻译伦理在翻译教学中的运用研究）以及应用翻译史研究；关系学科研究即"应用＋翻译＋学"研究，是指其他学科在翻译（学）中应用的研究，属于应用翻译学的学科外缘，如翻译美学、翻译心理等。傅敬民③提倡将翻译研究体系划分为实用文体及翻译类型研究、不同理论在实用文体及翻译类型的应用性翻译研究、针对翻译教学/翻译技术/翻译机构等与翻译密切相关的应用型领域的研究以及应用翻译理论元理论研究等四个层面。他们的研究既各具特色，又互为补充，还不时呼应，为我国应用翻译学理论整体话语体系的构建做出了积极的贡献。

---

① 方梦之. 翻译学辞典 [Z]. 北京：商务印书馆，2019：543.
② 傅敬民. 我国应用翻译研究：成就与问题 [J]. 语言教育，2019（4）：39.
③ 傅敬民，刘金龙. 中国特色应用翻译研究的特色问题 [J]. 外国语，2021（2）：82.

"应用往往是发现问题的试验场，常常是本体研究的突破口。"① 时至今日，应用翻译学最惊人的还是新的研究领域不断拓展、新的研究视角和核心概念不断涌现、新的研究范式和认识框架不断建立、与其他学科的交叉融合特征愈发凸显。

首先是应用文体的翻译研究总能紧跟时代发展潮流，反哺和助力应用翻译实践。20 世纪 80 年代，在邓小平"科学技术是第一生产力"的号召下，我国各界对国外科技知识的渴求所带来的科技翻译热和术语翻译热，翻开了我国当代科技翻译研究的新篇章。伴随着我国与国外政治、经济、文教、体育交流交往活动的日益频繁，新闻翻译、外事翻译、商务翻译、外贸翻译、法律翻译、广告翻译、商标翻译、旅游翻译、公示语翻译等各类应用文体翻译渐次兴起，相关各类应用文体的翻译研究也紧跟其上。今天，面临百年未有之新情势，在推进中国对外话语体系和叙事体系构建的大背景下，对包括文物翻译、中医药翻译、影视作品翻译、文化典籍翻译等中国优秀文化的外译研究正方兴未艾。

应用翻译是语言服务产业链的重要环节，伴随着语言服务的市场化、产业化、项目化、流程化、规范化、信息化、本地化程度不断加深，相应的应用翻译问题研究也不断升温，翻译伦理、翻译培训、翻译标准、翻译技术、翻译政策、翻译行业趋势研究逐渐成为应用性翻译研究的新焦点。随着大数据时代的到来，翻译与技术的联系愈加紧密，大型语料库的构建与使用、计算机辅助翻译，翻译管理（语料管理、团队管理、项目管理、协同翻译），机器翻译与译后编辑的强强联合成为新的研究视角，用于分析和解释作为社会行为、社会现象的应用翻译问题。

第四节　翻译中国——中国特色对外话语的叙事与译介

"福柯话语权力理论认为，话语和权力紧密相关，谁拥有话语权，谁

---

① 黄忠廉，信娜. 应用翻译学创建论［J］. 上海翻译，2011（2）：10.

就拥有权力。"① 话语权之争是当今国际政治的一大特征。出于对意识形态社区"他者"刻板化的认知偏见，西方国家利用在国际舆论的主导权，将中国的媒体说成是"state-backed media"（为政府发声的官媒）、中国对外报道被解读为"propaganda"（外宣），通过对西方主流媒体的操纵对中国大搞"舆论胁迫"和"场域干扰"，以此煽动分歧，配合其在政治、经济、军事等领域打压并遏制中国的目的。

后疫情时代，中国所面临的国际传播场域和舆情生态更加复杂，从"病毒起源"的阴谋论断、"战狼外交"的话语陷进、到"种族灭绝"的世纪谎言，西方媒体炮制了一个接一个的人造新闻和虚假舆论。"维基百科这样描述后真相时代的传播环境：雄辩胜于事实，立场决定是非，情感主导选择。"② 在西强东弱的国际舆论格局下，向国际社会讲好中国故事、传播好中国声音，建立与中国综合实力、发展优势和时代要求相适应的中国特色对外话语体系，是我国赢得国际社会理解、获得舆论话语权和制度话语权的重要途径。翻译界出现了从改革开放之初、以"英译中"为特色的"翻译世界"，到中国逐渐走向世界舞台中央、以"汉译外"为特色的"翻译中国"的历史转向。

中国特色对外话语体系的译介与传播"是指具有中国特色的对外话语体系经由翻译阐释，通过文字、图像、声音、影视等融合的多模态媒介方式，展开跨语际、跨地域和跨文化的交流，传播至世界其他国家和地区"③。由于应用翻译与对外话语体系天生的同构与互洽关系，在中国特色对外话语"生成—译介—传播—接受"全过程的传播链条中，对外译介担负起了阐释中国价值观念和发展道路、传播中国声音、建构中国形象、向世界翻译中国、向世界说明中国的历史使命，是中国特色话语体系建构的"最后一公里"。

但是，"重话语建构、轻话语译介、重话语传播、轻话语接受仍然是

① 赵永峰. 福柯话语权力视域下社会隐转喻研究——以美国政治正确类表达为例［J］. 天津外国语大学学报，2020（1）：37.
② 樊天宇. 后真相时代与新闻失实［J］. 传播与版权，2018（4）：4 – 5.
③ 吴赟. 中国特色对外话语体系译介与传播研究：概念、框架与实践［J］. 外语界，2020（6）：7.

目前中国特色对外话语体系建设的常见现象"①。习近平同志在 2016 年新闻舆论工作座谈会上指出，我国的对外传播存在着信息流进流出的"逆差"、中国真实形象和西方主观印象的"反差"、软实力和硬实力的"落差"。② 话语权之争，很大程度上也是叙事的方式、手段、内容和效果之争。面对"他述"的"失真"与自述的"失语"，在向世界翻译中国、阐释中国的过程中，如何突破政治藩篱、跨越文化差异、让中国话语体系完美对接国际传播场域，不仅要处理语际转换问题，更要处理"说了没人听"（叙事方式问题）、"说了听不懂"（译介方式问题）、"说了传不开"（传播介质问题）、"有理说不出"（译材培养问题），实现中国从"自我叙事"到"对外阐释"生成转化，是中国对话话语体系译介与传播当前需要解决的重大命题。

一、优化对外话语的叙事方式，多头发声、同频共振

根据社会符号学理论，"讲故事"是构建自我身份及形象的重要方式。我们在向世界"讲中国故事"的时候，需要掌握国际传播的规律，提高"讲故事"的能力，注意叙事"主体"、观测"视点"、故事"载体"、话语"模式"的多元性选择，要"以人为本"，要有"故事性""欣赏性"和"亲和力"。在构建中国特色对外话语体系的过程中，我们需要做好外部环境的研判，主动做好议程设置、话题设置、内容设置，既要有官方话语的权威声音、又要有民间话语的大众话题、也需要"外国人在中国"的"他者"视野，整合各方话语力量多头发声、上下联动、内外呼应、同频共振，从而构建一个真实、全面而又立体的中国形象。

由中国外文局负责翻译发行的《读懂中国》《辉煌中国》《大美中国》《人民中国》为代表的中国主题系列丛书是国家主导性的翻译行为实践，全面记录并深刻解读了处于深刻历史变革和伟大复兴进程中的当代中国。

---

① 胡安江. 中国特色对外话语体系的译介与传播研究［J］. 中国翻译，2020（2）：24.

② 在党的新闻舆论工作座谈会上的讲话［M］//中共中央文献研究室. 习近平关于社会主义文化建设论述摘编. 北京：中央文献出版社，2017：149.

国家层面的宏大叙事和权威声音，帮助国外读者理解"中国共产党为什么能""马克思主义为什么行""中国特色社会主义为什么好"开启了一扇扇窗口。我们也应该清醒地认识到，不是所有的对外话语都需要宏大的叙事，有时候一个小故事也能讲清楚大道理，一个草根人物也能反映可亲可敬可爱的中国形象，一个小事件就可以折射出这个伟大时代的光辉。

2020 年春夏之交，十来头来自云南西双版纳热带丛林的大象"一路向北"。这一次偶发的自然事件，在我们的对外报道过程中没有任何自我评价和价值标签，也特意淡化了政府行为的色彩，"留白"的叙事方式却获得了出人意料的对外传播效果，一向对中国持有偏见的海外媒体也对这次大象迁徙事件进行跟踪报道并积极评价，美国的 ABC 新闻报道称"China's wandering elephants becoming international stars（中国的迁徙象群成了国际巨星）"，《华盛顿邮报》认为"The wild elephant population in Xishuangbanna and two neighboring regions almost doubled to around 300 as a result of two decades of conservation."（由于 20 年的保护，西双版纳和两个邻近地区的野生象数量几乎翻了一番，达到 300 头左右。）这些憨态可掬的大象成为反映人与自然和谐共生、生物多样性保护成效的中国形象的国际代言人。

二、改进对外话语的译介策略，协调差异、凝聚共识

中西方文化在民族心理、价值观念、思维方式、生活习俗、言语方式等方面存在巨大差异，"在跨文化交际过程中，两种语言体系所承载的文化特征表现为完全重叠、部分重叠、不同、类似、相同、文化空缺或相互矛盾"①，中文与英文是东方和西方最具代表性的语言，存在着一定程度上的语言不可译（如谐音双关）和文化不可译（如文化缺省项），追求二者翻译中的绝对忠实与对等是不可能实现的。色彩认知具有鲜明的民族特色，以色彩为例，红色在中国代表着吉祥喜庆，西方文化却常将红色与暴力和流血事件联系在一起，例如：red hands（杀人的手）、red tape（官僚

---

① 金惠康. 跨文化交际翻译续编［M］. 北京：中国对外翻译出版公司，2004：6.

主义)、red battle(血战)、wave a red flag(发出危险信号)。牛津大学汉学家大卫·霍克斯(David Hawks)在翻译《红楼梦》时，根据西方文化对颜色的认知对"红色"进行重新阐释，"红楼梦"被译成了"the dream of golden days"(黄金时代的梦想)，"怡红院"被译成了"the House of Green Delight"(怡绿院)。

不同语言中词语的概念意义一般是相同的，但文化内涵有时却大不相同，如果译者不处理这些文化内涵的差异，势必导致误解、歧见、交际障碍频频发生。英语中的"baby-kisser"不是"亲吻宝宝的人"而是"在竞选中到处拉票的政客"，"gold-digger"也不是"掘金者"而是指"以美色骗取男人金钱的女人"，"dear John letter"不是给"亲爱的约翰的情书"，而是一封"绝交信"，"swan song"并非"天鹅之歌"而是指画家、作家、歌唱家等的最后的作品或告别演出(因为在西方传说中，天鹅临死时会发出美妙的绝唱)。

思维方式的差异是跨文化交际中翻译障碍的另一个主要原因，中国汉字偏旁部首的形音会意特点，使得中国的形象思维更加细腻，而英语的线性行文方式，形成了西方重逻辑演绎的抽象思维。汉语表达的形象思维使得我们的政论文里常常出现极富感染力的"兵器隐喻"和"战争隐喻"，如改革要"大刀阔斧"，干事要"真刀真枪"，为大局要"壮士断腕"，为朋友要"两肋插刀"，为理想要"赴汤蹈火"，为主义要"粉身碎骨"。[①]将这些在汉语言文化中独具特色的隐喻进行直译，就很可能给国际社会传达出中国的"对抗性思维""扩张性思维"特征，"功夫中国"希望通过武力解决问题的假象。"言不孤立，托境方生"，如果只一味考虑如何"原汁原味"地输出"中国理念"，而不考虑这些"中国理念"进入译入语后被"再语境化"、被西方社会故意误读、硬性碰瓷、赋予歧义的可能，势必导致中国形象陷入新的话语陷阱和传播困境。在中国特色对外话语的译介过程中，译者既要"讲政治"，站稳立场、守牢底线、传递社会主义核心价值观；又要"讲方法"，融汇中西视野，避免对抗性思维，要不拘一格地协调两种文化语境，提高话语的加工能力。无论是采用以源语文化

---

① 王晓辉. 讲好中国故事，创新话语体系 [J]. 天津外国语大学学报，2021 (11)：8.

为出发点的"异化法"、以译入语文化为出发点的"归化法"、还是不失时机的"汉化"，都是为了打破文化隔阂，协调差异，消解冲突，增信释疑，凝聚共识，实现文化融合。

三、打造多模态话语，构建互动意义、提升传播效能

"为了建造'通天的巴别塔'，人类付出了语言不通的代价，但这并不意味着人类同时失去了使用非语言符号进行交流的能力。"① 伴随着"读图时代""视频时代"的到来，以调动视觉、听觉、触觉、行为等多维感官导向的、融合多种媒介形态的"多模态话语"（multi-modality discourse）正取代传统的以书面语为主要表征的文字符号，成为信息传播与交流的主流媒介模式，并通过受众的互动参与，产生新的构图意义、再现意义和互动意义。对外话语传播具有跨文化、跨语际、跨心理的特点，采用目的语受众喜闻乐见的方式，打造以新闻、声音、图像、视频、动漫、影片、游戏、手机应用程序、网络直播等极富活力的全媒体融合矩阵，进一步适应新兴媒体传播的智能化、移动化、碎片化、个性化的特征，使中国在国际传播场域的对外叙事更具亲和力和穿透力。我们的动漫可以借鉴好莱坞动画大片《功夫熊猫》在中国的成功经验，这只来自好莱坞的《功夫熊猫》在水墨、针灸、皮影、太极、剪纸、担担面、小笼包等典型性中国元素的加持下，传递的还是美国个人英雄主义思想内核，是披着"中国披风"的典型"美式电影"。Youtube等知名外网平台所播放的李子柒充满乡土气息的美食节目视频，虽然没有配英文字幕，引起了"话语受众"对"田园牧歌式"生活的情感共振，被认为是中国农耕文化与美食文化的"Cultural Icon"，受到众多海外粉丝的追捧和喜爱。连央视都点赞评价说："她的美食作品里，每一帧都有对家乡的喜爱，看懂这种热爱不需要翻译。"将多模态话语应用于中国话语的对外传播，改变传统的对外传播中"一张新闻通稿行天下"的局面，从而实现对外传播的介质从"纸质化"到"全息化"、对外传播的话语从"精英化"到"大众化"、

---

① 杨颖. 对外传播与多模态话语研究［J］. 全球传媒学刊，2016（9）：96 – 97.

对外传播的概念从"抽象化"到"具象化"、对外传播的对象从"单一化"到"分众化"的转变，从而使中国话语以形象生动、丰富多彩的方式呈现在海外大众面前。

四、加强外语专业课程改革，培养融通中外的"外语＋"高素质人才

习近平同志提出，参与全球治理需要一大批熟悉党和国家方针政策、了解我国国情、具有全球视野、熟练运用外语、通晓国际规则、精通国际谈判的专业人才。中国对外话语体系的译介不是纯学术翻译或是纯文学翻译，新时代的外语专业建设不再只是培养传统意义上的口笔译人才，而是要培养支撑中国对外话语体系构建、助力中国更好地参与全球治理，既有家国情怀、又具世界眼光，既懂对外传播技巧、又具对外交流素养，政治过硬、语言过硬、业务过硬的高素质应用型外语翻译人才、非通用语种人才、国际组织人才、国际传播人才为国家发声、为时代讴歌。

立足中华民族伟大复兴战略全局和世界百年未有之大变局，高校外语类专业"应心怀'国之大者'，把握世界大势，铸造'国之重器'"①，本着"为党育人、为国育才"的宗旨，找准课程思政元素与新时代外语类人才培养方案的切入点、中国话语体系与世界话语体系的切入点，以课堂为主阵地，不断优化外语专业学生的知识结构、提升学生的人文素养，打造体系化的翻译课程思政教学资源，帮助学生学习如何用世界听得懂的语言、听得进的方式，向国际社会讲好中国故事、阐释中国道路、介绍中国经验、分享中国智慧。培养学生"内知国情"，就是要让学生厘清"我们是谁""我们从哪里来""我们选择什么样的道路""我们应走向何方"等自我身份认知问题，增加文化自信、制度自信。改革开放 40 多年来，中国形成了诸如"减贫实践""疫情防控""经济奇迹""气候治理""一带一路""生物多样性保护""人类命运共同体"等众多独具中国智慧的内

---

① 王定华，杨丹. 为构建新时代中国对外话语体系提供人才支持［N］. 光明日报，2021－6－7（15）.

政外交治理经验和理念，这些理念是中国特色话语体系的核心概念。将《习近平谈治国理政》双语版、《中国关键词》《读懂中国》《大中华文库》等多语种系列图书、政府工作年度报告的双语对照版作为思政资源纳入课程教学板块，充分利用"中华思想文化术语库""中国特色话语对外翻译标准化术语库"等国家级多语种权威专业术语库和语料库，增强学生"中国话语"的"国际表达"能力。此外，应加强外语专业与其他专业的交叉融合，丰富国际形势课程模块内容（如国别区域研究、中西方文化比较、国际政治、国际关系、国际传播、跨文化交流等课程子模块），培养能够向外部世界"翻译中国""阐释中国"、具有国际胜任力的"外语＋"（例如"外语＋法律""外语＋外事""外语＋对外传播""外语＋商贸"）复合性翻译人才，从而提升中国国际话语权，助力中国引领全球治理。

第三章 应用翻译研究的多元视角

20 世纪被誉为"翻译的世纪",半个多世纪以来,翻译研究的路径经过了多种转向,从"语言学转向""文化转向""实证论和全球化转向",到 21 世纪初的"认知转向",目前翻译研究正经历"回归语言学"的 U 形转向,进入"后语言学时代"。

第一节 目的论——翻译目的视角

20 世纪七八十年代,德国学界开始远离翻译转换的纯语言学模式,转向从功能和交际的角度对翻译进行研究。[①] 目的论(Skopo Theory)是德国功能翻译学派的标志性理论,"skopo"一词的词源来自希腊,表示"目的、动机、功能"。

功能目的论的奠基人德国译论家赖斯(Katharine Reiss)的《翻译批评的可能性与限制》(*Possiblities and Limitations in Translation Criticism*)一书是功能派理论思想的雏形,她将文本功能与翻译相结合,提出了文本类型学(text typology)。她的学生费米尔(Hans J. Vermeer)突破了对等理论的限制,正式提出了"目的论"这一功能翻译学派的主体理论,在费

---

① 杰里米·芒迪. 翻译学导论:理论与应用 [M]. 李德凤,译. 北京:外语教学与研究出版社,2021:106.

米尔看来，翻译是在"目标语情境中为某种目的及目的受众所产生的文本"①，所有语篇的产生都具有一定的目的，所有的译文都是为在译入语语境中实现一定的预期目的和预期功能服务的，而原文只是提供"信源"的作用。费米尔之后，曼塔莉（Justa Holz-Manttari）以管理学"行为理论"为基础提出了翻译行为理论（theory of translation action），翻译行为理论细化了翻译过程的参与者（翻译发起者或委托人、原文生产者、译文生产者、译文使用者、译文接收者），各个参与者在翻译过程中都有自身的交际目标和企图，翻译被看成是以"目的"为驱动、以"结果"为导向的交际行为。诺德（Christiane Nord）是功能翻译学派的集大成者，"她针对功能翻译理论的不足提出了'忠诚原则'，并根据文本功能与翻译目的的关系提出了'纪实翻译'（documentary translation）与'工具翻译'（instrumental translation）两大翻译方法，进一步完善了功能翻译理论体系"②。

"目的论"提出了翻译应该遵循的三条准则，连贯准则（coherence rule）、忠诚准则（fidelity rule）、目的准则（skopo rule），其中连贯准则表示译文语篇与译入语文化语境的语内连贯，而"忠诚"并不意味着对原文进行绝对忠实地再现，而是指"译者、原文作者、翻译发起者（委托人）以及译文接受者的人际关系"③，是指译者作为翻译任务的被委托者、原文的诠释者、译文语篇的再现者，在对意义的动态协商中，需要本着对交际各方负责任的态度，从而保持语际连贯。"目的论"翻译三准则中，语际连贯从属于语内连贯，而二者必须服从于目的准则。目的准则认为"the end justifies the means"（目的决定翻译过程），是一种结果导向型翻译观。

翻译是一种有目的的交际行为，翻译之前必须要弄清翻译的目的，包括译文的对象、译本的功能、委托人的要求，翻译需要达到的预期效果等。应用文翻译具有很强的"目的性"和"针对性"特点，例如商品广

---

① Vermeer H J. What does it mean to translate [J]. Indian Journal of Applied Linguistics，1987（13）：29.

② 贾文波. 应用翻译功能论 [M]. 北京：中国对外翻译出版公司，2004：44.

③ Christian Nord. Translating As A Purposeful Activity，Functionalist Approached Explained [M]. Shanghai：Shanghai Foreign Language Education Press，2001.

告翻译就是要广而告之，要有无穷的吸引力，从而激发译文读者的消费欲望，促成交易变现；企业外宣资料翻译就是要树立企业的国际形象，争取海外订单，拓展海外市场；产品说明书翻译就是要让用户了解产品的名称、主要零部件、功用、使用指南和保养维护等。功能翻译学派的"目的论"对应用文翻译具有很强的指导作用，因为二者都认同翻译是一种有目的的交际行为，这就意味着译者在翻译应用文过程中，为保证译文预期目的和预期功能的实现和交际的顺利进行，需要分析译入语语境，可以采用直译、意译、增删、改写、重构等灵活的翻译手段。

以北京 2022 冬奥会和冬残奥会组委会内设机构部门的翻译而言，这些内设的二级机构既各司其职又协调配合，为冬奥会筹备和举办提供组织、协调和服务保障。内设机构的名称翻译必须向译文受众明确传递出它们各自的职能分工信息，符合机构名称的简洁规约，且绝不能产生任何歧义。通过对票务中心（Ticketing Center）、注册中心（Accreditation Center）、抵离中心（Arrival and Departure Center）等冬奥会机构的直译，就可以充分传递出其中的信息功能和交际功能。而"秘书行政部"就不能进行简单直译，"秘书"在中文中是一个多义词，此处并不是指通常意义上所指的"文秘人员"或者"秘书岗位"，而是指为冬奥会组委会提供会议日程安排、速记打字等一系列办公、办文、办会的事务性和辅助性工作，"Department of General Administration"（综合事务部）这一翻译将"秘书"和"行政"统筹起来考虑，突出该部门的综合协调、辅助决策功能，便于译文读者理解。西方媒体常带着意识形态的有色眼镜，将我们的对外宣传报道歪曲为"Propaganda"（政治洗脑），我们绝不能掉入西方媒体的"话语陷阱"，"新闻宣传部"在冬奥会官网上被译为"Media and Communication Department"（媒体与传播部），对外宣传报道绝不是中国专有，media（传媒）与 communication（传播）是一个中性词，反映出这是北京冬奥会的一个负责媒体运行、新闻传播的部门。这一翻译方法采用了"名从主人"的办法，是译者有意识的语言选择，传达了主办方的信息意图和交际意图。很多情况下，"为了实现原文本和译文本的同步性，并确保译文本的可接受性，原文本会经历一个译者、原文作者、翻译委托人合作下的改写过程"①，译者在实施翻译决策前必须积极协调，求得各方共识。"对外联络部"的常规翻译是"Liaison Department"，英语中也有这样的表达，但如果译者对其在译文认知语境的读者反应进行预判，就会发现"Liaison Department"的译法可能产生歧义：这个部门到底是代表冬奥会组委会与社会各界进行联系的"外联部"？还是负责统筹冬奥会内部关系事务的"内联部"？根据"目的论"理论，译文只有被译文读者认同和理解才有意义，冬奥会组委会根据该部门的具体职责和功能，译为"International Relations Department"，反映出这是一个负责处理国际关系事务的部门，这就是译者、原文作者及翻译委托人之间的认知默契，经过译者的解码和重新编码，实现了包括译文读者在内的所有交际各方的认知统一和语际连贯。"残奥会部"（Paralympic Games Integration Department）虽然是冬奥会的二级组织机构，又跟其他二级组织不尽相同，integration 表"集成""整合"的概念，译者通过增加"integration"一词，使译文读者不需要什么困难就可以理解该部门的职责功能，即"残奥会部"是一个为保障残奥会顺利举行、需要对各方资源进行整合协调的综合性事务部门。

　　中庸之道、平衡对称是中国哲学的核心思想，中国的旅游宣传文本中常出现词语叠用，它们辞藻华美、形式对仗、音韵和美、前呼后应、气势如虹，在汉语文化中极具感染力。但同义重复、信息冗余却是英语应用文本的大忌。

　　例 7 中的"六合"是少林功夫的核心思想，但是汉语中六个"合"如果在英语中出现六次，就会增加读者的阅读阻力和理解障碍，甚至让他们产生反感。译者根据"六合"的内涵，将六个"合"合译为"外三合"（three external harmonies）和"内三合"（three internal harmonies），使用"composed of"清晰构建出"六合"与"外三合""内三合"的从属关系，最后通过括号加注的方式对"外三合"（手与足合、肘与膝合、肩与胯合）以及"内三和"（神与意合、意与气合、气与力合）进行了释译，降低了"harmony"的同质重复频次，减少了译文读者的信息处理负担。

――――――――――

　　① 周薇. 奥运翻译模式中委托人、译者与作者的合作 [J]. 疯狂英语（教师版），2009（1）：111 – 114.

英译文本逻辑清晰、句式结构严密、信息简洁直白，行文流畅自然，实现了对"六合"信息内涵的跨文化传递。在遣字用词时，译者也是不拘一法，在翻译"阴""阳""气"等已被英语文化广泛接纳的汉语借词时，采取直接音译的方式，在翻译其他较为复杂和陌生的武术概念时则采用了"归化"的方式进行意译，例如：攻防格斗（attack，defense and wrestling）、套路（the series of movements）。大道至简，译文没有使用任何可能在译入语语境产生理解困扰的复杂词汇，使更多的外国朋友能够体会并欣赏中国武术博大精深的魅力。

● 例 7 ●

中文：少林功夫是以攻防格斗的人体动作为核心、以套路为基本单位的武术体系。动作和套路讲究动静结合、阴阳平衡、刚柔相济、神形兼备，其中最著名的是"六合"原则：手与足合、肘与膝合、肩与胯合、心与意合、意与气合、气与力合。

译文：Shaolin Kungfu is presented with the movement of the human body such as attack，defense and wrestling as its core and the series of movements as its basic units. Movements and series put special emphasis on the combination of movement and stillness，the balance between Yin and Yang，the complement of toughness and softness，and the inclusion of the spirit and the form. The most well-known principle is "Six Harmonies"，composed of the three external harmonies（shoulders and hip，elbows and knees，hands and feet）and the three internal harmonies（mind and intention，intention and Qi，Qi and force）.

——摘选自少林寺官网①

——————————————

① 少林寺官网. 少林功夫概述［EB/OL］.［2021 - 7 - 24］［2022 - 1 - 25］. http：//www. shaolin. org. cn/newsinfo/84/85/21813. html.

第二节　文本类型翻译理论——文本功能视角

　　"翻译从本质上来说是文本的翻译，因而文本是翻译过程中首先需要面对的问题。"① 英国翻译理论家纽马克（Newmark）将德国心理学家卡尔·布勒（Karl Bühler）关于语言功能的三分法理论（信息型、表情型、感染型）与翻译研究相结合，将文本根据交际功能分为"表达型文本"（expressive）、"信息型文本"（informative）、"呼唤性文本"（vocative）三大类。纽马克同时提出了"语义翻译"与"交际翻译"概念，认为不同的文本类型和语篇功能应采用不同的翻译策略。纽马克的文本类型翻译理论与大多数应用翻译体裁的文本功能不谋而合，突破了译界长期以来有关"归化"与"异化"、"直译"与"意译"翻译策略二元对立的窠臼，为应用翻译提供了切实可行的遵循依据。

　　纽马克认为，所有的文本都具有"表达型""信息型""呼唤性"三大功能的某些特征，他同时将语言的寒暄功能、元语言功能及美学功能视为文本的次要功能。不同的文本类型有着不同的语用功能和交际目的，不同的语用功能和交际目又可以由不同的文本类型来实现。表达型文本是以作者为中心的"我"型文本（the "I" form），信息型文本是以事实为核心的"它"型文本（the "it" form），呼唤型文本是以读者为中心的"你"型文本（the "you" form）。"应用翻译体裁大多注重信息传递的效果和读者的反映，文本的'信息'和'呼唤'功能突出，实用性、规范性强，大多可归属于纽马克界定的'信息型'和'呼唤型'这两大文本。"②

一、表达型文本的翻译

　　文如其人，作者的语言风格和主观立场等个人因素（personal compo-

---

　　① 赵昌彦，武俊. "文本类型"与"策略选择"：纽马克文本类型翻译理论及其应用探析[J]. 教育现代化，2017（4）：191.

　　② 贾文波. 应用翻译功能论［M］. 北京：中国对外翻译出版公司，2004：3.

nents）构成了表达型文本的"表达元素"（expressive element），形成了表达型文本相应的个性风格。"任何艺术作品，不论内容是抽象的，象征主意的，还是自然主义的，表达功能都是原文中最重要的东西。"① 根据纽马克的文本功能分类理论，诗歌、散文、自传、戏剧、小说、私人书信、影视等具有明显作者"个人叙事风格"的作品都可以归为表达型文本，除此以外，官方公告（authoritative statements）因其不可撼动的权威意志和官样叙事风格，也被纽马克归为表达型文本。作者在表达型文本中的地位是"神圣的"，表达型文本的核心是原作和原作者的思想。纽马克提出采用"语义翻译法"（semantic translation）来翻译表达型文本，语义翻译法是一种重视源语的翻译方法，即在译入语中使用尽可能贴近源语的语义和形式，来再现原文的语境意义和语言艺术以及原作者所创造的语篇意境和标志风格，从而凸显原文的"表达元素"。

二、信息型文本的翻译

信息型文本与语域高度相关，具有丰富的语篇类型表现形式。应用文体中，科技文献、商务合同、技术报告、会议纪要、备忘录等关注"事实本体"而作者隐形匿名的文本都可以归为信息型文本。信息型文本的核心既非"我"（作者）也非"你"（读者），而是"它"——"话题事实"（the facts of a topic）的等效传递。信息型文本注重译入语读者的理解和反应，纽马克建议采用交际翻译法（communicative translation）来确保信息传递在译入语中的准确性和真实性。"不同于意译，交际翻译法注重原作的交际意图，译文更加流畅、自然，符合目标语读者的习惯。"②

在英语中，"大会"作为一个无生命主体是不能"举办"有关活动的，而"将"是对未来某一时间的预期行为，具有某种不确定性。例8中的译文没有生搬硬套原文的"主谓宾"句式结构，而是对"大会"（实施

---

① 刘重德. 西方译论研究［M］. 北京：中国对外翻译出版公司，2003：23.
② 丁杰，孙勇强. 从纽马克文本功能理论看科技英语文本翻译策略［J］. 现代经济信息，2016（22）：362.

主体）和"举办"（实施动作）进行了省译，采用系表结构、直接使用"activities"做主语，大会的活动内容显得更为客观、准确和清晰。"'信息型文本'内容的精确应以传递的信息不被译文读者误解作为标准，而不是对'原作者'的忠诚来判断。"① 原文中的"……有关活动"出现在中文版本的大会指南里，显示出主办方对其他未尽事宜已做全面安排，但如果翻成英文"so on and so forth"会给计划参会者一种主办方办会不扎实、应付了事的印象。文贵得体，"include but not limited to"（包括但不限于）的表达常见于英文中比较严谨正式的场合，更能反映原文的交际意图。同时，为了确保译文读者获得尽可能接近原文的效果，译者在翻译"会前活动""系列论坛""招商洽谈"直接采用了更为译文读者所熟悉的"warming-up activities"（暖场活动）、"parallel forum"（平行论坛）、B2B sessions（商务交易会议）等表达方式。

●例8●

中文：大会将举办会前活动、开幕式暨主论坛、展览、系列论坛、招商洽谈及签约等有关活动。

译文：Major activities include but not limited to：warming-up activities, opening ceremony and forum, exhibitions, parallel forums, B2B sessions, signing ceremonies.

三、呼唤型文本的翻译

广告、宣传品、电影通告等文本关注的焦点是读者，追求的是以文本的"呼唤"引起读者的"响应"和"回应"，从而"诱导读者按照文本预想的方式去感受、去思考、去采取行动"②，此类文本可以归类为呼唤型文本。翻译呼唤型文本需要最大程度地调动译文读者的情感体验，让译文

---

① Nida Eugene A. Language, Culture, and Translating [M]. 上海：上海外语教育出版社，2001：129.

② Peter Newmark. Approaches To Translation [M]. 上海：上海外语教育出版社，2001：39.

读者产生共情（empathy），纽马克提出采用"交际翻译法"翻译呼唤型文本。为增强译文的可读性、实现译文读者的"共情"效果，纽马克在 *Approaches To Translation* 一书中给予译者在翻译呼唤型文本时充分的授权，纽马克认为译者有权去"改进文本逻辑"（correct or improve the logic）、有权"用优美句式取代臃冗句式"（replace clumsy with elegant syntactic structures）、有权"摒弃晦涩、歧义和同义反复"（remove obscurities，eliminate tautology，exclude ambiguity）、有权"修正并阐释复杂术语"（modify and clarify the jargon）、有权"让怪诞的语言风格正常化"（normalize bizarreries of idiolect）。

广告是企业的营销手段，具有很强的功利性目的，根据"AIDMA"（AIDMA = Attention + Interest + Desire + Memory + Action）消费者行为模型理论，广告的生命力在于发挥其诱导功能宣介产品，激发消费者的购物欲望，促使消费者实施购买行为，属于典型的呼唤性文本。译文的可读性和可接受性是检验广告翻译的重要标准。

例9是华为的一款运动智能手表"HUAWEI WATCH GT Runner"的广告。中文广告词以第三人称的叙事方式，详细介绍了产品针对不同消费群体的不同卖点，文本同时使用了大量跑步评测有关的专业术语。广告更像是产品的信息说明书，给中文读者一种专业、全面和可以放心购买的感觉。在文本最后，广告视角突然切换至第二人称，对产品的预期效果进行积极暗示，使用含蓄而又煽情的手法向读者传达出"未来的你一定会感谢购买并使用本款运动手表的自己"这一营销意图，成为广告词的高潮部分。

"英语广告强调客户至上，消费者利益高于一切，特别突出'You Attitude'，形式上多用'You Form'与读者交流。"① 例9的英语译文中，针对中文广告词第三人称和第二人称不断切换给读者带来的"身份困扰"，译者采用了融合视域的方式，统一使用英文呼唤型文本常用的"你"型文本的第二人称进行叙事，增强了文本的亲和力和感染性。

广告语言的省力原则要求在有限的篇幅里尽量向读者传递更明确、更

---

① 贾文波. 应用翻译功能论［M］. 北京：中国对外翻译出版公司，2004：158.

简洁、更具感染力的产品信息。例9中，针对中英文广告文体规范、行文风格的不同，译者将中文广告的文本内容进行了大幅压缩，对复杂性专业术语进行了删减，英译文本开宗明义提出了产品最为核心的三要素：Stay Fit（产品目标）、HUAWEI WATCH GT Runner（产品名称）、provides coaching in…（产品功能）。译者同时调整了原文的语篇结构，把中文广告词文末所烘托的高潮部分（产品功效和预期愿景）置于英文广告的文首，将中文对产品功效含蓄的"暗示"（全新的自己正在终点处向你挥手致敬）转化为英文中直白的"明示"——Keep Fit（保持健康），语言浅显易懂、言简意赅，摆脱了中文广告词的思维套路和语言形式。中文广告中根据跑步技术及能力，将用户群体细分成"入门级跑者""进阶级跑者""精英级跑者"三类，直译成英文有可能造成崇尚个人主义、讲究平等的译文读者群体产生"群体偏见"的误解，译者针对中英文广告目标读者的阅读习惯、认知心理的差异，使用交际翻译法、在英文广告中巧妙地使用不同级别的"跑步训练课程"代替中文广告中不同级别的"跑者"，关照了译文读者的情感体验，增强了译文的可读性。

◉例9◉

中文：配合 HUAWEI TruSport™ 专业跑步训练体系，手表为入门级跑者提供单次跑步训练强度、训练量、恢复等方面的数据参考与建议；为进阶级跑者提供跑步能力评价、长周期系统训练过程中的体能/疲劳状况和训练表现评估；还针对精英级跑者提供跑步技术的评估与监测，戴上 HUAWEI WATCH GT Runner，全新的自己正在终点处向你挥手致敬。

译文：Stay Fit with the HUAWEI WATCH GT Runner that provides coaching in introductory to advanced running courses to assist you in real-time while also providing guidance training and giving time-movement effect feedback.

——摘选自华为官方网页①

---

① HUAWEI WATCH GT Runner [EB/OL]. [2021 – 06 – 30] [2022 – 1 – 28]. https：//consumer. huawei. com/cn/wearables/watch-gt-runner/.

第三节　语用等效理论——平行文本对比视角

接受美学派代表人物罗伯特·乔斯认为："任何读者，在其阅读任何具体的文本之前，都已处于一种既有的理解范式和既有的知识框架状态"①，这就是读者的期待视野。读者的期待视野使得他们喜欢以自身即有的认知框架、知识内存、理解范式为标准，对译语文本进行评价。从20世纪50年代后期开始，欧洲的口译培训机构广泛采用不同语言文本对比分析模式来培训口译人员，"平行文本"（parallel text）一词由此而来。平行文本可以被理解为一种语言与另外一种语言中语域、语境、语体和语用功能相同且话题一致的对比性文本，常用于比较语篇语言学。例如：中国大学官网和美英大学官网的国际学生招生指南、北京首都国际机场和伦敦希思罗国际机场的平面示意图、长安新能源电动车的说明书和美国特斯拉电动车说明书、中国国家博物馆与大英博物馆中国馆"唐代墓葬俑"的文物说明解说词、中国夫妻的婚前财产公证书和美国夫妻的婚前财产公证书，都可以作为平行文本语料加以对比研究。

"语用学认为，话语的意义是由交际参与者操纵和传达的，理解话语就是要理解说话人的意义。"② "语用翻译的核心是语用等效，通过对两种语言的语用进行对比，译者要译出原文作者的意图，并使目的语读者易于理解与接受。"③ 英国语言学家利奇（Geoffrey Leech）将语用学分为语用语言学和社交语用学两类，前者主要研究语言形式与语言功能的关系，后者主要考察社交语境对语用行为的支配与影响。语用翻译，是以实现译文读者对话语理解为目的的动态交际过程。就应用文体的翻译而言，平行文本比较就是要通过考察、比较不同的语言在不同的社会文化语境下如何表达语域、体裁、功能、话题相同（或相似）的事实，通过积极协调、合理

---

① Hans Robert Jauss. Toward an Aesthetic of Reception ［M］. Minneapolis：Minneapolis University of Minnesota Press，1982：143.

② 陈淑萍. 语用等效与归化翻译策略 ［J］. 中国翻译，2003（5）：43.

③ 何自然. 语用学与英语学习 ［M］. 上海：上海教育出版社，1997.

转化二者在语用语言、社交语用上的差异，从而实现最佳语用等效，符合译入语读者的期待视野。林克难所提出的"看、译、写"标准，是一种平行文本视角下的应用文语用翻译观。"所谓'看'，就是阅读、熟悉在相同环境中，操英语母语者是如何表达的；所谓'译'，就是翻译时模仿英语表达式，而不是逐字照搬，使译文更加符合英语母语者的阅读习惯；所谓'写'，就是根据翻译发起人的意图，直接用英语写作。"①

由于由母语者撰写，目的语平行文本在术语的选择、篇章的构架、文体的风格、体裁的范式都更符合译入语中特定应用文体的规约和译入语读者的期待视野，对于应用文的翻译具有很强的指导性。"对体裁非常规范的应用文本（如菜谱、公示语等）来说，译者甚至可以直接在译文中借用译语平行文本中的现成语段"。② 平行文本视角下的应用文翻译重视读者反应和译文效果，将译入语同类话题的平行文本作为重要的参考范本，在对标译入语平行文本的基础上，对原文信息内容进行"译前处理"，借鉴译语平行文本的文本内容、语言习惯、句型结构、谋篇布局、修辞风格，同时让译文尽量符合译入语的文化规约。译者在翻译应用文体时，应调动线上线下资源找到译入语交际功能和交际对象相同的应用文体平行文本作为重要参考，就组织策略而言，译本与原文的形式不一定对等，但语意却需与原文等效。如中国"手下留情，脚下留青"等对路人好言相劝的委婉类爱护花草类告示语就可以采用目的语中更为直接的告诫类公示语"Keep off the Grass."，实现话语等效。

我国部分高校的英文简介常出现大量有关悠久历史、荣誉称号、知名校友的信息，而国外的高校简介重点突出的是学校在人才培养、科技创新、社会服务等方面的优势特色。范勇等人通过对国内外高校的英文简介平行文本的调查发现，中国高校的英文版学校简介的平均篇幅为 995 个单词，而英国高校的学校简介的平均篇幅仅为 343 个单词，目的语读者对我国高校的历史细节等信息并不感兴趣，短小精炼、信息明确的英文简介更

---

① 林克难，籍明文. 应用英语翻译呼唤理论指导［J］. 上海科技翻译，2003（3）：10.

② Christian Nord. Translating As A Purposeful Activity, Functionalist Approached Explained［M］. Shanghai：Shanghai Foreign Language Education Press，2001.

符合英文的交际规约。

下面的例 10、例 11 分别是中、英文的保险经纪人的招聘广告。如要将例 10 翻译成英文，我们可以通过对目的语保险经纪人的招聘广告进行比对分析，将目的语平行文本作为译文的文本架构、语言组织、遣词用语的重要参考范式，发现中英平行文本之间的共性与差异，使译文更符合目的语受众的期待视野和阅读习惯，实现语用等效。

● 例 10 ●

中文招聘广告

保险经纪人

*** 保险公司

南京｜3 年经验｜高中｜招 3 人｜02 - 04 发布

工作职责：

1. 负责根据客户的要求，给用户提供专业的保险咨询，为客户量身定制保险方案；

2. 负责定期接受专业保险业务辅导和讲座；

3. 负责参保客户的后续服务工作，为客户提供优质、及时的保单服务。

任职资格：

1. 高中及以上学历；

2. 具有良好的客户服务及沟通能力；

3. 有良好的团队合作精神；

4. 目标导向，一定的抗压能力，能按时完成工作任务；

5. 一年以上的相关工作经验。

薪资福利：

1. 底薪＋业绩提成＋季度奖金＋积分奖励＋年终分红＋综合医保＋年度体检；

2. 免费的保险产品在职培训；

3. 良好的职业发展空间。

工作时间：

周一到周五 8：30～11：30 14：00～17：30

◉例 11◉

英文招聘广告

Insurance Broker

Employer Name：ABC Insurance Company

Posted Date：2022－02－01

Location：YORKTON

Vacancies available：1 vacancy

Job Description：

• Generate new business leads through existing networks and Centers of influence.

• Able to identify and solve our clients changing insurance demands.

• Review quotes and recommend coverages based on individual consumer needs. Calculate premiums and establish method of payment.

• Co-ordinate and follow up on client needs.

Education：Secondary School（preferred）

Experience：

Have a minimum of five years experience in commercial property and casualty insurance.

Qualifications：

• Canadian Accredited Insurance Broker Certification.

Personal suitability：

• Strong communication skills in English and French, written and verbal.

• Sales focused and not shy to go out and create referral partners.

• Independent, ambitious and competitive.

• High stress tolerance-ability to work under pressure in a demanding fast-paced environment.

Salary：$28 507.00 ~ 87 671.00 per year

Benefits：

● Competitive commission structure.

● Medical benefits，dental benefits，pension plan benefits.

● Paid training on a wide range of products.

● Industry leading technology support.

Expected start date：2022 - 03 - 01

Schedule：Monday to Friday，8 hour shift

Work remotely：Temporarily during Covid - 19

对比例 10、例 11 后，就文本结构而言，中文招聘广告文本构成包括"招聘岗位""招聘单位""工作职责""任职资格""薪资福利"和"工作时间"6 个模块，将工作经验（学历、专业）要求、工作地点、招聘人数、发布时间等求职者最为关注的信息直接放在招聘岗位的下方。英文的招聘广告总共分为 14 个模块，在涵盖了上述模块的同时，对求职者的教育背景、工作经历、执业资格等任职资格子模块进行了单列，对薪资（salary）、福利（what we can offer）分别描述，同时对"工作地点""工作类型""上班形式""发布日期""希望应聘者履职时间"等招聘细节逐一说明，就连新冠肺炎疫情影响下是否需要到公司坐班也进行了明示。相比而言，英文招聘广告涵盖的信息更丰富，时效性和针对性也更强。

就文本内容而言，从例 10、例 11 可以看出，中西方保险经纪人工作都是"客户至上""销售为王"，他们的工作职责均是通过尽力回应、满足客户的各种诉求，为客户提供卖保、续保、出险后协助理赔等服务实现职业价值。中英文招聘广告中都提出保险经纪人需要具备良好的客户沟通能力、抗压能力和一定的从业经验，对学历要求都不高。同时，由于中西方文化的差异，英文启事中的保险经纪人招聘更看重应聘人的独立营销能力且必须具有相应的从业资格证书，中文启事中的保险经纪人招聘更看重应聘者的团队协作精神，对职业资格证书未作强行要求。中国的招聘广告中，招聘岗位的薪酬待遇及职业发展的描述更具吸引力、给予求职者更多的职业愿景，但细读发现并未有具体的月薪和年薪承诺，语言上更为委婉；而英文广告却给出了具体的薪资范围，语言更加明确。

我们可以借鉴例 11 中有关人才招聘广告（应用文体类型）的行文范式和保险行业（特定文本主题）术语等地道的表达用法，例如：工作职责（Job Description）、保险报价（quote）、计算保费（calculate premiums）、养老保险福利（pension plan benefits）。中文启事中保险公司提供的薪资待遇是一种非常复杂的薪酬计算体系，如果直译，应聘者还是无法知道确切的薪金数目。为避免目的语读者可能对中方薪酬体系产生的"华而不实、避实就虚"的印象，我们借鉴目的语文本的"competitive commission structure"这一表述习惯，将"业绩提成＋季度奖金＋积分奖励＋年终分红"创译为更符合目的语读者阅读习惯的"competitive commission and various kinds of bonuses and incentives"，译文跳开了原文形式的桎梏，告知求职者绩效奖励由"提成""分红""奖励"三部分构成，更为简洁明确。同时，将发布时间、工作地点、招聘人数、教育背景和工作经验按照平行文本的文本结构范式进行单列，充分关照译文读者的认知习惯和期待视野，原文内容信息却并没有缺损，实现了二者之间的语用等效，见例 12。

◉例 12◉

中文招聘广告（例 10）的英译本

Insurance Broker

Employer Name：…Insurance Company

Posted Date：2022 - 02 - 04

Location：Nanjing

Vacancies available：3 vacancies

Job Description：

● Provide professional guidance to clients and establish tailored insurance packages regarding their insurance needs.

● Take insurance-related coaching and mentoring on a regular basis.

● Follow up on client needs. Resolve client inquiries and insurance issues in a timely and professional manner.

Education：High school diploma and above

Experience：

A minimum of one-year relevant experience in a similar position

Qualifications：No

Attributes：

• Excellent customer service and communication skills.

• Ability to work in a team.

• Goal-oriented and be able to work under pressure and meet deadlines.

Salary and benefits：

• Guaranteed base salary as well as competitive commission and various kinds of bonuses and incentives.

• Comprehensive medical insurance and annual physical check-up.

• Paid in-the-service training.

• Career growth opportunities.

Schedule：Monday to Friday（8：30～11：30 14：00～17：30）

第四节 文化学视角

一、翻译的文化转向

"Culture"（文化）一词的词源是拉丁语"cultura"，最初的意思为"对土地的耕作及种植"，后来逐渐演绎引申为"the intellectual side of civilization"（文明的知识面）、"collective customs and achievements of a people"（一个民族的集体习俗和成就）。美国翻译家奈达曾将"文化"简要概括为"the totality of beliefs and practices of a society"（一个社会信仰和实践的总和）。在国外学界被引述最多、最有影响力的关于"文化"的定义，当属英国人类学家泰勒在《原始文化》一书中所提出的"所谓文化或文明乃是包括知识、信仰、艺术、道德、法律、习俗，以及包括作为社会成员的个人而获得的其他任何能力、习惯在内的一种综合体"。在我国，

"文化"一词最早出现于西汉刘向的《说苑·指武》："圣人之治天下也，先文德而后武力。凡武之兴为不服也。文化不改，然后加诛"，"文化"与"武威"并举，在此处意味着"文治教化"成为圣人治国平天下的重要手段。《辞海》从广义、狭义和一般义三个维度对"文化"进行了定义，广义的文化是指人类在社会历史实践中所创造的物质财富和精神财富的总和，狭义的文化是指社会的意识形态以及与之相适应的制度和组织机构，泛指文字能力和一般知识（例如文化水平）。《辞海》对文化的定义受到了我国学界的广泛认可。不难发现，文化具有人文性、创造性、广覆盖性、历史传承性、社会（地域、民族）适应性等特点。

"传统上，翻译活动一直被理所当然地看作两种语言之间的转换过程，因而翻译研究一直以语言分析和文本的对照为主要任务。"① 20 世纪 80 年代，随着文化研究的勃兴，翻译研究出现了"文化转向"，翻译研究的视角从"原文"转向了"译文"，从"作者"转向了"翻译委托人""译者""译本读者"，从"语言内部的形式结构"转向了"语言外部的文化语境"，从"译文与原文的字面忠实和信息等值"转向了"译本在译入语文化语境的接受与传播效果"。以英国学者巴斯奈特（Susan Bassnett）与美国学者勒菲弗尔（Andre Lefevere）等为代表的文化学派提出要将翻译放置到更为宏大的"文化语境"中进行研究，德国学者斯纳尔·霍恩比（Mary Snell Honby）则提出翻译绝不只是机械的译码重组，更是一种跨文化交流的社会行为，翻译的本质就是翻译文化，应把文化（而不是文本）作为翻译的单位。正是翻译的"文化转向"，证明了翻译作为独立学科存在的必要性，而不是作为依附在语言学或文学的一个分支学科。

二、高语境文化与低语境文化

语境是言语行为和非言语行为所发生的环境。语言是语境的产物，语义在语境中产生，脱离了语境的语言符号就如无根之木，是不具有意义

---

① 王丹. 翻译的文化转向及其对中国翻译研究的启示 [J]. 青海师专学报（教育科学），2007（4）：81.

的。"语境"（context）这一概念最初是由英国民俗学家马林诺斯基（Malinowski）提出的，他在对南太平洋土著方言研究时发现，土著人话语中词句的意义在很大程度上依赖于他们说话的场景。马林诺斯基同时又将语境分为包括时间、地点、对象、话题、交际心理与动机等要素在内的"情景语境"（context of situation）和包括时代背景、文化背景、自然环境等要素在内的"文化语境"（context of culture）。

美国人类学家 Edward T. Hall 在《超越文化》一书中提出了高语境（high context，HC）和低语境（low context，LC）理论，并将包括中国在内的大部分亚洲国家、拉美国家和非洲国家划为"高语境文化国家"；美国、德国、北欧等西方国家划为"低语境文化国家"。高语境文化强调心照不宣的"意会"，信息主要存储在文化语境以及交际双方的非言语行为（如手势、体距、语气、表情、沉默）之中，通过语言"明码"传递的信息相对较少，这使得中国人的话语方式通常比较含蓄隐晦、点到为止、话里有话，更多需要通过交际双方共享的文化内存、交际规约、交际场景、互文性资源来进行"信息解码"。低语境文化强调开门见山的"言传"，信息大多清晰地存储在语言的传递之中，人们说话通常直截了当、心口如一，"低语境中的信息解码主要依赖交际时使用的言语本身，交际信息对语境的依赖性小"①。高语境文化中，决定意义的核心要素是语境，低语境文化中，决定意义的核心要素是语言。但是，低语境文化的交际者对高语境文化的交际者传递的非言语信息和语境信息并不敏感。例如，当高语境的主人送别一个低语境的客人时说"欢迎下次来玩"，低语境的客人将其当作主人正式的邀请，而实际上高语境的主人只是例行公事地在向客人说客套话。

我们在进行跨文化交际时，应该增强跨文化交际的敏感性，高语境交际者可以试着采用低语境交际者的话语方式来明确回应他们，低语境交际者可以学着通过分析语境、审时度势、察言观色，读懂高语境交际者的"潜台词"，避免跨文化交际失败。

---

① 蒙岚，周晓玲.跨文化交际的语用问题研究［J］.学术界，2011（7）：181.

三、翻译中文化的同质性与异质性的处理

语言是文化的载体，不同的语言分属不同的文化系统，译者面临的不仅仅是两种不同的语言，更是两大片文化。翻译不仅仅需要进行语言间的文字转换、语符转码，还涉及两种语言所负载的文化信息的转换，"文化翻译的任务不是翻译文化，而是翻译容载或含蕴着文化信息的意义。"①"语言中的文化信息主要分布在物质形态层、典籍制度层、行为习俗层、心理（心智）活动层。"②

语言的同质性以及人类本身的共性使得他们具有跨地区、跨文化的共情能力，成为可译性的基础，针对不同语言中概念意义和文化意象均相同的词汇、短语、句子时，可以采取直译法，比如灰色地带（gray area）、武装到牙齿（armed to teeth）、隔墙有耳（walls have ears），sugar-coated bullet（糖衣炮弹）、strike the iron while it is hot（趁热打铁）。

不同文化背景的交际主体文化源流、生活习俗、生存环境、价值观念、政治制度、宗教信仰、思维范式的不同，使得他们在音词句章、信息的编码和解码方式、言语行为和非言语行为、语用规范、语篇组织等方面存在诸多差异，语言的异质性特征蕴含的正是一个民族特有的文化基因。中国有着悠久的靠天吃饭的农耕文化传统，当我们表达"big difference"的概念的时候，我们说"天壤之别"或"云泥之别"，而英语则用"as different as chalk and cheese"，其中奶酪是西方钟爱的美食。中文的"吃喝玩乐"在英文中叫"beer and skittles"，beer（啤酒）可谓英美的国民饮料，而skittle是英国传统的一种滚球撞柱游戏。中国是一个大陆型国家，中文在表达"陷入困境"的时候使用"进退维谷"，而作为海洋性国家的英国则用"be on the rocks"（触礁搁浅）来表示。

世界文明的繁荣昌盛是以文明的互鉴互学以及文化的多样性为基础的，既然是传播源语言中的文化信息，在处理概念意义相似、文化意象不

---

① 刘宓庆. 文化翻译论纲［M］. 北京：中国对外翻译出版公司，1999：1 – 14.
② 吕和发，张文，蒋璐. 文化视域下的旅游翻译［M］. 北京：外文出版社，2011：55.

同的词汇短语时，首先考虑采用异化法，以源语为归宿，保留源语的民族色彩，使源语文化信息的异质性在目标中得到传播，例如"癞蛤蟆想吃天鹅肉——A toad hankering for a taste of a swan"、"前怕狼，后怕虎——fear the wolf in the front and the tiger behind"。当无法通过异化法形神兼备同时传达出原文的概念意义和文化意象的时候，我们可以采用归化法，打破交际障碍，增加可理解性，促成跨文化交际，比如包打听——Nosy Paker、万事通——Jack of all trades、留一手——have a card up one's sleeve、lazy Susan——餐桌上的旋转圆盘、spring chicken——小鲜肉、walking papers——解雇函。

跨文化交际中，不同地域、民族的语言和文化并非是一一对应关系。"只为某一民族语言所特有，具有独特的文化信息内涵的词被称为文化空缺词，他们既可以是在历史长河中逐步形成的词，也可以是该民族独创的词"[①]。中国人有极强的家族观念，讲究长幼有序、亲疏有别，而英美国家提倡个性独立，家族意识较为淡薄，英语中的"brother-in-law"在中文就有"姐夫""妹夫""大舅子""小舅子""连襟"等多层含义。这种由于文化缺省造成的语义空缺（semantic gap）一般遵循语义对等的原则，采用音译、直译、意译和加注等方式进行翻译。

对于英语文化完全空缺和陌生的文化概念可以采用音译加注的方式，阐释出"我知你不知"的文化背景信息，帮助译入语读者的理解，如：

胡同——Hutong，a type of alleys formed by lines of Siheyuan（traditional courtyard residences）which is very typical in Beijing.

状元——Zhuangyuan，the champion in the Chinese imperial examinations in the Ming and Qing dynasties.

两会——Lianghui，which refers to the annul plenary session of the national or local National People's Congress（NPC）and Chinese People's Political Consultative Conference（CPPCC）.

"汉语中的某些文化内涵词在英语中能够找到指示意义相同或相近的

---

① 徐珺. 文化内涵词——翻译中信息传递的障碍及其对策 [J]. 解放军外国语学院学报，2001（1）：77-81.

对应词，即属于部分空缺现象的，可以通过译借或语义再生进行翻译。"①
2022 年的北京冬奥会用中国传统的二十四节气倒计时的方式拉开了开幕式
的序幕，向世界展示了中国人的浪漫。对二十四节气的翻译大多采用了直
译的方式，例如惊蛰——Awakening of Insects 体现出"春雷始鸣，春气萌
动，惊醒了越冬的蛰虫"这一文化意象。谷雨时节在四月中旬，正是秧苗
初插、谷类作物生长的最佳时节，"grain rain"的翻译充分体现出了谷雨
时节春雨绵绵、雨生百谷的特点，语义翻译较好地保留了原文的内容和形
式，可以视作一种促使人们理解文化差异、强化共识的跨文化交流手段。
意译的好处在于可以不受字面内容和语言形式的束缚，灵活处理英汉互译
中由于文化空缺引起的交际障碍，传达出其中的文化内涵，例如：

坐月子——confinement in childbirth；

狗咬吕洞宾——bite the hand that feeds you；

鸳鸯——mandarin duck；

相声——cross talk；

cook one's goose——打乱了某人的计划；

pin doctor——长袖善舞的社交高手。

---

① 晏小花，刘祥清. 汉英翻译的文化空缺及其翻译对策［J］. 中国科技翻译，2002（1）：8.

第四章　应用翻译实践——中国特色政论文的英译

政论文是指针对现实中的各种时政议题进行阐释和评述，带有明显政治色彩和倾向性的议论性文章和言论，他们范畴广泛，涉及政治、经济、军事、外交、文化、民生等政治生活方方面面的议题。政论文包括政治领袖及政治人物在大会、论坛、新闻发布会、记者见面会所进行的报告、演讲、发言和致辞；国家党政机关、政治组织正式发布的政策文件、工作报告、申明宣言、领导文选（如《中国的生物多样性保护白皮书》《政府工作报告》《习近平谈治国理政》）、新闻媒体所报道的时政社论及述评等。政论文对内传播国家的主流意识形态，对外宣示国际形象和政治立场，具有很强的政治严肃性、思想导向性、行政权威性、舆论工具性特点。

第一节　国际传播视域下中国政论文的翻译策略

一、增强政治敏锐性，忠实"原文"的政治观点

政论文翻译是中国特色政治话语的国际表达，其翻译质量关系我国政治话语体系的对外传播效果。政治敏锐性是政论文翻译的生命线，政论文翻译一定要"讲政治"，要在国家总体安全观的指导下开展翻译工作。由于政论文特有的权威性和严肃性，尤其是翻译反映政治观点、立场、态度

的政治语言时，译者应绝对忠实于原文，忠实服务原作者的政治观点、意图，准确传达原文的政治立场和主张，不能自由发挥，信口雌黄。

李克强总理在参加纽约经济俱乐部的晚宴时，当提到中国是全球化的受益者之一时，译员翻译为"China is also a big beneficiary from the trend"，总理马上提醒译员要翻译成"One of"（其中之一），译员迅即进行了补救，改为"one of the big beneficiaries"，总理的提醒很及时，译员的纠正很重要。由于西方国家产业转移、服务外包、在中国的代加工厂和战略投资等原因，中国一直以来被西方认为是全球化浪潮的最大受益者，但是全球化最大的受益者当然是廉价产品和劳动力背后的西方资本，纠正后的译文方能传递中国对全球化的准确看法。

二、字斟句酌，政治用词也是一种政治表态

"词义系统包括理性意义、语法意义和色彩意义。色彩意义是词义的下位概念，是意义的一个组成部分"①。词语的理性意义和色彩意义往往交织在一起，不仅可以了解客观对象本身属性，也可以反映出说话人对客观对象的情感倾向和褒贬评价。在正式翻译时，尤其在使用具有"色彩义"的词汇进行翻译时，更要反复揣摩，因为在传递反映的事物和对象的特征时，也会传达出说话者对该事物的褒贬评价、态度立场。

2019 年 12 月，华为公司高管孟晚舟被加方无端扣押，中国驻加拿大大使卢沙野在其住所接受媒体集体采访。其间，《华尔街日报》向卢大使提问，"And as a follow up, if Canada decides to go this route and not allow Huawei's equipment in Canada, will there be any repercussion or how would that affect China-Canada relationship?（如果加方禁止华为设备会有什么后果？对加中关系会产生什么后果？）"，其中的"repercussion"在中文中通常被认为是"反响""影响"，但牛津词典的解释为"an indirect and usually bad result of an action or event that may happen some time afterwards"意即

---

① 杨振兰，王世昌. 论色彩的寓意与色彩词语的意义［J］. 山东行政学院学报，2019（5）：111 - 114.

"事后可能发生的行动或事件的间接影响，通常是坏的结果"。卢大使指出，"五眼联盟国家"指控华为设备对他们的国家安全造成威胁拿不出切实的证据，希望加方能做出明智的选择，他说"加政府禁止华为参与5G项目会有什么后果，我不知道，但我相信肯定会有后果"。译员为了确保语言交际的互明性和连贯性，选择沿用之前《华尔街日报》记者使用的"repercussion"一词来表示"后果"——"As for the repercussions of banning Huawei from 5G network, I am not sure yet what kind of repercussions will be, but I surely believe there will be repercussions."。美加媒体利用"repercussion"一词的负面色彩大肆进行舆论炒作，诬陷中国大使"警告""威胁"加拿大不要禁止华为设备的报道横空出世——"The latest：Chinese envoy warns Canada over Huawei Case"（《华盛顿邮报》：最新消息——中国特使就华为事件警告加拿大）；"Chinese envoy warns of blowback if Canada Bars Huawei from 5G."（彭博社：中国特使警告如果加拿大制裁华为将予以反击）、"China threatens reprisals if Canada bans Huawei from its 5G network"（《环球邮报》：中国威胁如果加拿大禁止华为进入其5G网络中国将予以报复）。译者的一字误译，居然成为可能引发全球关注的重大外交事件的导火索。中国驻加拿大大使馆事后在官网上专门刊登了卢大使接受媒体集体采访的现场实录，在这份实录中，译员使用的3个"repercussions"全部被替换成"consequences"（后果）。

三、内外有别，避免硬译，追求在译入语境的传播效果

外宣翻译常被比作构建对外话语体系的"最后一公里"。在中国话语国际表达的过程中，由于中西方文化背景、价值取向、意识形态、认知方式等诸多差异，加上主导国际话语导向的西方媒体出于意识形态的偏见，肆意散布"中国威胁论""中国傲慢论"，中国政治话语理念传播面临挑战。例如"天下大同"被荒唐地曲解为"中国将再次统治'天下'"①。

---

① 佟晓梅．光明网．构建对外话语体系，更好传播人类命运共同体理念［EB/OL］．［2019 - 8 - 16］［2022 - 2 - 5］．https：//theory.gmw.cn/2019 - 08/16/content_33082816.htm.

"美国时任国家情报总监 John Ratcliffe 在 2020 年 12 月公然污蔑，'中国正在对 200 万人的军队进行基因编辑，以此制造超级生化战士'，他这样说的依据是源于中国人民解放军的一句口号，即'继承红色基因，建设世界一流军队'。"①

在翻译政论文时，一定要注意内外有别，内宣的目的是为了凝聚共识、提振士气。而在外宣中，富含中国思想、中国智慧、中国方案的中国特色政治话语翻译要传得出，更要被听得懂、传得开、叫得响，最为重要的是考虑在译入语中的读者效应和传播效果，寻找不同文化、语言、视角的对接点，采用目的语受众乐于接受和易于理解的方式进行翻译。

中国政论文中有一个显著特点就是富含大量的政治术语、政治概念，同时还有典故、隐喻、俗语、诗歌的使用。在翻译这些中国特色概念时，要避免中式思维和硬译，要贴近英文的表达方式。2021 年《政府工作报告》中的"继续打好蓝天、碧水、净土保卫战"，如果字对字硬译成"We will continue to fight for the blue skies, clear water, and pure land"，可能被受众误读为"中国将要为海、陆、空主权完整进行自卫战"，译者应该根据"反击战"即"污染防治攻坚战"的前后文语境进行相应语义转换，同时由于这是总理对过去一年工作的总结，采用过去时态，改译为"We continued working to keep our skies blue, our waters clear, and our lands pollution-free"，让读者明白中国的绿色发展为全球生态环境治理做出的积极贡献。

四、以我为主，借鉴权威术语库，慎用外媒译法

中国特色的政治概念术语为我国独创，具有鲜明的中国特色和时代特点，很难借用译入语现成概念进行等值表达，应坚持"以我为主"的原则，从维护国家利益和国家形象的角度进行翻译，向国际传递中国的声音，积极主动参与国际话语的重构。不能为了寻求以西方媒体为主导的国际话语体系的认同，就贸然使用他们对中国事物的叫法和说法。对于西方

① 黄友义. 中国新闻网. 如何突破中外文化差异让世界更了解中国？[EB/OL]. [2021 - 11 - 4] [2022 - 11 - 16] https：//www.chinanews.com.cn/gn/2021/11 - 04/9601886.shtml.

的译法绝不能照单全收，要取其精华、去其糟粕，增强政治鉴别力，避免落入西方蓄意设置的话语陷阱。

20世纪80年代末90年代初，东欧剧变，苏联解体，二战结束后形成的两极格局瓦解，世界进入一个新旧格局交替的过渡时期。邓小平提出"韬光养晦、有所作为"。[①] 其实关于韬光养晦的提法，邓小平早有详细阐释"第三世界有一些国家希望中国当头。这个头我们当不起，自己力量也不够……中国永远站在第三世界一边，中国永远不称霸，中国也永远不当头"。但是，美国政府在2003~2009年六个年度的《中国军力报告》中，都把"韬光养晦"翻译为"hide our capabilities and bide our time"意思是"掩盖实力、伺机而动"，指责中国"有意隐瞒自己的军事实力和战略意图，已对地区安全和稳定构成威胁"[②]。后来有一些西方媒体甚至演绎为"隐藏能力、假装弱小""隐藏野心、收起爪子"，将"韬光养晦"这样翻译完全是错误的，其潜台词无外乎说中国的低调、低姿态是在等待时机成熟再行出手，极易引发决策层的战略误判。"在西强东弱的国际舆论格局背景下，我们应对以美国为代表的西方主流媒体涉华报道文本进行批判性和解构性地阅读，了解西方新闻话语的生产过程，分析文本生产者是否存在潜意识的偏见、下意识的恶意、有意识的诋毁以及隐含于文本内的意识形态。"[③]

"Propaganda"一词起源于拉丁语"propagare"，意为"散播"。但是在两次世界大战和冷战期间，美国为了给自身营造良好的国际舆论环境，将一战、二战时期的德国和冷战时期的苏联所进行的信息传播贴上"propaganda"（政治洗脑）的标签，牛津词典的英文解释是"ideas or statements that may be false or exaggerated and that are used in order to gain support for a political leader, party, etc"，意即"通过歪曲或夸大事实来操纵民意获取支持"。时至今日，西方积习难改、带着意识形态的有色眼

---

① 刘华秋. 邓小平外交思想永放光华 [J]. 求是, 2014 (8).

② DOD, USA. Military power of the People's Republic of China 2008 [M]. Washington DC: Pentagon, 2008.

③ 黄蔷. 美国主流媒体对中国形象的话语偏见——以"新冠疫情"报道为例 [J]. 外国语文, 2021 (4): 95.

镜，将中国的媒体称为"propaganda asparagus"（宣传机器）、将中国的新闻报道解读为"propaganda"（政治动员）。因此，我们在对自身进行表达时绝不能拾人牙慧、被人代言，将其改译为"publicity"，摒弃西方对我们乱贴标签，同样反映意识形态偏见的词还有干部的译法"cadre"，这个词原指政府机关事业单位的工作人员，后来被西方媒体用于特指冷战时期苏共官员，应将干部改译为official（官员）。

对于核心政治概念的翻译，应该只有一种权威的表达，对国际社会发出"一致的声音"，在翻译中国特色的政治概念时，可重点参考我国权威数据库的翻译方法，如由中国外文局、中国翻译研究院主持建设的、以习近平新时代中国特色社会主义思想术语和中国特色文化术语为主要内容的"中国特色话语对外翻译标准化术语库"（网址：http://210.72.20.108/index/index.jsp）以及"中国思想文化术语数据库"（网址：https://www.chinesethought.cn，该数据库是由国务院批准设立的"中华思想文化术语传播工程"重点建设内容）。

第二节　中国政论文的句法特征及翻译策略

一、政论文"无主句"的翻译

汉字方块字是汉民族具象思维的产物，具有很强的语意自明性特征，对句法结构依存关系较弱，可以没有施事主语或者施事主语隐伏。"无主句"是指只有谓语部分而没有主语部分的句子，它的特点是主语缺失、谓语宾语完整。汉语是意合语言，文本突出的是主题（topic prominent language），中国政论文本的一大特点是无主句的大量使用，在汉语语境并不会影响读者的理解。在英语中，主语被认为是信息的出发点，处于主位，是"悬挂信息的钉子"，英语句子一般都要有主语。[①] 因此，政论文

---

① 方梦之. 应用翻译研究：原理、策略与技巧［M］. 上海：上海外国语出版社，2013：191.

中的无主句汉译英时，可以通过补充主语或改变句型，使句子结构符合英文习惯。

主语缺失最直接的处理方法是补全主语，根据语境添加第一人称代词作为主语，构成完整句。例 13 分别增译了隐伏的逻辑主语 "We" "Research Institute" 帮助读者理清逻辑关系，"核心技术攻关工程" 的启动者和 "科研经费使用政策" 的制定者分别是 "政府" 和 "科研机构"。对动宾结构的无主句翻译，还可以使用被动语态，变主动句为被动句。例 14 中，中文没有表明 "挂牌督战" 的实施者，但被挂牌的对象却很明确——"贫困县和贫困村"（counties and villages facing difficulty in poverty eradication）。处理无主句的另外一种方式是使用无灵动词。例 15 中采用了无生命主语句的方式翻译，无灵动词 "see" 的使用使 "last year" 被赋予人格化特征，充当无生命的施事主语，"see" 在这里表示 "见证"。

◉例 13◉

中文：实施好关键核心技术攻关工程，落实扩大经费使用自主权政策。

英文：**We** will ensure the success of projects launched to achieve breakthroughs in core technologies in key fields. **Research institutes** will have more say about how funds should be used.

◉例 14◉

中文：对工作难度大的贫困县和贫困村挂牌督战，精准落实各项帮扶措施。

英文：Counties and villages facing difficulty in poverty eradication **are placed under special supervision** to ensure they fully implement all assistance and supporting policies.

◉例 15◉

中文：过去的一年，"天问一号" "嫦娥五号" "奋斗者" 号等突破性成果不断涌现。

英文：**Last year saw** a stream of scientific and technological break-throughs，like the Tianwen‐1 Mars mission，the Chang'e‐5 lunar mission，and the Fendouzhe（Striver）deep-sea manned submersible.

二、政论文长句的翻译

"中英文的句法结构存在很大差异。汉语重意合，以意统神，句子常常结构松散，句子成分间缺乏形态联系，各成分的结合多靠语义的贯通和语境的映衬。"① 中国政论文经常使用长句，长句中的并列短语或短句常常一"逗"到底，很少使用连接词，但形散神聚，短语与短句间存在一种"隐形连贯"。英语在句法结构上重形合，语法化程度高，通过连接词的使用来表示短语及短句之间的逻辑关系，以形通神。在翻译政论文长句式时，需要吃透长句的内涵实质，理清短句间的逻辑关系（并列关系、递进关系、转折关系、总分关系、解释关系、因果关系、条件关系、先后顺序），把握住语脉，同时通过将中文复杂长句拆分为若干个英文短句的方式，运用连接词、分词、不定式、介词结构、从句等多种句法连接手段将隐形在中文短句间的逻辑关系进行显性化处理。例 16 中，译者在通读全文后，将汉语的长句根据逻辑关系分为三个意群。第一个意群中通过介词"by"的添加、"eliminate"（消灭）和"establish"（确立）的对照使用清晰勾画出该意群的逻辑线——革命是手段，破立并举、打破一个旧世界、建立一个新世界才是目的。第二个意群用"in the process of"将"建设推进"解读成一种时间过程即建设历程，战胜（overcome）的各种困难和实现（bring about）的深刻变革是建设实现的结果。主语在英语中所处的位置很重要，英语常把主题语放在主语位上。意群三中用"The transformation of China from...to..."将反映信息主题的复杂长句转化成名词性结构放在句首，并用" laid down the conditions and foundations necessary for..."

① 李红霞. 目的论视域下的政论文英译策略研究——以 2010 年《政府工作报告》为例[J]. 外国语文，2019（5）：87.

反映出句子的逻辑结构是一种条件关系。

◉例16◉

原文：我们进行社会主义革命，消灭在中国延续几千年的封建剥削压迫制度，确立社会主义基本制度，推进社会主义建设，战胜帝国主义、霸权主义的颠覆破坏和武装挑衅，实现了中华民族有史以来最为广泛而深刻的社会变革，实现了一穷二白、人口众多的东方大国大步迈进社会主义社会的伟大飞跃，为实现中华民族伟大复兴奠定了根本政治前提和制度基础。

译文：By carrying out socialist revolution, we eliminated the exploitative and repressive feudal system that had persisted in China for thousands of years, and established socialism as our basic system. In the process of socialist construction, we overcame subversion, sabotage, and armed provocation by imperialist and hegemonic powers, and brought about the most extensive and profound social changes in the history of the Chinese nation. This great transformation of China from a poor and backward country in the East with a large population into a socialist country laid down the fundamental political conditions and the institutional foundations necessary for realizing national rejuvenation.

三、政论文排比句的翻译

政论文的重要功能之一是进行广泛的社会动员和宣传鼓动。政论文中排比句式的使用不仅可以突出句式的对仗美、语言的音韵美，更能通过一系列语义相互关联、逻辑层次清晰的短语，以及短句的重叠递进使用，全面透彻地阐释观点，使得政治话语更具感召力和说服力。提挈语是指在排比句中反复出现的相同词汇，中国政论文句式的一大特点就是以提挈语为标志的排比句式的大量使用。

例17中，通过五个提挈语"伟大"的递进使用来增强语势、烘托主题。译文采取直译的方式，实现了与原文的形式对等，通过5个"Great"

的重复使用强化、凸显了"斗争""工程""事业""梦想""成就"的"伟大"，让受众对中国共产党团结带领中国人民所走过的光辉历程和取得的非凡成就印象深刻，向世界准确传递了中国的声音，起到了振聋发聩、鼓舞人心的效果。在具体翻译中，将五个"伟大"分为前后两个意群，前面用"in pursuing"表明前四个"伟大"是途径、是愿景，后面一个"伟大"是结果。用"achieve"的现在分词短语放在句末表示结果状语。例18中则采取了对提挈语"一切"进行同义合并的方式翻译，减轻了译文受众的理解负担，并用破折号标注出整句话希望凸显的"one ultimate theme"（一个主题）。

◉例17◉

原文：为了实现中华民族伟大复兴，中国共产党团结带领中国人民，自信自强、守正创新，统揽伟大斗争、伟大工程、伟大事业、伟大梦想，创造了新时代中国特色社会主义的伟大成就。

译文：To realize national rejuvenation, the Party has united and led the Chinese people in pursuing a great struggle, a great project, a great cause, and a great dream through a spirit of self-confidence, self-reliance, and innovation, achieving great success for socialism with Chinese characteristics in the new era.

◉例18◉

原文：一百年来，中国共产党团结带领中国人民进行的一切奋斗、一切牺牲、一切创造，归结起来就是一个主题：实现中华民族伟大复兴。

译文：All the struggle, sacrifice, and creation through which the Party has united and led the Chinese people over the past hundred years has been tied together by one ultimate theme—bringing about the great rejuvenation of the Chinese nation.

第三节　中国政治术语的语言特征①

列宁说过：语言是人类最重要的交流工具。美国学者道里斯·葛瑞伯认为，只有政府内外的政治角色为政治目的而传播政治事务信息时，他们才使用政治术语。② 雷大川在《政治：一种语言的存在》③ 一文中指出，政治术语在政治生活中发挥着"设置政治议题""描绘政治愿景""操纵民众的心理预期""掌控政治事务""实施政治行为""进行政治整合""寻求政治认同"7 大功能。中国政治术语是指党和政府在处理国家内政外交的政治活动中所形成的具有特定含义的政治概念。政治术语可以是词或词组，它们广泛地存在于政治文献、大会讲话、领导文选内。中国政治术语是国际社会解读中国政治的重要途径，政治术语的规范翻译是向国际社会准确阐释中国政治主张、治国理念的重要基础，是当今翻译界研究的新热点。

在以西方为主导的国际话语体系中，话语权之争是当今国际政治的一大特征。香港回归，中国媒体使用的是"return（物归原主）"而西方媒体广泛采用的是"revert（到期归还原捐赠人）"；"台独"这一敏感性的政治词汇，西方媒体一直将其翻译为"Taiwan Independence Movement（独立运动）"，而我国的政界、新闻界和学界一直使用"Taiwan Secession Attempt（脱离企图）"的译法，严正表明"台湾是中国领土不可分割的一部分"的政治立场。一词之争不仅是政治词汇外交上的一次角力，更是政治利益和意识形态的一次交锋。在翻译中国特色的政治术语时，既要"讲政治"，翻译出以我为主的中国气派、中国立场、中国道路和中国精神，

①　本章第三节、第四节内容引自笔者发表于《重庆理工大学学报（社会科学）》2017 年第 3 期的《中国政治术语的语言特征及英译策略研究》。

②　Nimmo D D, Sanders K R. Handbook of political communication［M］. Richmond：Sage Publications，1981：195 – 196.

③　雷大川. 政治：一种语言的存在——兼论政治语言学的建构［J］. 文史哲，2009（2）：163 – 167.

又要"懂外事"，兼顾中国与英美国家在政治体制、语言体系以及受众思维习惯方面的巨大差异，提升中国政治术语对外传播的质量和效果，从而打造具有影响力的对外话语体系，让中国在地缘政治的互动中赢得更为宽松的国际舆论环境。中国特色政治术语主要具有权威性、时代性、通俗性、概括性、广泛性、美学性六大语言特征。

一、权威性

"政治是权威的反映，语言行为（或其他行为）一旦昭示权威，即成为潜在的政治行为。"① 美国哈佛大学肯尼迪政治学院院长约瑟夫·耐在20世纪90年代初提出了一个国际政治新概念——"软权力"，它是指作为国家实力的文化。而"语言不仅是传播的工具，而且是政治的武器"②。英国翻译学家纽马克（Newmark）根据文本功能将各类文本分为"表达型"（"我"型文本）、"信息型"（"它"型文本）、"呼唤型"（"你"型文本）三种类型，其中官方公告型的政治文本属于表达型文本。纽马克指出表达型文本的核心是原作者的思想，其在文本中的地位是神圣的。作为国家政治活动的载体，政治文本中的政治术语传播国家的主流意识形态，反映国家的政治生态和政治文化，体现国家的执政方针和政治理念，主导国家的政治舆论风向。中国特色的政治术语是崛起的中国表达自身政治意图的载体，具有明确的政治目的性和思想严肃性，是中国文化主权的组成部分，是构建相对于西方话语体系的中国话语体系的核心要素。"和平共处五项原则""结伴不结盟""命运共同体""新型义利观"等具有中国智慧和中国思维的政治术语，对于构建融通中外的话语新体系和国际新秩序意义重大，具有权威性。

---

① Chilton P, Schaffner C. Discourse and Politics [C]//van Dijk et al. Discourse as Social Interaction. London：Sage Publications Ltd，1997：206－230.
② 张犁. 关于政治语言汉英翻译修辞特点的研究 [J]. 中共贵州省委党校学报，2009（1）：125－127.

二、时代性

语言是人类社会发展的产物，美国著名翻译理论家尤金·奈达曾说："英语的重要特点之一是易于变化"①。德国语言学家和哲学家洪堡特（Humboldt）指出，"一种语言会通过其构词能力不断地生成和再生"②。政治术语遵循语言发展的普遍规律，新的政治术语总是紧跟风云变幻的国际国内局势，伴随当政者的治国方略和政治理念的全面实施，在社会经济生活方方面面的晕染下产生，这些政治术语传递新鲜的政治讯息、具有鲜明的时代印记。"三大纪律、八项注意"是20世纪40年代指导部队作风建设的政策纲领；"大跃进"是20世纪50年代"左倾"冒进的产物；"知识青年""上山下乡""红卫兵""大串连"等词唤醒了对"文革"那段特殊时期的历史记忆；党的十一届三中全会后，"经济特区""市场经济""包产到户"等新的政治术语紧跟着全面推进的"改革开放"应运而生；当改革开放进入深水区后，"强拆""截访""裸官""吃空饷""小金库""一家两制""带病提拔"等词揭示了官本位主义影响下的官场灰色地带；党的十八大以来，廉政建设潮流催生了"依法治国、反腐倡廉""三严三实好干部"等廉政新词。这些政治术语的产生都有深刻的时代背景，反映了当时的政治现实，随着世事的变迁被打上了深深的时代烙印。

三、通俗性

在全媒体高度发达的今天，政治传播正以一种与时俱进的全新姿态面对与以往完全不同的传播对象，政治人物不再是脸谱式地打官腔、程序性地说套话，更乐意采用一种老百姓喜闻乐见、通俗易懂的白话方式传达政治理念和讯息。从毛泽东的"枪杆子里出政权"到邓小平的"黑猫白猫

---

① Nida Eugene. Translating meaning［M］. California：English Language Institute，1982：10.

② 洪堡特. 论人类语言结构的差异及其对人类精神发展的影响［M］. 姚小平，译. 北京：商务印书馆，2011：86-93.

逮到老鼠就是好猫"，再到习近平的"老虎、苍蝇一起打"，这些富有感染力的政治术语具有很强的大众传播性，容易被民众所认可并得到舆论的支持，能更好地传达政府的执政理念。党的十八大以来，新一届领导人给中国政治术语带来了新变化，先后提出了"照镜子、正衣冠、洗洗澡、治治病"的党风自纠论、"鞋子合不合脚穿着才知道"的道路自信论、"把权力关进制度的笼子里"的依法治国论、"绿水青山就是金山银山"的生态环保论。"清新、朴实、直接的讲话风格，增强了讲话内容的传播力，改变了官方话语的程式化形象，缩小了与社会话语之间的距离。这种变化的确反映了中国政治主动求变的创新精神。"①

四、概括性

中国人善于归纳，关注整体，常将复杂的政治观念概括为高度浓缩的政治术语。中国政治术语中有很多缩略词，带有丰富的政治信息，是对特定政治意义的语段进行结构性精简后逐渐形成的语言符号，并成为约定俗成的政治概念。如"四个全面"的战略布局作为习近平总书记为未来的中国描绘的蓝图，就包含有"全面建成小康社会""全面深化改革""全面依法治国""全面从严治党"四层意思。这种缩略性的政治术语高度凝练、内涵明确、富于特色、易懂易记、便于传播。形式表现为多以数词为前缀（如"一带一路""两会""三公经费""四风问题"）和以"化""观""型""主义"等虚词为后缀（如"马克思主义中国化""社会主义核心价值观""资源节约型、环境友好型"社会、"享乐主义"）。

五、广泛性

政治术语涉及政治、经济、军事、国防、外交、文化等社会公共事务的各个领域，小到"房奴"（mortgage slave），大到"拦路虎"（tiger in the road），近到"'十三五'规划"（13th five-year plan），远到"两个一

---

① 杨雪冬. 政治话语的改造是有边界的［J］. 决策，2014（12）：14.

百年奋斗目标"（two century goals）；从"单独二孩"的生育政策（selective two-child policy）到"八荣八耻"（eight dos and don'ts）的政治规矩，从"依法治国"（law-based governance of the country）的执政理念到"文化搭台、经贸唱戏"（cultural events set the stage, trade activities play the title role）的外交战略，全方位地构建了中国独特的多元政治生态体系，并通过术语本身发挥的政治功能产生相应的政治效果。

六、美学性

"从实践层面而言，政治人物的领导艺术，如同律师的申辩艺术一样，首先是驾驭辞藻的学问。"① "从宏观理论层面而言，修辞艺术在构筑主流意识形态、维系和增强所谓'柔性权力'等事关国家命运的诸多方面都发挥着举足轻重的作用。"② "汉语是一种以部首拼音、形音会意、象形指示为特点的音、形、意相结合的表意方块字。"③ 中国政治术语用词高度考究、措辞严谨、行文肃正，同时又注重音美、形美、意美的高度融合统一，在遣字用词中常采用复沓叠加的形式，文采浓郁。如习近平主席在2015年亚非领导人会议上提出的亚非国家间"好朋友、好伙伴、好兄弟"的"三好"关系，强化了中国在全球多极化背景下与亚非国家休戚与共、同甘共苦的外交定位。受"平衡美"这一传统审美哲学的影响，中国政治术语惯用竹节型对偶句式，以特定的政治主题为以神统形的意念主轴，习近平在主持学习弘扬社会主义核心价值观时，对什么是中华优秀传统文化进行了"讲仁爱、重民本、守诚信、崇正义、尚和合、求大同"的18字经典诠释，结构纹丝合缝、语意层层递进。

---

① 古斯塔夫·勒庞. 乌合之众——大众心理研究［M］. 冯克利, 译. 北京: 中央编译出版社, 2004.

② 雷大川. 政治: 一种语言的存在——兼论政治语言学的建构［J］. 文史哲, 2009（2）: 163 - 167.

③ 黄蔷. 跨文化交际视阈下的旅游宣传资料英译研究［J］. 重庆工商大学学报（社会科学版）, 2015（4）: 122 - 128.

第四节　中国特色政治术语的英译策略

　　中国政治术语富有中国政治语言特色，蕴含中国政治意图，中国有句古语"一字入公门，九牛拉不出"，尤其是涉及国家领土主权、国家利益、政治立场的政治术语翻译时一定要小心拿捏、把握好分寸。1945 年，盟军发布《波茨坦公告》要求日本无条件投降，日本时任首相铃木发表声明用"mokusatsu"一词表明日本模棱两可的立场，意即"暂不置评"，同盟国通讯社的翻译为"完全忽略《波茨坦公告》"。这个版本的翻译传到美国，在铃木回应的 10 天后美国向广岛投下了一枚原子弹，相隔 3 天在长崎又投下了一枚原子弹。外事无小事，政治术语翻译的小失误往往造成国际性的大事件，政治术语的翻译一定要"讲政治"。

　　政治术语的舆论工具性特点决定其翻译是为实现一定的政治目的、针对预设译文受众所进行的一种政治讯息传播，根据"目的论"创始人德国功能派学者费米尔的观点，"翻译行为所要达到的目的决定整个翻译行为的过程，即'目的决定手段'，译文必须被译文受众所理解才能在译语文化和交际语境中产生意义"①。因此，政治术语的翻译，"既要紧扣原文，用词谨慎、中规中矩，又要吃透原文精神，适时变通，使表达准确达意、通顺易懂，切忌主观臆断，望文生义，不讲分寸甚至随意篡改……就这个意义讲，'紧扣'原文是原则，'异化''归化'是策略和手段"②。

　　译名统一规范化是政治术语英译过程中需要特别注意的问题。习近平同志提出的"中华民族伟大复兴"的政治概念，在外交部、新华社、中国国际问题研究所、人民日报等机构的英文官网上先后出现过（the great renewal / revival / revitalization /resurgence / renaissance / rejuvenation of the Chinese Nation）6 种不同版本的英译，引起了海外媒体的猜忌，伺机重新

---

　　① 黄蔷. 目的论观照下的公示语翻译原则探析——兼析重庆市公示语英译语用失误 [J]. 重庆理工大学学报（社会科学版），2015（2）：127 - 131.

　　② 贾文波. 应用翻译功能论 [M]. 北京：中国对外翻译出版公司，2004：63 - 105.

炒作"中国威胁论"。政治术语应该力求做到"一名一译",因为"外交概念和术语的唯一性和单义性决定了其在目的语中的译文应是唯一的,而不是多个译本"①。由于中国的政治术语具有政策性强、覆盖面广、敏感度高的特点,译者必须保持不断学习的精神,过三关(语言关、政策关、政治关),运用自身过硬的双语能力、深厚的政策理论功底和高度的政治敏锐性,把握"紧扣原文"的原则,吃透原文的政治内涵和政治意图,同时,又要有译文读者意识,将政治术语的语境意义和精神实质表达出来、传递出去。

一、语义翻译(semantic translation)

纽马克在建议对政治术语这类"表达型"文本要素进行翻译的时候指出,由于政治文本原作者崇高的社会地位、政治可靠性以及非凡的语言能力所带来的绝对权威,应采用语义翻译法(semantic translation),即"紧扣原文语义和作者思想进行直译,绝不可随意篡改发挥,强行植入译者的个人观点"②。美国记者斯特朗在延安采访毛泽东时,毛泽东提出了"一切反动派都是纸老虎"的著名论断,当时的现场口译用了"scarecrow"(稻草人)一词,毛泽东了解后表示自己的意思是"纸糊的老虎",提出直接用"paper tiger",这一翻译不仅忠实地传达了毛泽东的本意,又为译文受众传神地描绘出一个色厉内荏、一捅就破的立体形象,成为经典的世界政治术语。中国特色政治术语的翻译,在不影响译文受众理解的前提下,应紧扣原文内容、保留原文形式进行直译,并按照字面意思组合形成新词,最大程度地保留中国政治语言的文化特色和国情特征,在多元政治文化中植入自己的民族政治符号,"对当今国际事务进行策略性的文化干预……对目标语文化价值观施加'反我族主义的压力(ethno-deviant pressure)'"③。例如:新常态(new normal)、"互联网+"行动计划("inter-

---

① 杨明星. 中国新词对外翻译的原则与策略 [J]. 中国翻译, 2014 (3): 103 – 107.

② Peter Newmark. A textbook of translation [M]. 上海:上海外语教育出版社, 1998: 46 – 83.

③ Venuti Lawrence. Rethinking translation: discourse, subjectivity, ideology [M]. New York: Routledge, 1992.

net +"action plan）、老虎苍蝇一起打（cracking down on both tigers and flies）、有权不可任性（power is not to be used arbitrarily）、政府权力清单（list of government powers）、重大决策终身责任追究制度（system of life-long accountability for major decisions）。

二、交际翻译（communicative translation）

中文政治术语中富含诸如"硬道理""裸官"等具有中国文化特色的俗语，翻译过程中，译者如果断章取义一味按字面意义硬译，对影响连贯重构的文化缺省不做任何交代，很难取得译文的读者效应从而无法达成他们对认知环境的共识。为实现译文的读者效应，在形式和喻义难以两全的情况下，译者应仔细推敲政治术语原文的内涵实质，去形而留义，采用交际翻译法进行改译和转译，阐释性地翻译出原作者的思想内涵。例如，中国政治术语中的"硬道理"（fundamental principle）不是坚硬的道理；"硬骨头"（tough issue）也不是难啃的骨头；"裸官"（officials whose family members have all gone abroad）不是没穿衣服的官员；"跑官"（seek leading post through personal connections）也不是奔跑中的官员；"两手抓"表示的是齐抓共管均衡着力（lay equal emphasis on）；两条腿走路（take two-pronged approach）并不是传统意义上的散步；"豆腐渣工程"（jerry-built constructions）并非是一种食品工程；皮包公司（bubble company）做的也并不是皮具生意。李克强在十二届全国人大三次会议作政府工作报告时提到"用政府权力'减法'换市场活力'乘法'"，不是政府真要去做数学运算而是在行政审批上要简政放权，应译为"cut government powers to boost market vitality"。例如"强农、惠农、富农"农业政策，译者应吃透这 3 个"农"分别代表"农业""农民""农村生活水平" 3 个意思，翻译为"strengthen agriculture, benefit farmers, and raise rural living standards"。

三、加注释义（annotation and paraphrase）

中国政治术语具有概括性的特点。"一带一路""两个一百年奋斗目标""三个代表""四个现代化"等这类"数词+后缀词"的政治术语往往是国家施政纲领的高度概括、领导人政治意志的集中体现，好懂易记、便于传播，是一个时代标志性的政治符号。这种提纲挈领性的政治概念，在译文中首次出现时应采取"直译+加注（或释义）"的折中翻译法向译文受众进行解释性说明，为避免篇幅臃肿，后文中只需直接使用直译译名即可。此类政治术语政策性极强，往往由中央编译局、中央文献重要术语译文审定委员会等中央文献权威翻译机构首先进行翻译发布，逐渐形成一种约定俗成的译法，不能生造和任意更改，如："四个全面战略布局"译为"Four-Pronged Comprehensive Strategy（to make comprehensive moves to：① finish building a moderately prosperous society；② deepen reform；③advance the law-based governance of China；and ④ strengthen Party self-discipline）"。国务院为提高市场准入效率推行"三证合一"（integrate the business license，the organization code certificate and the certificate of taxation registration into one document），让译文受众了解中国工商、质检、税务3个部门的3个证书（工商营业执照、组织机构代码证、税务登记证）被行政简化为1个证书。汉语和英语作为东西方文明中最具代表性的典型语言，文化渊源大相径庭，两个民族的共时性人生体会和历时性人生经验有很大的差异，政治术语在跨文化翻译过程中必然出现语义空缺（lexical gap）和文化缺省（cultural default）的边际断层。"汉语中一些术语能够起到传播效果，其根源是有相应的政治文化土壤。如果翻译成其他语言，这种土壤就消失了，译文的传播效应就大打折扣，甚至完全消失了。因此，译者应该在头脑中始终把握好对外传播与对内传播的边界。"① "钉子户"之类具有中国特色的名词，只有通过文内加注或释义的方式将译语文化中缺省的部分进行注释说明，译文读者才能"通过注释解决意义的真空点，沟通与上下文的关联，从而建立起语篇连贯"②。例如，"59现象"译为"59 phenomenon（a high incident rate of corruption among people who are 59 years old）"，"钉子户"译为"nail household（person or household who

---

① 桂田田. 中央编译局眼中哪些词最难"翻"？［N］. 北京青年报，2015 – 05 – 04（1）.
② 王东风. 文化缺省与翻译中的连贯重构［J］. 外国语，1997（6）：55 – 60.

refuses to be relocated and bargains for unreasonably high compensation when the land is requisitioned for a new construction project）"。

四、省译

中国政治术语中不乏"进一步深化""切实贯彻落实""更快加速发展""毫无根据的诽谤"这一类修饰词，主要目的是烘托政治主题、强化表达语气，在英文翻译中"deepen""carry through""accelerate""slander"本身就有"further""earnestly""more quickly""groundless"的意思，直译会给译文受众一种烦冗拖沓的印象。"在时政翻译中对汉语表达的这种积习应作相应处理，或省译，或改译，或通过上下文照应。"① 习近平主席在庆祝澳门回归 15 周年大会上，说到"身处我们这个时代的中国人，不论在什么地方，都应该为此感到骄傲，都应该为此做出贡献，有一分热发一分光"，最后定稿文件翻译为"Chinese people living in our age, wherever they are, have every reason to be proud of it and contribute their share to this cause"。译者紧扣主题，巧妙地使用了"share"一词将"有一分热发一分光"和"做出贡献"两层含义进行了结构性整合，大胆省译，避免了英语中最忌讳的同义重复现象。中国政治术语讲究音、形、义、美的和谐统一，平衡对称、音韵和美，有些词的使用只是为了呼应一种排比句式的对偶结构，翻译时应该"深究字里行间的逻辑关系和事理情由，如该词译出后在译文中会导致语义重复，或明显堆砌破坏译文结构，或在意义上无足轻重，或不符合译文表达习惯等，都应慎重考虑酌情删除"②。例如："要坚持以人为本的理念，察民情、知民需、解民忧、纾民困"，认真推敲后不难发现"察"与"知"、"解"与"舒"是两对同义词，译为 It needs to put people first by learning more about people's lives and needs and addressing their concerns and difficulties。

①② 贾文波. 应用翻译功能论［M］. 北京：中国对外翻译出版公司，2004：63 - 105.

五、创译

具有中国特色的政治术语专项在译语语境中由于文化缺省无法找到对应或契合的表述方式时，可采取音译（语音英化）或语义模仿的方式进行创译，帮助译文读者获取与源文读者同质且与译文语境一致的信息内容，对创译最高的认可是在语际交往中被另一语言系统吸收成为其借词（loan words）。英语与其他语言一样，是一个动态开放的系统，总是不断吸收其他民族的语言以丰富自身的词汇系统，中国政治术语中通过创译被英语语言系统接纳、成功移植成为英文中的汉语借词的例子不胜枚举。除了前文提到的"纸老虎"，以译语文化为归属的释义法翻译成为英文借词的中国政治术语还有长征（Long March）、计划生育政策（family planning policy）、特别行政区（Special Administrative Region）等；采用以源语文化为归属通过语音英化成为英语借词的中国政治术语有关系（guanxi）、衙门（yamen）。拼合（blending）是英文中一种常见的构词法，即各抽取两个现有的词的一部分（有时是词根或词缀）派生成一个新的词汇，这种构词法也常作为政治术语的创译策略，如 Maoism（Maozedong + ism 毛泽东思想）、taikonaut（taikong + astronaut 中国宇航员）、staycation（stay + vacation 本土旅游）、dawk（dove + hawk 政治中间派）。

第五章　应用翻译实践——
科技英语的翻译

第一节　科技英语的语言特点

广义的科技英语是指与科学技术有关的科技著作、科技论文、科普文章、产品说明书、学术报告中所使用的英语。一般意义上的科技英语是指自然科学和工程技术学科专业的科研文献中所使用的英文。按照纽马克的文本功能分类理论，科技论文属于典型的信息性文本，注重语言技巧和修饰之外的现实世界客观事实的传递（reality outside the language）。

科技英语文风严谨，是一种极为正式的书面语体，讲究学理性、客观性、准确性、连贯性和科学性，需要观点清晰，不能添加个人主观的感情色彩或在表达上含混不清，使用人称主语的时候很少。从用词来看，科技英语具有专业术语多、科技新词多的特点，科技论文常大量使用复合性名词结构短语、前后缀派生词和缩略词。由于科技英语文风严谨、措辞平实、术语规范、用词精准、结构清晰等语言特点，科技论文的翻译应该从遣词、内容、语体上突出其"信息性文本"特征，保持与原文的功能对等和信息对等。

一、文风朴实、理性客观

科技类文体所描述的通常是与科技活动相关的方法、过程、发现、结果、结论，反映的是客观事实，拒绝任何主观臆断和掺杂科研人员的个人情感，不用表示感情色彩义的形容词、叹词和疑问词，通常通过无人称、被动语态的大量使用来实现文本信息的客观与理性。作为信息类文本的典型代表，科技类文体是一种严肃的书面语体，不像"表达型""呼唤型"文本那样需要通过排比、夸张、暗喻、拟人、双关等修辞手段来实现主题的渲染和读者的诱导。科技英语具有文风朴实、理性客观的特点。例 19 选自 2021 年诺贝尔化学奖得主、美国科学家戴维·麦克米伦（David W. C. MacMillan）等人在 *Journal of the American Chemical Society* 上发表的科技论文。为了反映严谨的治学态度的和实验结论的客观性和科学性，作者全部采用动词的被动语态来反映实验的全过程，从实验材料的采买（was purchased）、试剂的提纯（were purified）、有机溶液的浓缩（were concentrated）、层析纯化的实现（was accomplished）到薄层色谱实验的实施（was performed），被动语态的使用让科研人员、科研辅助人员隐身于整个实验过程之外，在没有"人"为因素的干扰之后，语言的表达显得冷静客观，实验结果更为客观、令人信服。

◉例19◉

Commercial reagents were purified prior to use following **the guidelines of Perrin and Armarego. 3，3 – Dimethyl – 1 –（trifluoromethyl）– 1，2 – benziodoxole** was purchased from **Aldrich** and used as received，which behaved identically to that prepared through literature procedures. All solvents were purified according to **the method of Grubbs.** Organic solutions were concentrated under reduced pressure on **a Büchi rotary evaporator.** Chromatographic purification of products was accomplished using force-flow chromatography on Silicycle or Iatrobeads silica gel according to the method of Still. 4

Thin-layer chromatography（TLC）was performed on Silicycle 250 μm silica gel plates. TLC visualization was performed by fluorescence quenching or KMnO$_4$ stain. ①

二、用词精准、通俗规范

"科技文体大多具有'描述''定义''分类''指令'四项文本功能，因此描述客观、定义准确、分类精细、指令明确是科技类文体语言的基本要求。"② 科技英语讲究用词的规范精准，词不达意、言过其实都是不允许的。

术语是对某一学科门类的技术术语和专有词汇的指称，是构成该学科概念体系的重要基石。科技英语的另一个特点是专业性强，科技术语多。科技术语具有国际性、系统性、单义性、科学性、规范性等特点。例 19 中，除了化学元素（高锰酸钾：KMnO$_4$）、化学物质（硅胶：silica gel；有机物质：organic solutions）、实验工具（旋转式蒸发器：rotary evaporator）、计量单位（微米：μm）、分析方法（层析法纯化：Chromatographic purification），"3，3 - Dimethyl - 1 - (trifluoromethyl) - 1，2 - benziodoxole"这个集数字、标点符号、复杂字符为一身的复杂术语，全称叫"3 - 二甲基 - 1 - (三氟甲基) - 1，2 - 苯并碘氧杂戊环"，是一种化学试剂的名称，后文的"Aldrich"正是研发、销售这种试剂的生化高科技公司名称。

科技文献的读者绝不局限于"本专业"的读者，因此科技英语又必须要具有可读性强的特点。全球三大学术权威杂志之一的 *Nature* 在投稿格式要求中，明确提出 *Nature* 杂志是一本涵盖所有科学领域的国际性杂志，来稿必须清晰简洁，必须重视语言的可读性（readability）和通俗性，从而方便其他学科的读者和非英语母语的读者理解。为此，*Nature* 建议作者尽量避免使用专业圈子的行话（确需使用时需做出明确解释），同时将缩略

① Allen A E, Macmillan D. The productive merger of iodonium salts and organocatalysis: a non-photolytic approach to the enantioselective alpha-trifluoromethylation of aldehydes [J]. Journal of the American Chemical Society, 2010, 132（14）: 49 - 86.

② 贾文波. 应用翻译功能论 [M]. 北京: 中国对外翻译出版公司, 2012: 196.

词，尤其应将不规范的缩略词的使用控制在最低限度。稿件需对论文的研究背景、基本原理和主要结论进行清晰阐释，尤其是标题和摘要，应该用任何学者都能轻易理解的语言进行书写。应该对专业术语进行简要解释，而不是说教——Nature is an international journal covering all the sciences. Contributions should therefore be written clearly and simply so that they are accessible to readers in other disciplines and to readers for whom English is not their first language. Thus，technical jargon should be avoided as far as possible and clearly explained where its use is unavoidable. Abbreviations，particularly those that are not standard，should also be kept to a minimum. The background，rationale and main conclusions of the study should be clearly explained. Titles and abstracts in particular should be written in language that will be readily intelligible to any scientist. Essential but specialized terms should be explained concisely but not didactically. ①

三、结构紧凑、逻辑清晰

作为一种"信息浓缩性"文本，科技英语的阐释说明性功能突出，在表达复杂科学实验方法和研究过程时常使用长句，同时，常采用非限定性定语从句、动名词复合结构、不定式、名词化结构的方式将此长句分成多个独立式结构意群，使得行文逻辑清晰、结构紧凑、语义明确。例20中科研人员首先使用了两个动名词复合结构，作为后置定语对自己搭建的实验模型进行阐释。第一个动名词复合结构"consisting of N particles"（包含 N 个粒子的）用来修饰此三维经典模型，逗号后的动名词"interacting by pairs through…"又对这些粒子的运动轨迹进行了详细描述——"成对相互作用通过短程电势"。动名词复合结构通常用于动名词的逻辑主语与句子的主语不一致的情况，其功能相当于一个从句，但又避免了在需要修饰的"three dimensional classical system"后面使用无数的"连环套式"的

---

① Nature. Formatting guide［EB/OL］. https：//www. nature. com/nature/for-authors/formatting-guide. 2021－12－18.

定语从句。接着，使用"介词＋动名词"结构（upon cooling or upon density increasing）替代条件状语从句，upon 在这里等于"当……的时候"。简单的主谓结构句式统筹了两条重要信息：实验目的——"observing this glass phase"和实验条件——"the avoidance of crystallization"，行文更为简练，采用分词短语"required for…"后置作为主语补足语代替了复杂的定语句式，简洁的名词化结构"the avoidance of crystallization"作为谓语强调客观事实。逗号后"which ＋…"非限定性定语从句的使用，表示前面的主谓结构被看作一个整体，并通过"can always be obtained through"的句式清晰传达出达成实验目的的途径。可以看出，作者使用多种语法、句法和衔接手段，以"搭积木"的方式对各种复杂信息进行句式架构，使得信息杂而不乱，句式长而不赘，结构紧凑，文理清晰。

● 例 20 ●

Take a three dimensional classical system **consisting of** N particles, **interacting by** pairs through a short range potential. Very often this system will undergo, **upon** cooling or upon density increasing, a solidification into an amorphous solid state-the glass state. The conditions required for observing this glass phase is the **avoidance of crystallization**, **which** can always **be obtained through** a fast enough quench. [①]

第二节　科技论文标题的翻译

一、科技论文英语标题的特点

科技论文是科研成果产出的一种文本呈现形式，是学术交流、知识传播的重要载体。外文期刊自不待言，为加强学术对外传播、融入国际学术

---

① M Mézard, Parisi G. Thermodynamics of glasses: a first principle computation [J]. Physical Review Letters, 1999, 11 (4): A157 – A165 (9).

话语体系，越来越多的中文学术期刊在刊发中文科技论文的同时，也会刊发英文标题、摘要和关键词。标题是科技论文的点睛之笔，是作者根据研究成果提炼的文章主题。"题名所用每一词语必须考虑到有助于选定关键词和编制题录、索引等二次文献可以提供检索的特定实用信息。"① 科技论文的标题是 EI、SCI、ISTP 等权威数据库和文献检索系统进行摘引和编制索引的重要依据，因此，科技论文的标题既要文题相符、突出醒目，为全文内容"代言"；又要术语地道、语义明晰、形式规范、逻辑清晰、高度凝练、文风谨严，方便权威检索系统、同行评审（peer reviewer）、编辑、读者对作者的研究方向、学术见解、研究能力进行快速判断，从而提升科技论文被权威数据库摘录和被同行引用的概率。题名应该避免使用不常见的缩略词、行话、字符、代号和公式等。

科技论文主要包括原创性的科研文章、综述和述评文章（review）和实验文章等三种形式。选题的创新性、内容的原创性、信息的真实性、论证的可靠性、语言的精准性、格式的规范性通常是对原创性科技论文质量评价的主要标准。综述和述评文章主要是在对某一学科、某一专业、某一领域或者其中的某一领军人物的研究专题成果及发展趋势全面梳理、系统分析的基础上，阐释并提出自己的学术见解，它既可以是对成熟研究领域的进程性评估，也可以是新型技术的批判性研究。而实验性论文，顾名思义，主要包括实验材料、实验方法、实验过程、实验分析、实现发现、讨论或结论等几个部分。科技论文的结构主要包括标题（title）、摘要（abstract）、引言（introduction）、正文（main text）、结论（conclusion）和参考文献（reference）几个部分。

科技论文的标题至少包括研究对象和研究方法。例如：Biomass Fuels and Respiratory Diseases：A Review of the Evidence（关于生物料和呼吸系统疾病的实证研究）。A Life Course Model of Self-Rated Health Through Adolescence and Young Adulthood（从青春期到青年期的自我健康评估的生命过程模型）。由于论文题目与论文本身一样，反映的是研究对象、过

---

① 参见国家标准局 1987 年颁布的《科学技术报告、学位论文和学术论文的编写格式》（GB7713 – 87）.

程和结果的客观真实性，所以动词一般使用一般时态。

二、科技论文英语标题的结构类型

科技论文的英语标题包括名词性结构标题、复合结构标题、陈述句标题和疑问句标题四种类型，而后两种类型较少使用。

（一）名词性结构标题

科技论文英语题目使用长句式的情况微乎其微，但是由于信息高度浓缩，科技论文的英语题目往往是围绕中心词展开的多重修饰及限定的名词性复合结构（nominalization），主要包括多重前置修饰语名词标题、名词短语＋介词短语型标题、名词结构＋名词结构标题、动词现在分词＋名词结构标题、介词短语结构标题5种类型，见例21至例26。"科技英语中名词化结构可做主语、宾语、介词宾语、表语、宾语补足语、定语、同位语和状语等，换句话说，除了不能担任谓语外，可以用作句子其他一切成分。"① 例22通过3个介词结构的叠加使用对中心词"评估"的对象、环境进行阐释。"based on…"（基于）、"from the point of view…"（在……的视角下）是科技论文标题的高频词汇，所引出的介词短语用于反映研究的背景、框架、理据、方法等信息，如例23、例24中用"名词短语＋名词短语"的并列结构表明论文研究的两个主题——"定性研究""评价方法"，且处于同等重要的研究地位。在反映具体研究主题时可直接常用"On…"，表示"关于……的初探（浅析、研究）"。

◉例21◉ 前置修饰语名词标题

Locally Resonant Sonic Materials（局域共振声学材料）

---

① 李洵. 试论科技英语特点［J］. 中国科技信息，2005（5）：134.

◉例22◉　名词短语＋介词短语型标题

An Assessment **of** the Potential Impact **of** Solid-Fueled Rocket Engines **in** the Stratosphere（固体燃料火箭发动机在平流层潜在影响的评估）

◉例23◉　名词短语＋介词短语型标题

The Micro-Architecture **of** Pancreatic **Cancer from the Point of View of** the Pathologist and the Radiologist（病理学和放射学视角下胰腺癌的微观结构）

◉例24◉　名词结构＋名词结构标题

Qualitative Research **and** Evaluation Methods（定性研究与评价方法）

◉例25◉　动词现在分词＋名词结构标题

Measuring Past Biodiversity.

◉例26◉　介词短语结构标题

On the Universality of the Two-Point Galaxy Correlation Function（星系两点相关函数的通用性研究）

（二）复合结构标题

科技英语论文中，复合结构标题通常以副标题形式出现，主要表现方式是例27那样的同位语结构，它们通常以名词短语的方式放在需要说明的主题词之后，中间用逗号、冒号、破折号隔开，表明先行词与同位语之间的特殊意义关系，呈现出一种主、副标题的两截式结构，例如"The Parable of Google Flu：Traps in Big Data Analysis"中，主标题（谷歌流感预测）语义未尽，副标题（大数据分析的陷阱）对主标题进行补充说明。由于英语是一种主语突出语言（subject prominent language），在国外的科技英语论文中，常将研究主题、研究对象等最重要信息放在句首，而概述

（bird's eye view）、综述（review）、个案研究（case study）、应用研究（application）、综合报道（synthesis report）等论文形式特征常以同位语结构形式放在主题词，例28这种左右分段式结构让读者对研究主题核心要素之间的逻辑关系一目了然。例29中，后置的副标题"以可持续的方式提高阿尔卑斯山的旅游目的地竞争力，应对游客的新动机和新期望"是作者的研究目的和动机，前置的主标题（4L旅游：景观旅游、休闲旅游、学习型旅游、极限运动）才是论文的研究主题和解决方案。

◉例27◉

Water Quality of Medium Size Watercourse Under Baseflow Conditions: The Case Study of River Sutla in Croatia

◉例28◉

Development of Using Crumb Rubber in Asphalt Modification: A Review

◉例29◉

4L Tourism（Landscape, Leisure, Learning and Limit）: Responding to New Motivations and Expectations of Tourists to Improve the Competitiveness of Alpine Destinations in a Sustainable Way

（三）疑问句结构标题

科技论文英文标题极少使用疑问句，只是在吸引读者眼球或要凸显某一特定的内容时偶尔使用。例30是一种自问自答的复合式标题结构，证明研究课题"how does a hot spot come into existence?"已经找到答案——"simulation of radiation diffusion"。例31研究主题是关于400万新生儿的死亡，这是一个触目惊心的数字，通过疑问词when？Where？Why？的"三连发"使用激发了读者深入探究和阅读的兴趣，而三个问号所代表的新生儿死亡时间、死亡地点、死亡原因正是论文研究的核心主题。

◉**例 30**◉

How Does a Hot Spot Come Into Existence? ——Remarks on Simulation of Radiation Diffusion

◉**例 31**◉

4 Million Neonatal Deaths：When？Where？Why？

（四）陈述句结构标题

标题通常是对全文高度的浓缩概括，重点反映全文的研究主题。但也偶有作者喜欢对主要观点进行总结，使用陈述句式点出研究结论的情况，此类标题通常用在科普类文章，如例 32。

◉**例 32**◉

A Global Overview of Drought and Heat-Induced Tree Mortality Reveals Emerging Climate Change Risks for Forests. (干旱酷热引发的树木全球死亡率揭示了气候变化对森林的风险。)

三、科技论文标题翻译的主要方法

（一）突出关键、舍弃套话

科技论文标题是由反映文章核心观点和主题内容的"关键词"通过词汇衔接手段所构成的具有逻辑意义的组合，具有高度精练、概括性强的特点。就字数而言，科技论文翻译的英文标题不宜过长，我国颁布的科技论文编写格式国家标准（GB 7713–87）提出中文题名一般不宜超过 20 字，外文题名一般不宜超过 10 个实词。国际三大权威杂志之一的 *Science* 就在 *Manuscript Template* 明确要求"Title：No more than 96 characters and spaces"（标题含空格不应超过 96 个字符）。可以看出，国内外学界、刊界对英文标题都提出了字数上限。拖沓冗赘的题目会让读者抓不住重点，科技论文的标题进行英译时，应本着少而精的原则，通过分析标题语义，重点抓住反映核心观点的关键词，将关键词放在句首，其他辅助修饰成分进行后置。"汉语科技论文标题的 20 个左右词语（英语标题一般为 10 个实词左右）中，往往只有三、两个或个别几个单词最为关键，其他词语仅起修饰和补充作用。"[①] 例 33 中 "基于出行链的电动汽车充电负荷预测模型"，所谓 "模型"，其实是作者构建的一种基于电动汽车行驶出行链并考虑充电频率因素、对电动汽车充电负荷的预测 "方法"，没有实质性意义，可予省译。"电动汽车充电负荷" 才是标题的关键实词，用短语结构 "forecast for"（对……的预测）、based on（基于）将题目的三个关键实词 "Charging Load" "Electric Vehicles" "Trip Chains" 进行整合连接。

◉例 33◉

基于出行链的电动汽车充电负荷预测模型

原译：A Model for Electric Vehicle Charging Load Forecasting Based on Trip Chains

改译：Charging Load Forecast for Electric Vehicles Based on Trip Chains

科技论文标题中常有 "关于……的研究（略论、初探、洞察、浅见、思考、说明、认识、观点、评论）" 的表述，英译中可以省略相应的 thoughts、research、glimpse、insight、study、views、viewpoint、note、commentary 等表述进行省译，因为科研论文不言而喻是作者对某一主题研究思考后形成的某种认识观点，这种没有实质意义的套话可直接省去，或使用更为简洁的 "On..."，如例 34。

◉例 34◉

微博热点话题检测研究

原译：A Research of Hot Topic Detection Through Microblogging

---

① 于新松. 科技论文标题翻译技巧与方法 [J]. 海外英语，2021（7）：19.

改译：Hot Topic Detection Through Microblogging

（二）划分意群、概念重组

作为一种意合型语言，汉语的句式框架简约，语法范畴模糊。汉语句法结构为火车车厢式，车头是主语，一节车厢为一个意群，意群之间的逻辑关系需要读者根据语境、习惯和上下文等来判断和推测。科技论文标题英译时，应首先精读标题，细读摘要、通读全文，理清标题"意群"间的逻辑关系，理解研究主题的核心思想。

例 35 中的"稳定化技术"是修复重金属污染土壤的常用技术，原句中"在……的运用"可以诠释为"稳定化技术"完成了对"铅砷复合污染土壤"的"修复"（remediation）。原译采用的是一种直译方式，但多个介词短语"of""in""of"与若干实词"application""stabilization""remediation"打堆式的叠加使用，意群逻辑关系不明晰，术语表达也不够地道（英文在表示重金属污染时，常用"contaminated soil"而不是"polluted oil"）。改译后，将重要核心词"remediation…"前置，突出了全篇研究目的——"污染土壤的修复"，介词短语结构"by using…"的使用明确了实现途径——使用"稳定化技术"，虽然改译与原译一样都是无人称状态，动名词"using（使用）"与名词"application（运用）"相比，更能体现科研的主体行为，意义也更明确。

●例 35●

稳定化技术在铅砷复合污染土壤修复中的应用

原译：Application of Stabilization Technology in Remediation of Lead and Arsenic Combined Polluted Soil

改译：Remediation of Lead and Arsenic Contaminated Soil by Using Stabilization Technology

（三）滤清逻辑、主副分离

有的汉语标题很长，除了研究对象本身就是复杂概念外，还采用多种研究方法和多重研究视角，英译时往往成为一个由多个并列结构及相应词法连接手段构成的英语长句式，句式冗长、复合词堆砌，让读者不易找到重点。英语是一种形和语言，语法标记鲜明，应该充分利用主、副标题的结构优势，对标题句进行提纲挈领的深度概括，提炼出主题句或主题词作为主标题，将起辅助功能补充说明的成分后置为副标题，两截式的主副标题各司其职、前后呼应，使主题信息更加清晰。例 36 中，主题核心词"oligonucleotide arrays"（寡核苷酸阵列）的前置限定成分过长，本末倒置，标题内在的逻辑关系不清晰，主题不突出。通过分析，发现"model validation""design issues""standard error application"都是具体的研究分析手段，可提炼归纳出主题句"寡核苷酸阵列分析"放在主标题位，将三种分析手段后置作为副标题，对"analysis"进行具体说明。例 37 中，核心概念"对比增强磁共振血管足部造影"是一个复杂的医学概念，仔细分析，标题句的结构其实为"A 技术"（对比增强磁共振血管足部造影）在"B 环境"（糖尿病患者下肢动脉病变）中的临床运用，通过正副标题将该标题进行句式分割，将主题词"A 技术"定为主标题，将该项技术临床运用的场景作为副标题对研究对象进行交代，中间用冒号隔开。

◉例 36◉

寡核苷酸阵列的模型验证、问题设计与标准误差应用分析

原译：Analysis of Model Validation，Design Issues and Standard Error Application of Oligonucleotide Array

改译：Analysis of Oligonucleotide Arrays：Model Validation，Design Issues and Standard Error Application

◉例 37◉

对比增强磁共振血管足部造影在糖尿病患者下肢动脉病变中的临床应用

原译：Clinical Application of Contrast-Enhanced Magnetic Resonance Angiography of The Foot in Patients with Diabetic Lower Extremity Arterial Disease

改译: Contrast-Enhanced Magnetic Resonance Angiography of the Foot: Clinical Application in Patients with Diabetic Lower Extremity Arterial Disease

（四）参照刊标、尊重惯例

关于英文标题字符的大小写，需要根据不同刊物的不同要求进行书写。有的刊物要求全部字符大写；有的刊物只要求首字母的第一个字符大写，其余全部小写；有的刊物要求除了介词、冠词等虚词外每个字母的首字母都要进行大写。通常情况下，英文标题都是以名词性结构短语和复合结构短语形式出现，不宜译成一个句子或者带从句的短语。英文题名中尽量避免使用非公认的缩略词、首字母缩写字、字符、代号、公式、非英语词汇（如希腊语、拉丁语）等。英文标题中应尽量不用专业行话和缩略词，若不能避免，要在后括弧内加以详细注解（见例38）。

铅是一种有毒的重金属，例39中的Pb是它的化学元素符号，应将Pb改为普通读者更易理解的"Lead"（铅）。另外，位于科技论文标题的定冠词（the）与不定冠词（a, an）均可省略（见例40），冠词的省译并不影响标题的理解，同时可以使标题显得精炼，而位于中间的the一般不省略（见例41）。

◉例38◉

中文: 采用黏滞流体阻尼器的桥梁支座抗震加固方法。

原译: Utilization of FVDs for Seismic Strengthening of Bridge Bearing

改译: Utilization of Fluid Viscous Dampers（FVD）for Seismic Strengthening of Bridge Bearing

◉例39◉

Pb污染土壤的钝化处理

原译: Study on Passivation of Pb contaminated soil

改译: Passivation of lead contaminated soil

◉例40◉

一种利用荷载和位移传感压痕实验测定硬度和弹性模量的改进技术

原译：An improved technique for determining hardness and elastic modulus using load and displacement sensing indentation experiments

改译：Improved technique for determining hardness and elastic modulus using load and displacement sensing indentation experiments

◉例41◉

阿尔茨海默病的淀粉样蛋白假说——治疗学的进展和问题

原译：The Amyloid Hypothesis of Alzheimer's Disease：Progress and Problems on the Road to Therapeutics

改译：Amyloid Hypothesis of Alzheimer's Disease：Progress and Problems on the Road to Therapeutics

第三节　"功能对等" 理论观照下的学术论文摘要翻译①

一、学术论文摘要英译的意义及现状

学术论文摘要是对一篇学术论文的研究目的、方法、结果或结论等经高度浓缩后提炼出的内容梗概和核心观点，是学术论文不可或缺的一部分。作为一种自成一体、极富信息功能的科技文本体裁，摘要的英译文本具有"术语精确、用词规范、逻辑清晰、行文简练、结构谨严、叙述完整"等"信息型文本"交际规约的规范特点。学术论文摘要英译是本土学者学术思想及科研成果走向国际化的现实途径，重要性不言而喻：编辑

① 本节内容引自笔者发表于《重庆科技学院学报（社会科学版）》2019 年第 1 期的《"功能对等"理论观照下的学术论文摘要英译研究》。

可以"一眼定生死"，在形式初审阶段决定对该学术论文"枪毙"或者"放行"；海外的学界同行将摘要的英译文本看成是"新片预告片"，借此捕捉该论文的核心观点；一篇学术论文的收录机构、被引频次及传播范围可以充分体现它的发表价值，EI、SCI 等国际知名检索数据库均属于二次文献数据库，论文英文摘要作为自成一格的微型学术论文，是检索机构迅速判断论文学术研究价值，决定是否收录的重要依据；它同样也是学术期刊办刊质量的"形象工程"，含混晦涩、华而不实的英译摘要会让那些原本研究前沿、立意新颖的高质量学术论文大打折扣，连带影响期刊的社会声誉。"我国曾在 2008 年、2011 年对部分学术期刊的英文摘要进行了英语语言与编校质量检查，2008 年受检的 100 种期刊中，15 种合格，合格率15%，2011 年 50 种期刊受检，10 种合格，合格率为 20%。"① 抽检结果令人担忧、发人深省。俯拾皆是的英文摘要语用失误大大削弱了中国学术的国际对话能力。

二、"功能对等"翻译理论观照下的学术论文摘要英译的科学性研究

高质量的科技学术论文要走向世界，实现与国际学界的对话交流，必须要有"读者意识"。因为译文读者（海外检索机构及国际学界同行等）会用他们熟悉的摘要形式、学术经验、语言体系作为标尺来分析摘要的形式规范性和语言地道性，从而判断论文的学术价值。这就意味着英文摘要必须参考和遵循学术论文英文摘要撰写的国际规约。

现行国际通用的英文摘要撰写规约是依据世界标准化组织 1976 年颁布的《出版物与文献索引》（ISO 214 – 1976）（以下简称"《文献索引》"）执行的。为与国际化接轨，我国于 1986 年出台了论文摘要的编写规范《中华人民共和国国家标准文摘编写规则》（GB 6447 – 1986）（以下简称"《文摘编写规则》"）。我国学术论文的英文摘要是中文摘要的英译文本，需要接受《文献索引》和《文摘编写规则》国际、国内双重标准

---

① 陆建平. 中国学术期刊"走出去"最缺什么［N］. 光明日报，2012 – 11 – 27.

的检验。另外，中文和英文作为东西方文化中最典型的语言，在词汇形态、语法范畴、句法系统、语言衔接、表达风格、文字体系等方面也存在巨大差异，这给论文摘要的英译提出了巨大挑战。美国人尤金·奈达是语言学派的代表人物，"功能对等"理论是他基于对《圣经》的翻译研究和社会语言学、语言交际学有关观点提出来的。"早期的《圣经》翻译者意识到翻译过程应该包括两个程序，一是需忠实再现源语文本的形式特征，二是为顺应译文读者作出调整。"① 奈达的"功能对等"理论是指从语义到语体，在译文中用最切近、最自然的对等语再现源文信息，包括"功能对等""形式对等"两层含义。前者是翻译原则，两者都是实现前者的翻译手段。奈达认为"译文对象几乎永远是决定翻译过程、选用语言层次的一个主要因素，最高层次的对等是译文读者于译文能够像原文读者于原文一样获得等值的理解体验"②。因此，他的"对等论"也被认为是"读者等同反应论"（reader's equivalent response theory）。"奈达主张信息对等高于形式，用译文接受者角度而不是译文形式角度来评价翻译，动态地实现对等。"③

翻译即交际，翻译文本只有被译文读者理解才具翻译价值。学术论文英文摘要的译文读者包括掌握论文生杀大权的期刊编辑、审稿人、国内外的学术同行、国际知名检索机构等，"功能对等"翻译理论观照下的科技论文摘要英译意味着译者在跨文化、跨语言的文本加工过程中，要树立"读者效应"，充分关照译文读者的学术文化背景、交际需求和预期反应，追求原文与译文两者间深层次的信息功能对等而不是表层次的语言形式对等，最大程度地实现语义及语际连贯，使译文具有可读性和可接受性，从而获得最大的语境效果。就论文摘要的英译而言，最高层次的功能对等是实现原文、译文信息和形式的完全对等，这是一种最为理想的翻译；一般层次的功能对等，意味着舍弃形式确保译文信息的准确性和真实性；最低

---

① Nord Christina. Translating as a Purposeful Activity, Functionalist Approaches Explained [M]. 上海：上海外语教育出版社，2001：56.

② NIDA E A. Language and culture：Contexts in translation [M]. Shanghai：Shanghai Foreign Language Education Press，2001：91.

③ 万华. 趋近：汉语熟语英译研究 [M]. 上海：上海大学出版社，2017：23.

要求的功能对等是译者需要在理解原文的基础上进行分析、转换后进行形式和信息的重构，实现译文与原文间的信息等值。

三、"功能对等"翻译理论观照下的学术论文摘要翻译原则

（一）句法层面：分清主从关系、显化语义逻辑

"每种语言都有自己的特征，卓有成效的译者不会把一种语言的形态结构强加到另一种语言之上，而是要随时做必要的调整，把原语的信息用译语独特的结构表达出来。"[①] 现行国际通用的学术论文英文摘要撰写标准《文献索引》要求摘要尽量使用完整句，并用连接词和短语实现句子的语义连贯。科技论文摘要信息量大，阐释性功能突出，加上汉语构句"意合"型的流水句句式与英语构句"形合"型树形句式完全不同，英汉论文摘要在行文组句方式上大相径庭。"汉语构句讲究以神统形，意念功能强、形态功能弱，喜用多个动词和形容词词组做句子谓语构成平行铺排的流水句句式，句法框架简略，句段隐形接应，少用或不用关联手段，小句之间内在的语义逻辑关系往往藏在字里行间。"[②] 而英语构句讲究"形合"，注重显性接应，结构紧凑严谨，逻辑关系明确。英文摘要往往运用长句多于短句，运用关联词、介词、复合句（定语从句、状语从句、不定式结构等）等各种复杂的语言手段，以"搭积木"的形式，围绕主干信息（通常是主谓结构）搭建出复杂的语言结构，从而表示上下递迭、前后呼应的复杂逻辑关系。另外，英语是主语显著语言，以主谓结构为纲，突出的是主语；汉语是话题显著语言，话题 - 述题句式中，突出的是话题。"英汉互译的过程在某种程度上讲，其实就是英语的形合结构和汉语的意合结构的相互转化过程。"[③] 这就要求译者在中文摘要英译过程中，不能盲目套用源文的句式结构，应分清主从关系、弄清语义间的逻辑关联，甄别出句子的话题事实（语义核心）和述题承叙（对话题的阐述说明），将

① 万华. 趋近：汉语熟语英译研究 [M]. 上海：上海大学出版社，2017：23.
② 贾文波. 应用翻译功能论 [M]. 北京：中国对外翻译出版公司，2004：27.
③ 董晓波. 翻译通论 [M]. 北京：对外经济贸易大学出版社，2013：15.

汉语的隐形连接关系转化为英语的显性连接关系，使译文逻辑层次清楚、语义表达明确。

例42中，"通过""选取""运用""使用"各种指标体系和分析方法是手段，属于次要信息，而"分析"11个省市的绿色技术创新绩效及其在全国排名才是话题事实（语义核心）。"out of"指明了"原始指标"和"指标体系"两者间隶属关系；不定式结构"to conduct factor analysis"清晰地表明了原始指标的用途是进行因子分析，因子分析法是SPSS子模块SPSS Base的一项统计功能，并不是两种旗鼓相当的分析办法，现在分词"using"明晰了两者间的语义逻辑关系。译者未能突破汉语行文习惯的束缚，对摘要文本进行硬译，不做语序的重构和语句的重组，使得摘要逻辑关系松散、信息密度低、文本效能差。

◉例42◉

通过建立绿色技术创新绩效评价指标体系，选取25个原始指标，运用因子分析法，使用SPSS 20.0软件分析长江经济带11个省市的绿色技术创新绩效及其在全国的排名情况。

原译：By establishing the evaluation index system of green technology innovation performance, and by using the method of factor analysis and SPSS 20.0, the author selects 25 original indicators to analyze the green technological innovation performance of 11 provinces and cities along the Yangtze River Economic Belt and their rankings in the whole country.

改译：The author analyzed the green technology innovation performance of 11 provinces and cities along the Yangtze River Economic Belt and their national rankings in this respect through selecting the 25 original indicators out of Green Technology Innovation Evaluation Index System to conduct factor analysis using SPSS 20.0 edition.

（二）语态层面：合理使用语态，平衡译文的客观性、可读性和交际性

国际学界在20世纪80年代就开始倡导使用一人称代词等显性策略使

论点更有力、论文更简洁。《文献索引》明确要求摘要需尽可能使用主动语态代替被动语态，从而使表达更简洁清晰。*Nature* 在对投稿指南①中明确要求投稿者要用 "Here we show" 或等效的句式提出研究结论。研究表明，近年来国际期刊英语论文摘要中，主动语态的使用频率远远高于被动语态，被广泛运用于摘要的方法、主题、结果和结论之中。例如，关于主题：This article focuses on…/This review includes a critical discussion of…/We contribute to initiate this trend by…；关于方法：Here we establish…to decode…/We tested the efficacy of …/We review a sample of …/The paper designs questionnaires to analyze…；关于结果：Our data suggest that…/Here we show…；关于结论：We therefore believe that…/Inspired by …, we propose that…/Suggested actions include…。

主动语态的使用有助于构建作者（研究团队和研究人员）的个人身份，表明在研究过程中的主动参与和贡献，同时也可以带动读者的感官参与，更具可读性（readability）。而我国学术论文摘要规范性文件《文摘编写规则》要求，不必使用"本文""作者"等作为主语，应采用"对……进行了研究""报告了……现状""进行了……调查"，将作者的"自我"意识隐藏于文本之中，这样一来，中文摘要英译过程中多使用被动语态。腾真如②等人分析了中外 100 篇学术论文的英语摘要的语态分布，发现国外期刊英文摘要中主动语态的使用频率远远高于国内期刊，"在国外主动语态占主导，而在国内被动语态占主导"。在提出研究过程、结果和结论时也会常用到 "It is observed（assumed、found、concluded）that…" 等被动句型。因此，在论文摘要英译的语态使用上以被动语态占主导的误解应予以澄清，主动与国际期刊论文惯例接轨，注意作者主体身份构建，强调译文的预期功能和交际规约，综合体现译文的可读性、交际性和客观性。

例 43 中全是无主句，施动者全程隐形，作者身份完全藏匿，原本是

① Nature. Formatting guide［EB/OL］.［2018 – 08 – 12］. https：//www. nature. com/nature/for-author/formatting-guide.

② 腾真如，谈万成. 英文摘要的时态、语态问题［J］. 中国科技翻译，2004（1）：5 – 7.

想通过树立作者谦虚谨慎的学者形象来表明学术客观性的目的。翻译策略也亦步亦趋地全程使用被动语态，没有考虑到译文的预期功能和交际规约，增加了阅读障碍，使译文读者形成作者对研究方法和成果没有学术底气和学术担当的印象，不仅没有达到表明研究客观性的目的，反而对研究的准确性产生怀疑。改译句通过添加"the author""the paper"，运用主动语态，构建了作者的主体身份，结构更为简洁、行文更流畅，语义更有力，完成了摘要文本的"说服性交际"功能。

◉例43◉

介绍了光纤通信的基本原理，论述了整个系统结构及各部分功能。采用光收发集成模块和CPLD来完成通信硬件电路，并详细描述了硬件电路的工作原理。

原译：The theory of the optical fiber communication is introduced, and its system structure and components functions are described in detail. Optical module and CPLD are adopted to design communication hardware circuit And the operating principle of the hardware circuit is discussed.

改译：This paper introduces the theory of the optical fiber communication and describes system structure and components functions in detail. The author adopted optical module and CPLD to design communication hardware circuit and discussed the operating principle of the hardware circuit.

（三）语篇层面：语篇重构反映前后照应关系、编码解码实现信息功能对等

信息性文本的格式通常十分规范。[①] 论文摘要通常放在正文之前，独立成篇，具有独立的语篇功能。*Nature* 在投稿指南中提出论文索引应包括研究领域介绍（basic-level introduction to the field）、背景介绍（account of the background）、工作的基本原理（rationale of the work）、研究结果

---

① Newmark P. A textbook of translation ［M］. New York：Prentice Hall International（UK）Ltd., 1988：40.

（main conclusions）、广义情景下主要发现的运用前景（putting the main findings into general context so it is clear how the results described in the paper have moved the field forwards）。威尔斯学派代表人物 Swales① 曾对论文英文摘要这种独特的学术语篇体裁进行过研究，总结出导言（introduction）——方法（method）——结果（result）——讨论（discussion）四语步（IMRD Move）模式。刘永厚②等人通过中外学者国际期刊英语学术论文摘要平行语料库的对比研究，发现英语母语者论文拥有 IMRD 完整语步结构的比例为 72%。而中国大陆学者论文只有 44%，在语步结构完整性层面略逊一筹。

英文摘要是交际功能相对完整独立的学术语篇题材，英语是一种语境性语言，词汇、句段只有出现在语篇中具有上下文语境才有其确定意义，摘要翻译说到底是以语篇为翻译单位的翻译。在信息文本中，信息功能高于一切，这就要求译者站在语篇的整体高度，准确把握原文的主旨思想、语步结构和内在联系、逻辑关系，"分析语篇是由哪些核心句子和附属句子组成以及句子之间的逻辑关系，如时间空间关系、因果关系、对比关系、条件与结果等"③。对原文进行重新解码和编码，反映语篇前后照应关系，在原文作者的信息意图和译文读者的阅读期待中协调出最佳关联，实现与原文语篇在功能和意义上的对等。

例 44 通观全篇是由方法 + 结论语步组成的语篇，原文主旨是通过对四合院演变历程的解析发现四合院这种独特民居的特点。笔者通过翻阅原文发现，原文作者以四合院的兴衰变迁史为时间轴，用图示解析了四合院建筑形式结构及兴衰变迁的演变过程，"发展历程"其实就是由两个"从……到……"构成的演变史，语义重复，译文拘泥于原文的规范亦步亦趋，根据原文进行了对译，导致语篇前后关联性差。改译通过编译手段对原文进行了改写和重组，用"evolution"（演变史）替代"development"（发

———————————

① Swales J M，Feak C B. Academic Writing for Graduate Students［M］. Michigan：The University of Michigan Press，1994：210.

② 刘永厚，张颖. 中外学者国际期刊英语学术论文摘要写作的对比研究［J］. 外语界，2016（5）：20 – 26.

③ 杨寿康. 论科技英语与科技翻译［M］. 合肥：安徽文艺出版社，2013：95.

展），在不影响原意的基础上增加了"first""current""from first emergence of...to the formation of the current..."（从最初的……到现在的），生动地再现了四合院的演变史。介词结构"...in the whole course of..."将原文的两个并列结构合二为一，为四合院的演变历程提供了时间轨道。结论部分，用"As...the quadrangle courtyard is considered to..."呈现出四合院作为特色民居所具有的特点。通过编译、语境衔接等手段使译文中心突出、层次分明、逻辑连贯、前后照应，译文读者基本能以原文读者理解原文的方式从译文中获取等值的科技信息，实现了原文与译文的功能对等。

●例44●

概述了四合院的发展历程，解析了从方形建筑形式的出现到"中轴对称，前堂后室，左右两厢"格局的形成，从四合院建筑的形成、发展，到四合院建筑的鼎盛、破坏，直到其在新时期的继承的全过程，认为四合院是体现了中国传统人文思想和审美思想的民居形式，具有深厚的文化内涵和地方特色。

原译：After the illustration of the development of quadrangle courtyards, the paper has analyzed the emergence of square architectural form to the formation of the axial symmetrical pattern with the hall in the front and room at the back and with wing rooms on the left and right side. It has analyzed the formation, development, climax, damage and inheritance of quadrangle courtyard, and considered that it could manifest Chinese traditional humanistic idea and aesthetic idea, and is in possession of profound cultural connotation and regional feature.

改译：This article illustrated the evolution of quadrangle courtyards from the first emergence of square architectural form to the formation of the current axially symmetrical pattern with the hall in the front and room at the back and with wing rooms on the left and right side in the whole course of its initial formation, development, prosperity, damage and revival in the new era. As the traditional domestic architecture with profound cultural connotation and regional features, the quadrangle courtyard is considered to manifest Chinese traditional humanistic idea and aesthetic idea.

（四）时态层面：树立语步时态意识

刘海萍[1]等人对随机采样的 60 篇学术论文研究后发现，国外学术论文的英文摘要具有各个语步都有对应的时态，"一般现在时常出现在背景、主题、讨论及应用部分；一般过去时常出现在目的、主题、方法及结果部分。而完成时多出现在背景中，偶尔也会在结果中使用"。译者在摘要翻译中应树立语步时态意识，遵循各语步对应时态的一般规则，比如研究方法和研究结果通常用一般过去时，研究结论通常用一般现在时，研究背景通常用一般现在时或现在完成时。

例 45 中，实证模型的构建、对理论模型的检验及印证是研究方法，属于作者已经开展过的工作，应该用一般过去时。

◉例45◉

再根据理论模型的结果构造了实证模型，收集和使用中国 1990~2008 年的省级面板数据对理论模型的推理结果进行实证检验，证实了理论模型的推理结果。

原译：Empirical models on the basis of theoretical analysis are constructed and China's provincial panel data from 1990~2008 for empirical test are collected. Model results correspond to the results of theoretical analysis.

改译：Empirical models on the basis of theoretical analysis were constructed and China's provincial panel data from 1990~2008 for empirical test were collected. Our model results corresponded to the results of theoretical analysis.

---

① 刘海萍，徐玉臣. 人文社科类论文英文摘要文体特征分析：以 SSCI 及 A&HCI 检索学术论文摘要为例［J］. 西安外国语大学学报，2015（12）：46－49.

（五）词汇层面：建立中英术语关联、善用术语语料库

学科的概念体系是由若干专业术语搭建起来的，所有学科概念体系的集合构成了人类完整的科学知识体系。学术论文代表各学科专业领域在时代最前沿的最新学术研究成果，随着前沿科技不断取得突破，新的科学领域在不断产生，新事物、新概念不断涌现，学术论文摘要专业术语多、行话多、生词多，用词高度精确规范。1985 年，经国务院批准成立的全国科学技术名词审定委员会审定公布了 65 个学科领域的近 50 万条中英文标准术语。对于约定俗称的术语英译，应建立中西术语关联，使用国际通用的规范术语语言，避免术语多元化带来歧义、干扰视听。但术语编纂及审定的速度往往跟不上术语的发展。"术语翻译具有规范性、系统性、单义性、专业性、国际性等特点"①，应力求做到信息等价，不误译不漏译，不讲外行话，合成法、词缀法、转类法、拼缀法、缩略法等构词方法在术语翻译中发挥着重要作用。合成名词（名词串）和动词名词化（nominalization of the verb）多是英语摘要词汇语法层的典型特征，前者因为信息量大且语义单一被广泛用于英语术语翻译，后者因为抛开了时态语态的穿衣戴帽，可以使句子更精炼、语体更正式。

在翻译术语时，除了可以借助金山、有道、谷歌、牛津等在线词典进行实时翻译，还可以利用权威语料库和专业术语库的机辅搜索技术来实现。"基于语料库的译本验证是验证译本在目标语实际语境使用情况的常用手段。"② 比较常用的语料库有当代美国语料库（简称 COCA，网址：https：//www. english-corpora. org/coca/）、英国国家语料库（简称 BNC，http：//www. natcorp. ox. ac. uk/corpus/index. xml）、我国目前最大的网络语料库"译典语料库"（网址：http：//www. tdict. com/aboutus. asp#content），这些语料库以互联网辅助翻译（IAT）为理念，为科技人员和翻译人员提供实用性强、内容动态更新的专名译典、专业词典、翻译句库和应用文库。科研人员在查询术语时可以按单词进行搜索，并查看每个单词的

---

① 方梦之. 译学辞典［M］. 上海：上海外国教育出版社，2004：218.
② 卢植，胡健. 术语翻译的网络检索策略研究［J］. 上海翻译，2019（2）：72 – 78.

对话框中的主题、集群、网站、同义词辨析、与其他词语搭配的使用频率、相关例句等。与此同时，还可以创建与自身学科领域高度关联的或自己感兴趣的特定领域个性化文本集合，自建语料库。权威的综合性术语库也为科技术语翻译提供了强大的数据支持，如"术语在线"（http：//termonline. cn/index. htm）、"知网百科"（https：//shuyu. cnki. net/）、"联合国术语库"（https：//unterm. un. org/UNTERM/portal/welcome），为广大的科技翻译人员提供了术语检索、术语图谱、智能推荐、术语管理、原文传递、知识链接等多元化的知识服务。

　　英语论文摘要是国际学术交流的窗口，是实现中国学术走出去的重要途径。《文摘编写规则》所要求的中英文摘要的一致性，是两者间深层次信息功能的一致性。功能对等理论视域下的中文摘要英译，既不能轻视原文主观随意，又不能死守形式硬性对译，而是使用"最切近、最自然的对等语句"再现或重构原文信息的纹理意脉，注意译文的准确性、客观性、规范性、可读性，实现信息功能的等值传递。

第六章　应用翻译实践——
旅游英语的翻译①

第一节　跨文化交际视域下的旅游外宣资料英译

　　跨文化交际学是一门相对新兴的国际学科，至今有近 60 年的历史。学界常把爱德华·霍尔（Edward Hall）的《无声的语言》一书视作跨文化的奠基之作。"跨文化交际研究涉及语言交际、非语言交际、交际手段、思维模式和认知行为等交际所需的各大要素。旨在帮助突破本族文化的局限去认识和了解他族文化，从而拓展自己内在的文化心理空间，把本族文化置身于更广阔复杂的世界文化背景中去审视，同世界文明对话。"② 旅游是集吃、住、行、游、购、娱之大成的综合服务性产业，其本质是一种人类跨地区、跨文化的大规模交际活动。

　　作为海外游客和旅游目的地之间信息沟通桥梁的旅游宣传资料英译是一种跨时空的文化交际活动。在旅游宣传资料英译过程中，翻译者必须增强自身的跨文化敏感性，既精通两种语言又熟谙两种文化（bilingual and bicultural mentality），最大限度地兼容交际双方的语言习惯、文化心理、

---

　　① 本章第一节内容引自笔者发表于《重庆工商大学学报（社会科学版）》2015 年第 4 期的《跨文化交际视阈下的旅游宣传资料英译研究》、第三节内容引自笔者发表于《江西科技师范学院学报》2006 年第 2 期的《浅谈中式菜名的英译及中国餐饮文化》。

　　② 金惠康. 跨文化交际翻译续编［M］. 北京：中国对外翻译出版公司，2004.

交际规约和价值标准差异。在传达中国旅游资源丰富的文化内涵的同时，树立读者意识，充分关照到英美客源国国家游客的文化背景、思维模式、心理体验、语言习惯、审美情趣。和而不同，正是跨文化交际语境下旅游宣传资料英译的终极目标。

一、英汉旅游宣传资料语言特点的差异

（一）遣字用词的差异

以部首拼音、形音会意、象形指示为特点的汉语是一种音、形、意结合的表意方块字。汉字的偏旁部首形音会意的特点促进了中国人类比思维的发展，使得我们的形象思维更加丰富和细腻。中文旅游宣传资料，尤其是风景名胜的行文用字辞藻古雅、音律优美、意蕴悠长、注重音、形、意的高度融合，文采浓郁。四川旅游攻略网中有这样一段关于九寨沟的文字介绍："水，是九寨沟的精灵，而九寨沟的海子（湖泊）更具特色。秀美的，玲珑剔透；雄浑的，碧波万顷；平静的，招人青睐，每当风平浪静，蓝天、白云、远山、近树，倒映湖中，'鱼游云端，鸟翔海底'的奇特景色层出不穷，水上水下，虚实难辨，梦里梦外，如幻如真"。文字中对景物的描写虚实结合、情景相融、物我一体，用诸多华美的辞藻勾画出一幅亦梦亦真的九寨画卷。英语是以抽象字母组成的表音文字。受西方传统哲学"客体思维"的影响，英语旅游宣传品这一实用文体的用词具有紧扣主题、客观实在、侧重实质性细节、注意宣传旅游产品自身的特点，忌讳辞藻堆砌和同义重复。美国圣地亚哥 2005 年官方旅游指南中，时任市长迪克·墨菲（Dick Murphy）这样介绍自己的城市："Natural beauty, exciting theme parks and special surprise await you in the nation's seventh-largest city and California's second largest Metropolis. While San Diego is best known for its near-perfect climate, miles of sandy beaches and fun-filled waterfront activities, you'll discover a city with character and ambiance rich in arts and culture and sporting an exciting new downtown"。用词简明扼要，所传递的旅游产品信息却直观明了，短短数语承载的信息量很大，反映出圣地亚哥

"美国第七""加州第二""气候宜人""沙滩绵延""主题公园""海滩运动""文化氛围""新城区"等城市特色。

（二）句式结构的差异

"受西方民族的分析性思维方式影响，西方人注重分析推导、惯于'由一到多'的思维方式；东方民族的综合性思维方式，使得中国人注重整体和谐、强调'从多归一'。"① 受各自民族思维方式的影响，中文的句式呈"流水型"结构，英文的句式结构呈"树杈形"结构。中文旅游资料以流水句式结构为主，以话题为意念主轴，动中写意，迂回含蓄，书不尽言，言不尽意，形随意动，行散神聚，注重对旅游产品心理时空的构建，是一种以神统形的意合结构（parataxis）。"汉语的句子由于受句法结构的限制较小，一般遵循'先旧后新、先轻后重、先小后大'的原则来安排的。"②

颐和园旅游官网（http://www.summerpalace-china.com）这样介绍颐和园的历史："颐和园，原名清漪园，始建于公元1750年，时值中国最后一个封建盛世——'康乾盛世'时期；1860年的第二次鸦片战争中，清漪园被英法联军烧毁；1886年，清政府挪用海军军费等款项重修，并于两年后改名颐和园，作为慈禧太后晚年的颐养之地。1898年，光绪帝曾在颐和园仁寿殿接见维新思想家康有为，询问变法事宜；1900年，八国联军入侵北京，颐和园再遭洗劫，1902年清政府又予重修……1914年，颐和园曾作为溥仪私产对外开放，1928年南京国民政府内政部正式接收管理，成为国家公园正式对外开放。"行文根据时间流以"竹节式句式"对颐和园的历年大事一件一件地进行交代，看似节节独立，实则整体联动，紧扣"颐和园是中国近代历史的重要见证、晚清最高统治者重要的政治活动中心"这一主题。另外，受"平衡美"这一传统审美哲学影响，汉语旅游资料的语言表达常常伴有大量的对偶平行结构以求行文工整——"西湖之美，首先在于无山不秀，无水不丽，山水相互映衬。八千亩秀水，层次丰

① 包惠南. 文化语境与语言翻译［M］. 北京：中国对外翻译出版公司，2001.
② 金惠康. 跨文化交际翻译续编［M］. 北京：中国对外翻译出版公司，2004.

富，风神飘洒；数十座青山，绿入天际，弄影湖滨"①。句子结构对称、音律对仗、文意对比，渲染出西湖"秀""丽""山""水"的诗情画意般的美学意象。

英文旅游资料的句式以树形结构为主，结构严谨，句式严密，以主谓结构为主干、谓语动词为中心，通过反映形式关系的关联词将其他短语和从句递向叠加，层叠出从主干向外伸展的树形关系，注重对旅游产品空间图示的构建，是一种言尽其意、以形统神的形和结构（hypotaxis）。*Lonely Planet U. S. A.* ② 美国官方旅游指南开篇中这样介绍其都市游："Some U. S. cities justify a trip for themselves alone. Boston is a youthful university town with revolutionary history，New Orleans is the Big Easy—a picture of insouciant decadence，the Emerald city—hip Seattle enjoys a gorgeous setting，San Francisco is a living history of wild times，while Los Angeles is famously the home of Hollywood and celebrity—strewn beaches. "结构谨严、句句相扣，以树形结构立体地还原出美国最富特色的几大城市的各自特点，既突出了个体的细节分析，又呼应了都市游这一整体的逻辑联系。

（三）谋篇布局的差异

"研究跨文化写作的学者卡普兰（Kaplan）在对各国学生长期实验的基础上，总结出英语母语者和东方人谋篇布局的差异，即前者的写作一般呈直线型，后者则呈隐伏型。"③

例 46 开篇即点出主题——人人都爱洛杉矶，洛杉矶是个极富内在魅力的城市，并采取欲扬先抑的方式对该市"时有雾霾、交通堵塞、公共交通臭名昭著"的负面形象进行自我曝光。第二段进入正题，紧扣主线，给游客送上国际美食、星光大道、好莱坞明星等一道道洛杉矶文化大餐，最后再次呼应出"瑕不掩瑜的洛杉矶是一个人见人爱的城市"这一主题。可

---

① 朱洪国. 旅游与导游［M］. 重庆：重庆大学出版社，1994.

② Regis St Louis，Amy C Balfour，Sandra Bao. Lonely Planet USA［M］. Lonely Planet Publications，2014.

③ Connor Ulla. Contrastive rhetoric：cross-cultural aspects of second language writing［M］. Shanghai：Shanghai Foreign Language Education Press，2001.

以看出"英语文本往往直入主题、逻辑严密、中心明确、首尾衔接，中间很少穿插看似与主题无关的内容，给人以简洁明快之感"①。

●例46●

Los Angeles

We love L. A.. —We really, really do, but that's because we know how to best find and experience its admittedly subtle charms. Yeah, it's got smog (though increasing less) …it's got traffic…and yes, public transportation stinks…But. Here's a place where you can surf and ski on the same day. Here's a place where movie-star footprints are enshrined. Here's a place where you can enjoy the L. A. Philharmonic out in the fragrant night air at the gorgeous Hollywood Bowl. Here's a place where just a 1 mile Hollywood Boulevard peacefully hold Thai, Mexican, Romanian, Armenian and Persian restaurants, all of them with some of the most wonderful food you've ever tasted, for a bargain price. Here's a place where you can grocery shop right next to the actor who star in those very sitcoms…

And when you get past the snarling traffic, the smog…and you happen upon L. A. on one of those gin-clear days when the Santa Ana winds have blown away the smog…well, we'd be surprised if you didn't find yourself loving L. A.

例47 开篇介绍了成都的历史古迹和风景名胜，从中段起突然又开始回溯历史，畅谈产业发展和对外开放。作为旅游指南，篇章逻辑不够严密、主题信息不够突出，显得大而全、泛而散。

---

① 郑玮. 中英旅游宣传资料翻译策略——基于审美角度 [J]. 郑州航空工业管理学院学报（社会科学版），2010（6）：101.

●**例 47**●

成都①

成都是一座景色秀丽、气候宜人的城市，同时也是一座具有两千多年历史的文化名城，历代留下来的名胜古迹很多。其中属于全国重点文物保护单位的有武侯祠……

峨眉天下秀，青城天下幽，剑门天下险，夔门天下雄，黄河与长江共同哺育着这片风光奇绝的土地。从神秘幽美的九寨沟，到碧波万顷的竹海……

自古诗人多入蜀。地灵人杰的巴蜀大地又是文化之邦。李太白从这里仗剑远行，杜工部在此地望月怀乡……

成都，这座既古老又年轻，既安宁又繁荣，既有很深的文化积淀，又有很强的商业意识的城市……

成都自古就是一座具有开放性格的城市。远在北方开辟"丝绸之路"的纪元前……

（四）文本内容的差异

"西方文化以物本为主体，以自然为本位，偏重于对自然客体的观察和研究。"② 英语旅游宣传资料侧重对旅游产品自然属性的宣传。伦敦游客服务中心提供的《2013 年伦敦官方旅游指南》就对 "Dining"（食）、"Accommodation"（宿）、"Shopping"（购物）、"Public Transport"（公共交通）、"Sightseeing tours and excursions"（观光线路）、"Panoramic hop-on and hop-off tours"（针对自助观光客可以随上随下的"全景双层观光车"）、"交通卡"（Oyster Card）、"Points of Interest"（名胜景点）、"On-going exhibition"（当季展览）、"Banking Service"（银行服务）、"Medical Care"（医疗服务）、"How to call abroad"（如何拨打国际电话）、"Emergency call"（紧急电话）等实用旅游信息进行了非常全面的介绍。而伦敦当地景点的宣传手册则突出反映设施服务、开放时间、票务政策、游览须

---

① 博雅地名网．四川省成都市简介 ［EB/OL］．（2013－05－30）（2022－1－20）. http：//www. tcmap. com. cn/sichuan/chengdu. html.

② 包惠南．文化语境与语言翻译 ［M］．北京：中国对外翻译出版公司，2001.

知、地理交通等景点硬件信息，为游客提供客观具体的旅游资讯。

中国拥有五千多年的悠久历史，作为历史记忆的载体，中国的许多名胜景区见证了自然演替、历史变迁、朝代更迭，具有深厚的历史文化积淀。受历史文化的影响，中文旅游宣传资料渗透着作者的主体情感、文化修养和审美情趣，侧重对所推介旅游项目社会身份的彰示、史学价值的挖掘、诗词典故的引用和景色风光的渲染，传达政治、文化、经济、宗教等多种人文信息，比如是否被联合国教科文组织列入"世界遗产名录"、是否被国务院列为"国家级旅游风景区"、是否被旅游主管单位授予"旅游强县"称号等。例48在对北戴河的介绍中，就充满了丰富的名人轶事、文人诗词、神话传说等可考证和不可据考证的历史文化信息。

●例48●

北戴河有海滨二十四景，景景宜人；而那凝聚于山海之间的优美传说和名胜古迹，更让人禁不住遐思迩想。至今这片海岸还流传着孟姜女哭长城的悲伤故事，徐福东渡的悠长传说，还有曹孟德横刀立马写下"东临碣石，以观沧海"的激昂诗句。①

二、旅游外宣资料的英译原则

（一）主题信息突出原则

中国历代骚人墨客尚美自然，纵情山水之间，题咏成风，佳篇流传。受此影响，中文的旅游宣传文本具有引经据典、稽古论今的特点。对于景点、景物等旅游产品的描写，讲究神韵、格调、意境皆美，往往在模糊中传递语义，朦胧中孕育意境，音韵和美、文风华丽，糅合了浓郁的人文情感。对于国内游客而言，这种喜闻乐见的艺术形式大大增加了景点的人文情趣。而如果把旅游宣传文本中的诗歌楹联、四字词语、各种修辞通通直译成英文，并提供一些与旅游产品不甚相关的主观体验，旅游英译文本往

---

① 李国斌. 国家地理图鉴（中国卷）[M]. 北京：华龄出版社，2006.

往显得烦冗拖沓、缺乏逻辑，给国外游客一种华而不实、虚张声势、强加于人的审美印象。根据高存、张允①对英语为母语的游客进行的问卷调查显示，62%的读者认为中国的英译外宣文本在景色细节上大肆渲染、让人产生华而不实之感。

在汉译英过程中，要注意采取化繁为简、以实化虚、以明确代替模糊、用连贯逻辑解释虚无意境，突出主题信息的原则进行改译，强化与主题关联性强的信息，弱化甚至删减与主题关联性不强的信息，从而提高信息的传递效率。为此，曾利沙②提出了以下5条准则：文字信息传递的效度应符合受众的语言文化心理；文字信息传递应突出宏观、微观层次的整体效应；文字信息传递应把握质与量增益或删略的主题关联性；文字信息传达应具简洁可读性；信息传递应考虑所选文字的诱导性特征。

在上海博物馆内对馆藏珍品《渔庄秋霁图》的译文中，译者根据关联性原则，依据信息的功能和价值、读者的认知和审美，对诸如"意境""气韵""心绪""审美"等与主题非关联性的务虚性的次要信息进行了大尺度的删减，保留了与主题高度关联的诸如"画面景物""用笔技巧"和"史学价值"等实质性信息，大胆地对画家本人作为"元四家"的专业地位和生卒年代的相关信息进行了增译，让国外游客对画家和他的画作有了更为全面的认识，见例49。

◉例49◉

《渔庄秋霁图》元 倪瓒作

中文：画面疏树五六株，水面空阔，山峦平远，笔墨干枯、简练，意境荒寒、气韵深远。寥寥数笔，包含了复杂的心绪和审美理想的追求，他不仅创造了一种荒寒旷远的绘画意境，而且将元代山水画的用笔技巧推向极致。

译文：*A Clearing autumn day at Yuzhuang* The artist, Ni Zhan (1301～

---

① 高存，张允. 旅游文本的英译——问卷调查与策略探讨 [J]. 上海翻译，2005（3）：22－25.

② 曾利沙. 论旅游指南翻译的主题信息突出策略原则 [J]. 上海翻译，2005（1）：19－23.

1374）, was one of the four famous masters of Yuan paintings. He described in this work a desolate scenery of six trees, an open river and mountains at a far distance with a few simple strokes of very dry ink. It represents the high-brow style of literati painting of the Yuan Dynasty （1271 ~ 1368）.

例 50 的中文不仅包括事实性的景点描述信息，也包含了大量反映景点社会身份特征的荣誉信息，这种炫耀性的获奖罗列只会增加游客信息处理的负担，引起他们的审美疲劳和心理反感，淡化他们对景区特色本身的理解，翻译时可视情况进行内容省译和语序调节。

●例50●

武汉东湖风景名胜区

中文：东湖湖面面积 33 平方千米，由听涛、磨山、珞洪、落雁、吹笛和白马 6 个特色景区组成。武汉东湖风景名胜区不仅是中国最大的城中湖，还是毛泽东同志在新中国成立后除中南海外居住时间最长的地方。东湖 1982 年被国务院列为首批国家重点风景区，每年接待中外游客 200 万人次，1999 年还被国家授予"全国文明风景旅游区示范点"，2000 年成为国家首批 AAAA 级旅游景区，2002 年通过 ISO 14001 环境管理体系认证。

译文：With the total coverage of 33 square kilometers and annual tourist reception of 2 million, East Lake, composed of six scenic areas （namely Tingtao, Moshan, Luohong, Luoyan, Chuidi and Bai ma）, is a national AAAA scenic spot. As the largest city lake in China, East Lake is also the place that Chairman Mao lived the second longest except Zhong nanhai after the founding of New China.

（二）文化传神原则

汉语和英语作为东西方文明中最具代表性的典型语言，加之文化渊源大相径庭，在跨文化翻译过程中必然存在语义空缺（lexical gap）和文化空缺（cultural gap）的边际断层，形成诸如民俗风物、文化人物、历史朝代、民间典故等本民族特有的文化承载词（culturally-loaded specifica-tion），这种文化承载词在中英文旅游文本间的翻译绝非是纯语言的对译，而是一种语际间的文化交际和信息转换。文化是民族的智慧，语言是文化的载体，翻译的目的不是要去除本民族文化的相异性（cultural otherness），而是要保存本土文化的精髓，这就要求译者在当今世界的语境下揭示这些国俗语义词的文化内涵，从而拉近游客与旅游目的地之间的文化距离，实现二元文化充分交流的目的。译者应将文化承载词通过一定的翻译策略适当调整，以游客可以理解的方式传达出来，常见的翻译方法有直译＋释义、直译＋意译、直译＋注释。

1. 文化人名的英译

文化人名是本民族深入人心的文化概念，对外国游客来说却是一些陌生的符号，翻译时可采取增译法（complimenting translation）对人物所处的时代和事迹给予简要的补充。例如：

诸葛亮——Zhuge Liang（181～234），the most accomplished strategist in the three-kingdom period；

夸父——Kua Fu，the legendary sun-chasing iron-man in China；

李白——Li Bai（701～762），the greatest romantic poet in Tang Dynasty。

2. 历史朝代的英译

历史朝代的翻译应使用括弧标注出其起始年代（见例51），为游客构建一个大致的时间图示。

◉例51◉

中文：纸币产生于宋代而盛行于元、明、清代，银圆在清道光年间就已出现，光绪以后机制银币、铜币广泛流通。

译文：By the time of Song Dynasty（960～1279）China paper notes appeared, were popularly used in Yuan, Ming and Qing Dynasties（1279～1911）. The silver dollars appeared in the Qing Daoguang reign period（1821～1850）and the minted silver and copper coins circulated since the Qing Guangxu reign period（1875～1908）.

3. 中国特有的民俗风物的英译

以汉语拼音的音译方式可最大限度地保有本土语言的风格和民族文化的特色，如阴阳（yin-yang）、功夫（Kungfu）、馄饨（Wonton）、麻将（mahjong）等音译词已成为英语文化中人们耳熟能详的汉语借词了。对于外国游客不太熟悉的民俗风物采取"音译加注"（transliteration plus annotation）的翻译，是进行文化移植的一种有效补偿手段，如：

炕——Kang（a heatable brick bed）；

四合院——Siheyuan（Chinese quadrangle）。

英译加注的翻译方法也被广泛地运用在中国传统食品、民族乐器、古文典籍中文化地名的翻译，如：

油条——Youtiao（deep-fried dough stick）；

粽子——Zongzi（pyramid-shaped rice dumpling made of sticky rice）；

琵琶——Pipa（plucked string instrument with a fretted finger-board）；

二胡——Erhu（two-stringed fiddle）；

笙——Sheng（Chinese windpipe）；

箫——Xiao（Chinese vertical bamboo flute）；

江南——Kiang'nan（refers generally to the fertile lower Yangtze River valley just south of the river）；

关中——Guan-zhong（the central Shaanxi plain）。

4. 中华古代文化符号的英译

作为五千年华夏文明遗留下来的最具代表性的文化遗产，中华古代文化符号是一套自成体系的符号，经过漫长的时间演绎，成为华夏民族文化身份赖以保存的文化图腾。在翻译这些文化符号时，直译、意译、直译加注和意译加注是比较常见的几种方式。如：

科举考试——imperial examination；

门神——door god；

中庸之道——the Way of Medium；

天干地支——the heavenly stems and the earthly branches；

二十四节气——solar Terms of Chinese lunar calendar；

甲骨文——inscriptions on tortoise shell；

三纲——three cardinal guides：ruler guides subject，father guides son，and husband guides wife。

5. 文化景点名称的英译

作为景区语言景观的精粹，景点名称的英译是向世界宣传景区旅游文化内涵、提升景区整体形象的重要途径。旅游景点一般遵循"专名音译、通名意译"的翻译原则，如：老舍故居（Former Residence of Lao She）、布达拉宫（Potala Palace）、西湖（West Lake）、太和殿（The Hall of Supreme Harmony）、少林寺（Shaolin Temple）。中国是一个历史悠久的文明古国，许多景点均以历史事件来命名，翻译此类景点时可采用"意译 + 释义"的方式向外国游客解读其历史文化归因，如：陪都（Chongqing as the war-time capital of Kuomintang during the anti-Japanese war）、秦始皇兵马俑（life-size terracotta horses and armored warriors excavated from sites near the tomb of Qin Shi Huang）。

中国特有的四字特色景点，有其独特的美学、文史价值。例如"杭州西湖十景的题名历经数百年的浓缩与锤炼，早已将人们的审美情趣融合到了西湖山水、园林建筑、草木花鸟之中，使人闻其名而慕其景，观其景而难以忘怀"①。为重现源语的音韵意境、激发游客的审美情趣，可采取"音译 + 意译"的方式进行翻译。"值得一提的是，音译翻译的另一好处是外国游客通过拼音读音向本地人问路也比较方便。"② 例如：

三潭印月——San Tan Yin Yue（Three Pools Mirroring the Moon）；

曲院风荷——Qu Yuan Feng He（Breeze-ruffled lotus at Quyuan Garden）；

柳浪闻莺——Liu Lang Wen Ying（Orioles singing in the willows）；

雷峰夕照——Lei Feng Xi Zhao（Leifeng Pagoda in Evening Glow）。

（三）审美认同原则

20 世纪 60 年代，接受美学派（Aesthetics of Reception）代表人物德

---

① 柏舟. 西湖十景英语译名新探［J］. 城市文化，2008（4）：9.
② 林玉华. 从文化角度看旅游景点名称的翻译［J］. 重庆交通大学学报，2008（2）：103.

国康斯坦茨大学的姚斯（Hans Robert Jauss）提出"任何读者在其阅读任何具体的作品之前，都已处在一种既有理解结构和既有知识框架的状态，这种既有理解就是文学的期待视野"①。可以把这种期待视野理解为读者的文化预设和审美期待，这种潜意识的文化预设具有排他性，使得外国游客喜欢以本民族的审美模式为标准、以译语文本为路径，对旅游目的国的文化进行评价。旅游宣传资料的英译本只有被外国游客理解并接受才有意义。因此，在翻译旅游宣传资料的过程中，译者应充分考虑外国游客的认知结构、语言习惯、文化预设和审美期待，根据译文的交际功能和文体特点，采取相应的策略和方法进行翻译，争取游客的审美认同，调动游客的审美体验，激发游客的审美想象，最大限度地追求读者效应。

1. 语言习惯上的审美认同

中文句式是一种"以一到多"流水式的意合结构，英文句式则是一种"从多归一"树权式的形合结构。同时，中文旅游文本中遣字用词注重写意，含蓄唯美；英文旅游文本遣字用词注重写实，简约客观。译者在进行旅游文本的中译英翻译时，在不涉及特殊文化背景因素的情况下，可适当调整原文的结构、风格和用词，在句式结构处理上采取"化零为整"，在选字用词上采取"以实代虚"的策略，把汉语一个意群的若干短句合译成一个英语长句，选择的英译词也应尽量做到具体、明确、清晰，用译语来重组源语信息，使译文更符合外国游客的阅读习惯和审美情趣，见例52。

◉例52◉

中文：西陵峡是长江三峡中最长的一条峡谷，全长 66 千米，落差 8 米，峡中暗滩密布、险滩环生、危崖高耸、形势险峻，气象万千。

译文：With the 66 kilometers stretch and 8 meters drop, renowned for its danger and variety of numerous submerged reefs, dangerous shoals and swift torrents, the Xiling Gorge is the longest Gorge in the Three Gorges on the

---

① Jauss Hans Robert. Toward an aesthetic of reception [M]. Minneapolis: University of Minesoda Press, 1989: 143.

134

Yangtze River.

2. 认知心理上的审美认同

当中英两种文化存在相似的文化对应（cultural equivalence）表达时，译者可以采取类比的方式以此比彼。例如把西施比作中国的埃及艳后（Chinese Cleopatra），把月下老人比作中国的丘比特（Chinese Cupid），把苏州比作东方威尼斯（Oriental Venice），把鱼米之乡比作圣经中的富饶之地（the land of milk and honey）。文化类比可以充分利用游客既有的文化预设，调动他们的认知体验，拉近与他们的心理距离，向国外游客潜移默化地精确传达本土的文化信息。

三、结语

"根据一项对美、日、英、法、德五国游客访华动机的调查，海外游客希望了解中国民俗文化的占 100%，了解历史文化的占 80%，游览观光的只占 40%。"[①] 作为旅游外宣资料的翻译者，既有责任也有义务将博大精深、源远流长的汉文化介绍给海外游客。旅游外宣资料翻译所涉及的三个主体（作者、译者、外国游客）可能拥有不同的交际语境、社会环境和文化背景。"他们的共时性人生体会和历时性人生经历都有很大的差异，对同一文本会有不同的解读，对不同于自己文化中的语言更是有一种本能的曲解。"[②] 这就要求译者在旅游宣传资料中译英的过程中，不仅要逾越两种语言的障碍，还要跨越两种文化的鸿沟，在熟练掌握中英两种语言的语言习惯、语体规范和互文关系的基础上，提高自身的跨文化敏感性，结合来自英语国家游客的认知结构、文化预设和交际期待，按照主题信息突出、文化传神、审美认同三项原则进行翻译，为景点增彩，为游客助兴。

① 金惠康. 跨文化旅游翻译［M］. 北京：中国对外翻译出版公司，2009.
② 金惠康. 跨文化交际翻译续编［M］. 北京：中国对外翻译出版公司，2004.

第二节　平行文本比较视域下的中国文物解说词英译

文物是文化的物化载体，是各个历史时期人类活动的产物，反映了特定地域、时代、民族的生产生活、精神信仰、风土人情。"考古实证了中国百万年人类史、一万年文化史、五千年文明史"。① 大英博物馆中国馆馆长霍吉淑（Jessica Harrison Hall）在《大英博物馆中国简史》序言中这样写道"中华文明博大精深，是世界上最古老的文明之一。中国历史上制造了大量的物质文化产品，让我们有机会鉴赏那些折射出历史细节的器物，通过这些古时生产活动中留下的文物了解历史，徜徉在中华文明的历史长河之中"。博物馆中的中国文物属于人文旅游类资源，中国文物解说词英译本质上是说明类公示语的外宣翻译，是博物馆为译文受众——对中国历史文化感兴趣的外国游客提供的一种自导型信息服务。国内博物馆文物英文解说词几乎都是对中文解说词"有什么就译什么""怎么写就怎么译"亦步亦趋的全译，用"内宣"思路进行文物"外宣"，这种缺乏读者意识、"自译自乐"式的对译，使得中国文物英译文本在跨文化语境的可读性和交际性非常有限，影响了中国文化的对外传播。

一、中英博物馆中国文物解说词平行文本的对比分析

"外国游客潜意识的文化预设和期待视野使得他们喜欢以本民族的审美模式为标准、以译语文本为路径，对旅游目的国的文化进行评价。"② 平行文本指不同语言在风格体裁、运用场景、目标读者等文化交际功能相近的语境下产生的不同的语篇类型，常用于比较语篇语言学。"平行文本比较模式可以用来检验不同的语言如何表达相同的事实材料，使译文在组

---

① 习近平．建设中国特色中国风格中国气派的考古学更好认识源远流长博大精深的中华文明［J］．求是．2020（23）：4-9.

② 黄蕾．跨文化交际视阈下的旅游宣传资料英译研究［J］．重庆工商大学学报（社会科学版），2015（4）：127.

织策略上符合译语读者的期待视野，因此具有很强的指导性。"①

德国学者埃贡·韦利希（Egon Werlich）的文本语法理论（text gram-mar theory）能够为平行文本对比和分析范围提供重要参考。韦利希认为影响文本建构与文本分析的原则有两条：一是文本外部制约，如语境和体裁等；二是文本内部构成规则，文本内部构成的基本要素包括"开头、文本顺序形式、文本结构、文本单位和结尾等"②。就外部制约而言，中英博物馆文物解说词在风格体裁、运用场景、交际功能等有众多相似之处。从文本类型来说，二者均属于信息性文本，都是通过对中国文物的介绍建立起中国文化阐释与公众体验之间的关联，都具有信息准确性及交际有效性的特点；就内部构成规则而言，中英博物馆中国文物解说词在文本内容、文本结构、文本单位及表达方式等方面存在诸多差异。为此，本节以收集到的大英博物馆的100余篇中国文物解说词以及中国国家博物馆、陕西博物馆等我国代表性博物馆的100余篇中英文文物解说词为研究语料，参照韦利希文本语法理论，尝试从文物命名、文本内容、文本顺序、语篇组织、文本单位、表达方式等维度构建一个适用于中英博物馆中国文物解说词的平行文本比较模式，归纳分析它们各自在语义、句法、语用、语篇等方面的特点，并揭示对中国文物解说词英译的启示。

（一）文物命名的差异

文物成千上万，要给某件文物单品命名，首先通过确定文物所属的类别名称（或称类名）对其"定姓"，如瓶、佩、罐、瓻、鼎、镜等。"然而要真正区分同类别的文物，仅有类名显然不够，必须给器物加注专名，器物一旦有了专名，便能与其他器物分开。"③文物名称一般由"专名＋类名"两部分组成，类名类似于"文物的姓"，专名类似"文物的名"。

中国博物馆为文物定名时求"全"，讲究理据、注重规范，遵循"以类别定姓、以特征定名"的原则，重视对工艺、材质、纹饰、造型、釉

---

① 梁君华. 平行文本与网络旅游广告英译［J］. 上海翻译，2012（2）：69.

② 李德超，王克非. 平行文本比较模式与旅游文本的英译［J］. 中国翻译，2009（4）：54 – 60.

③ 唐际根，吴聪健. 青铜器如何命名［J］美成在久，2020（2）：87.

色、铭文等文物外观细节特征的描述，观其名可知其貌，专名几乎涵盖了文物所有的直观特征，类名通常放在冗长的专名之后，文物主体信息反而不够凸显，如：

重唇口尖底瓶——tip-bottomed pot with double-edged mouth；

乾隆霁蓝釉粉彩描金莲花纹双燕耳尊——indigo glazed porcelain zun（vessel）with swallows and gold-painted design；

龙纹嵌珊瑚料珠银盔——silver helmet with dragon design and inlaid coral and pearls；

鎏金鎏银铜竹节香炉——gilt silver bronze incense burner in shape of bamboo joints；

青花"法华寺"铭花卉纹觚——blue-and-white gu vase with floral design and the inscription Fahuasi（Fahua Temple）。

大英博物馆在为中国文物定名时求简，注重把握文物的整体性特征，以文物最为突出的某一关键特征定名，定名的理据来源更多元，名字简短，几乎没有生僻字，便于理解记忆。如：Hexagonal flowerpot and stand（六角花盆）以文物独特的造型定名；Three Bodhisattvas（河北清凉寺三菩萨壁画）以壁画的主角"三菩萨"定名；The David Vases（大维德花瓶）以文物捐赠人大维德爵士（Sir Percival Victor David）定名；Luohan discovered in Yixian, northeastern China（易县大佛）以文物发现地命名；Cloisonne incense burner（景泰蓝熏香炉）以制作工艺定名；Ewer with eight boys at play（八子婴戏水罐）以文物的主体图案定名；Dish exported to India（出口印度盘）以文物的出口国定名。同时，大英博物馆不以文物铭文的具体内容或含义定名，而是用"with inscription"一带而过，例如：Ru bowl with inscription，"Ru"代表存世不过百件、五大名窑之首的宫廷御瓷——汝窑瓷器，"inscription"代表出身不凡的乾隆御制诗铭文。

（二）文本内容的差异

1. 物质属性与物外之意

器以载道，文物是文化的物质载体，总是以一定的形式和形制存在。

文物的物质属性，即文物的"物"，是文物本身物质层面向观众传达的可观察、可感知的信息，包括文物的材质（石器、铜器、陶器、瓷器、金银器、玉器）、功用（兵器、乐器、祭器、礼器、丧葬器）、物理特征（长度、高度、直径、重量）、本体属性（瓶、佩、罐、壶、杯、镜）、工艺信息（文物的工艺技法、铭刻纹饰、造型神态等）。"任何一件文物都是观念与技术的产物，都是制作者情感与智慧的表达，从这种意义上说，任何物质性展览，当我们的阐释深入精神世界，都会接触到非物质的层面，因而都属于非物质文化展览。"① 文物的非物质文化信息，即文物的"文"，是文物藏品"背后"的"物外之意"，反映了文物的历史性、民族性和人文性。

　　中国博物馆对文物介绍的视角和内容比较单一，聚焦文物的"外在美"，突出介绍造型、纹饰、色泽、铭刻、材质、工艺、功用等物质层面信息以及文物外观评价。例 53 中的"四羊青铜方尊"，是商周青铜时代的杰出代表，属国宝级文物。藏品撰写人本着客观的态度，从整体造型到边角装饰、从宏观气势到微观工艺对藏品进行了细致的描写，解说词均是文物的外观信息。大英博物馆对文物的介绍视角更多元，信息更丰富，注重"以物证史、以文化人"，强调对文物"内在美"的介绍。三彩陶俑是唐代墓葬中较为常见的一种随葬明器，例 54 中的"唐代墓葬俑"是从唐代武将刘庭训墓中出土的一组随葬陶俑。大英博物馆将"唐代墓葬俑"作为解读中国古代丧葬习俗的密匙，通过对随葬陶俑数量、形制、种类、摆位的整体分析，揭示出中国古代"事死如生"的丧葬观念和"品秩高下，各有节文"的唐代墓葬等级制度，同时对巴克特里亚骆驼造型陶俑出现在唐代高级将领墓穴的非凡意义进行了升华和揭示——连通了万里丝绸之路，为东西方商贸流通、为大唐帝国彪炳繁荣作出了积极贡献，解说词中没有文物外观细节的描写。

---

① 严建强，邵晨卉. 非物质文化遗产与博物馆——关于当代中国非物质文化与博物馆关系的若干思考［J］. 中原文物，2018（3）：123 – 128.

◉例 53◉

四羊青铜方尊

商后期（约公元前 14 世纪～前 11 世纪）

四羊青铜方尊，在现存商代青铜方尊中体型最大、造型雄奇，肩部、腹部与足部作为一体，被巧妙设计成四只卷角羊，各据一隅，庄静中突出动感，匠心独运，方尊的边角饰长扉棱，既用以掩盖合范痕迹，又可改善器物边角的单调，增强了造型气势，浑然一体，在器范制作过程中，并用线刻、浮雕与圆雕技法，将器用与装饰有机结合，铸造工艺精湛，达到了技术与艺术的完美结合，是我国古代青铜文化中的精品。

◉例 54◉

tomb procession（唐代墓葬俑）

This group of sancai figures is reputedly from the tomb of Liu Tingxun, a Tang dynasty official, who died in AD 728. He was buried in Luoyang. Among the tallest and the most intact set known to have survived from this era, these figures were probably placed at the entrance to the burial chamber. Similar processions were also represented in wall paintings in high-status tombs. The number and scale of the figures matched the social rank of the deceased. The presence of camels is a testament to the wealth that was brought into China through the silk Route. Each Bactrian camel could ferry as much as 120 kilos of cargo-typically China, silk, lacquer and bamboo as well as the food and water required for the long journey.

2. 考古推理与客观信息

"文物不会自己说话，考古学家必须用推理的方法把考古材料中可读的信息表达出来。"① "由于不少藏品年代久远，我们对这些藏品的来源、

---

① 陈胜前. 考古学研究的"透物见人"问题 [J]. 考古，2014 (10)：64.

用途和意义等方面难以有 100% 的把握。"① 英语国家博物馆的文物解说词常常会出现 "…remain unknown" "…is little understood" 表示自身对藏品研究方面的认知局限性，同时还会出现诸如 "probably" "may have" 等引导考古推理方面的论述。对青铜器的动物造型的含义，大英博物馆就承认 "Though its exact meaning is little understood, complex animal were probably more than aesthetic arrangement but related to religious beliefs" 表示对复杂的动物造型含义知之甚少，并作出 "复杂的动物造型不仅仅出于美学考虑，可能也与宗教信仰有关" 的推测。在 "carved box with peonies"（耀州窑牡丹刻花大盒）的解说词中，做出了 "officials may have sent items of this high quality as tribute to Northern Song"（官员们可能将高品质的耀州瓷作为贡品进献给北宋王室）的推测。这些考古推理观点新颖有趣，但它们既不是 "盖棺定论" 也不是 "信口雌黄"，而是博物馆与参观者分享基于历史和考古研究做出的考古推测，是从考古研究到文化传播转化的大胆尝试，其准确性有待进一步验证，可以被视为一种学术争鸣现象。

中国博物馆认为物解说词文本的内容应该是科学和唯物的，因此解说词主要包括文物材质、造型、外观、尺寸、工艺等物质层面的客观信息，重要文物往往还有对其考古和艺术价值的评注，如该文物 "是研究……珍贵的实物资料" "是……中的精品"，而考古推理是对文物似是而非、未经论证的认识，不具有权威性，在中国博物馆文物解说词中几乎看不到推测性的叙述。

（三）文本顺序的差异

中国博物馆的文物解说词一般包括标题部分的文物名称，接下来用单独两行文字介绍文物的生产朝代、朝代的起止年限以及文物的出土遗址。作为文本主体的文物介绍通常单独成段放在最后，解说词主要包括大量文物外观描述和文物价值的定论性评价。除馆藏重点文物外，绝大多数文物

---

① 谢柯. 英汉博物馆藏品解说词平行文本比较及启示 [J]. 重庆交通大学学报（社会科学版），2015（2）：134.

的介绍词都比较简短（甚至没有），观众可获取的信息量较少。

大英博物馆文物解说词标题部分用大字号和加粗字体呈现文物名称。正文使用大字号进行文物介绍，主要包括较为翔实的文化背景知识、文物外观简要描述（此部分许多时候被省略），文本结尾单独用较小字符依次介绍文物的生产朝代、年代起止时间、生产地点、文物编号、来源渠道（如有）。信息出场的先后、字号的大小、信息体量的多少可以清楚反映出中、英博物馆对需要传递给游客的不同层次文化信息重要性的不同理解。大英博物馆是收藏中国流失文物最多的博物馆，许多展品来源渠道存疑，该馆为与藏品收集的殖民时期背景撇清关系，对部分通过合法手段获得的藏品标注来源渠道以自证清白，包括 "acquired in"（收购）、"purchased with the assistance of…fund"（基金资助收购）、"donated by"（藏家捐赠）、"bequeathed by"（藏家遗赠）、"acquired by exchange with…"（藏品交换）、"presented by"（民间征集）等。

（四）语篇组织的差异

"语篇总是服务于一定的目的，语篇结构的组织安排旨在传达语篇生产者的交际意图。"[①] 中西方思维模式的差异使得英汉语篇组织结构和展开方式存在较大差异。受西方民族直线型及演绎型思维的影响，英语国家文物介绍总是开门见山直奔主题，语篇通常按照先综合后阐释、先一般后特殊、先结论后溯源的顺序展开，其间的信息均紧扣主线、按照线性方式推进。例 55 开篇将"乾隆帝倡导下应运而生的一批景泰蓝珐琅坛城"作为主题句；接着分点说明，通过解释"什么是坛城"（即藏传佛教用以象征微观宇宙、助缘修行的法器）来破解乾隆帝为什么"迷坛城"；之后介绍这批御用坛城的使用环境——承德避暑山庄密宗道场；最后向观众简单介绍了展品（即"这一件坛城"）的个体信息。语篇主题明确、首尾呼应，逻辑严密，所有的分点说明都与语篇主题即"坛城的主人"强相关，生动地还原了"笃信藏传佛教、大修坛城、在承德避暑山庄消夏也不忘按照密宗仪规礼佛"的乾隆皇帝形象。

---

① 刁克利. 翻译学研究方法导论［M］天津：南开大学出版社，2012：144－146.

受螺旋形思维方式的影响，中国博物馆文物介绍总是习惯在开端避开主题，语篇通常按照"从整体到局部、由远及近"的顺序隐伏型展开，信息有一定的迂回性，一般直到文末才得出观点或对观点含而不露，属于主题拖延性或主题隐伏性语篇。例56中的"独孤信多面体煤精组印"由陕西博物馆收藏、是中国迄今所发现印面最多的多面体印，印章的主人是北周、隋、大唐的三朝国丈，被史学家称为"天下第一老丈人"的独孤信，这枚印章又被戏称为"天下第一老丈人印章"。而介绍词在开篇的首句介绍了印章主人的身份——西魏名将，接着对印章局部的材质、形状、印文、功用进行了描写和阐述，文末阐述了文物的研究价值，文本的各个部分逻辑关联不强，对藏品的价值提炼不够准确全面，语篇的主题不明显。

◉例55◉

Cloisonne Mandala（景泰蓝坛城）

The Qianlong emperor（ruled 1736～1795）commissioned a series of cloisonne enamel mandalas（microcosms of the universe in which the Buddha resides）. They were used in the Tibetan-style palaces at his summer resort in Chengde. This mandala is dated 1772 and decorated with cloisonne inlaid with coral. The bells that hang from the roof edges are made of jade and silver.

Dated 1772, Beijing, 1991, 0328.1.

译文：乾隆皇帝（1736～1795年在位）下令制作了一批景泰蓝坛城（佛陀居住的微观宇宙），它们被用于其在承德避暑山庄的藏式宫殿中。这尊坛城的制作日期是1772年，上面装饰着镶嵌着珊瑚的景泰蓝。挂在坛城穹顶边缘的铃铛是用玉和银做成的。

◉例56◉

独孤信多面体煤精组印

西魏（公元535～556年）

1981年安康市旬阳县城东门外出土

此印为西魏名将独孤信之印，印用煤精制成，呈球体8棱26面，其中14面镌刻有印文，分别为"臣信上疏""臣信上章""臣信上表""臣信启事""大司马印""大都督印""刺史之印""柱国之印""独孤信白书""信白牋""信启事""耶敕""令""密"。14面印文用途各异，分为公文用印、上书用印和书简用印，是研究北朝印玺制度的珍贵实物资料。

（五）文本单位的差异

从文本单位来说，中国博物馆文物解说词以长句为主，句子间主要依靠字词间内在的逻辑关系联系在一起，受语法限制较少，是一种以话题为意念主轴、以神统形的"流水式"意合句式结构（parataxis）。而大英博物馆中中国文物解说词以简单句和复合句为主，结构严谨、句式严密，是一种以形统神的形合句式结构（hypotaxis）。中英博物馆解说词在句式方面的差异从前文的例句中可以看出。

在遣字用词方面，中国博物馆解说词措辞古雅、意蕴丰富、音韵和美、语气庄重、文采浓郁，常使用复杂术语和生僻字，具有文学语言风格。大英博物馆解说词通常紧扣主题，用词朴素、客观平实，具有实用文体的语言风格。例53在介绍"四羊方尊"时，解说词不乏"扉棱""合范""浮雕""圆雕"等复杂术语的使用，成功地塑造了拒人于千里之外的"老古董"形象，原文中还大量使用渗透者解说词撰写者主观情感的"造型精美""工艺精湛""匠心独运"等四字词语，给观众一种强加于人的审美体验。例57中大英博物馆收藏的可与"四羊方尊"媲美的"Bronze" double-ram zun（青铜双羊尊）用词平实，句子简单，没有非实质信息，解说词撰写人使用"This""may have"等口语化的表述将文物请下神坛，拉近了与游客的心理距离。

●**例57**●

Bronze double-ram zun（青铜双羊尊）

This bronze zun vessel features two rams. It may have come from present-day, Hunan province, south of the Yangtze River. The lifelike, three-dimensional rams point to manufacturing techniques and traditions outside the Shang centers.

About 1200 – 1048BC. probably Hunan province，1936，1118，1.

（六）表达方式的差异

中国文化博大精神，中国文物解说词含有大量民俗风物、宗教神灵、历史朝代、文化人物、传统工艺等中华民族特有的"文化专有项"（cultural specific item）。中国博物馆在翻译此类"文化专有项"时，多采取音译、直译等方式对原文从字面意义进行解读和转述，对与国内游客共享的背景知识即"文化缺省"（cultural default）部分未做阐释，成为西方游客理解中国文物的"文化盲区"如：药师佛——Medicine Buddha、观音送子铜像——Bronze Statue of Bodhisattva（Guan Yin）holding a baby、景德镇——Jingdezhen、彩绘胡俑头——Painted Huren Head、乾隆帝——Qian-Long Emperor、八卦十二生肖纹方镜——Bronze mirror of Eight Diagrams and Zodiac Animal Pattern。

对西方世界广为熟知的中国文物术语和文化专有项，大英博物馆通常遵循"名从主人"的原则，采取约定俗成的英译名，如：blue-and-white porcelain（青花瓷）、tri-colored（三彩）、Summer Palace（颐和园）。在翻译西方受众较为陌生、尚无定译的重要文物术语时，大英博物馆通常会采用回译、音译、意译、类比、借用、加注、释译等增益策略向西方读者解压缩文物里的"文化信息包"。乾隆帝——The Qianlong emperor（ruled 1736~1795）、韦陀——Wei Tuo（guardian god of a Buddhist temple）、粉彩——fencai（powdered colors）就通过文内加注、类比、意译等手段帮助译文读者了解了专有项的文化内涵。例58中在介绍"真武大帝"这一文化意象时，首先采用"音意兼译"对此文化专有项进行介绍，然后通过加注译义、文内阐释的方式解谜了真武大帝被明朝永乐皇帝奉为战神、并为其大修道场的真实原因，即永乐皇帝在夺取皇权的内战获取胜利并将此功于真武大帝的指令，以此证明君权神授。

中国博物馆文物解说词大多是汉英双语两个部分，前部分是汉语文本，后部分的英文文本是对前部分中文解说词"有什么就译什么"的全译和对译。大英博物馆的中国文物解说词几乎是以全英文方式撰写，在介绍重要的文物术语时，英文解说词会借用源语的表达方式穿插汉字，并采用移译法（image transferring）将中文信息原封不动移入译语文本，例如："Three Roosters 三公图""May your Five Sons Achieve Success 五子登科图"。例59中的"老虎洞窑址"是宋代五大名窑之一的官窑的窑址，属地理专名，如果只对其音译而不使用汉字，那么译法可能无法锁定为"老虎洞"而造成歧义，有趣的是同一句中窑址所在的 Hangzhou（杭州）因为名气大不会造成理解上的歧义而没有采用回译。

在本土化语境下，国内博物馆介绍中国文化专有项时通常会对其"Chinese"的身份进行省略处理；在全球化语境下，大英博物馆介绍中国特色概念时，常会采用"Chinese +"的增益策略强化身份建构，强调是"中国特有的"事物和概念。国画上的印章和瓷器的编号对于中国游客来说有不言而喻的意义，例60、例61 大英博物馆使用"Chinese painting（中国画）""Chinese numbers（中国数字）"强调了"印章"和"数字汝窑"是中国文化语境下的特色产物，避免了西方游客由于潜意识的文化预设可能产生的"画"即"西洋画""数字"即"阿拉伯数字"的理解歧义。

◉例58◉

原文：Zhenwu, god of war. He was worshiped as the divine protector of the Ming dynasty. The Yongle emperor attributed his success in the civil war and built a series of temples and shrines in his honor. These included a lavish complex of buildings on mount Wudang, Zhenwu's sacred peak in Hubei Province.

译文：真武大帝，战神，他被推崇为明朝的庇佑之神。永乐皇帝将在内战中取得的胜利归功于真武大帝，并为他建造了一系列的神殿宫观，其中包括真武大帝的道场、位于湖北省武当山的豪华建筑群。

◉例59◉

原文：Potters made guan wares at the Laohudong 老虎洞 Kiln site in

Hangzhou.

　　译文：制瓷工匠再在杭州的"老虎洞"窑址制作官窑。

◉例60◉

　　原文：Often bright red, a seal impression on a Chinese painting will add to its aesthetic value.

　　译文：一幅中国画上的印鉴通常是鲜红的，它会增加其审美价值。

◉例61◉

　　原文：They are also called numbered Jun wares as they bear Chinese numbers incised on their base.

　　译文：它们也被称为数字钧窑，因为它们的底座上刻有中国数字。

二、平行文本比较视域下的中国文物解说词英译

　　翻译文本只有被译文读者理解和接受才能实现翻译价值，译文在跨文化语境中的可读性和交际性是非常重要的。"对于文物解说词的英译而言，实现译文与目标语平行文本在意义和风格上的文本内连贯有助于提高译文的可读性，实现译文的交际功能。"① 通过比较中英博物馆中国文物解说词在文本惯例、语言习惯等方面的异同，我们可以得到如下四个方面中国博物馆文物解说词英译的启示。

（一）借鉴英语平行文本中国文物定名方式

　　中国文物英文译名应遵循关键性、整体性、简洁性原则，抓住文物整体的关键性特征定名，定名的理据来源应该更为多元、不应只局限于文物的外观特征，若要以工艺、纹饰、造型、釉色等外观特征为文物定名，切

---

　　① 邱大平. 大英博物馆文物解说词对中国文物英译的启示［J］. 中国翻译，2018（3）：108－112.

忌面面俱到。一般不以铭文、款识、篆文、题跋的具体内容和含义为文物定名，用 with inscription 概括说明即可。例如，前文的"青花法华寺铭花卉纹觚"就可以改译为"Blue-and-white drinking vessel（Gu）with inscription"，去掉"花卉纹"这一可观察的信息，铭文的具体内容在解说词正文单独解释。

（二）借鉴英语平行文本的文本内容

借鉴英语平行文本的文本内容，增译文物的民族文化背景信息介绍，删减文物的外观描述。外国游客面对一件中国文物藏品之所以看不懂，很大程度上是因为这件文物脱离了参观者的文化语境和使用环境，无法激活他们相关的认知体验和文化关联，如果只是简单地将藏品陈列、命名、贴牌，标识出诸如"用的什么材质""上面画的是龙是凤"等一目了然的文物"物载信息"，只能给公众留下一个面目模糊、画蛇添足的印象。通过增译文物的民族文化背景信息、重构中国文物原来的时空坐标和文化语境，弥补影响外国游客理解的"文化缺省"项，可以帮助他们更好地了解展品内涵，达到更好的观展效果，包括阐释文物产生的时代背景、使用的具体环境、反映的民族习俗、体现的社会心理、流转的前世今生以及与文物强关联的历史人物或事件等内容。前文的"四羊方尊"所代表的"青铜礼器"正是解读"藏礼于器、礼以酒成"的我国礼制成熟期商代"祭祀礼仪"的重要载体，英译时可以将"ritual ceremony（祭祀礼仪）"作为文化关键词，从商朝人的生死观、祭祖礼、宗法礼制、以青铜食器酒器为代表的商代礼器、礼器规模形制所体现的"明尊卑、别上下"的等级制度、商代礼器的功用及使用场合、沿袭至今的祭祀礼仪等维度对"祭祀礼仪"这一中国文化关键词进行阐释，达到信息传递和文化传播的双重功效。"释展的目的不在于呈现完美却与观众割裂的学术研究，而在于建立其文化阐释与公众体验的关联，激起观众在离开展厅后继续探究的兴趣。"① 中国博物馆应尝试对文物的多元解读，增加有关文物考古研究及

① 沈辰. 文化和艺术的归属——全球化下海外博物馆藏中国文物诠释［J］. 博物院，2019（5）：66.

考古推理的内容，从而激发参观者的思考和进一步深入探究的兴趣。"译者不能将自己的美学价值强加给目的语读者，否则会出现自己觉得美不胜收，别人不为之所动的局面。"[①] 中国文本解说词中常对文物材质、纹路、形态、工艺等可观察、可感知的文物外观信息过度描述，信息冗余，并不符合游客的认知特点、审美期待，应采取减译法删减文物的外观描述及外观评价信息，同时减少同义重复、同类重复，如独孤信印解说词的英译文就应对 14 个印面印文的具体信息进行略译。

（三）借鉴英语平行文本的文本组织方式

采用编译法对英译解说词的文本内容加工整合、文本结构重新排序，将主题重心前移，实现与英语平行文本语篇的结构趋近。英语国家博物馆常将藏品个体作为解码传统文化符号的密匙，聚焦某一件藏品所代表的某一类文物所反映的某一时代社会特征或代表的某一文化符号，提炼某一信息主题，语篇开始直接提出总述（信息主题），然后紧扣"主题"通过分点详述支持主题句，藏品个体信息往往放在文末。文物解说词英译文本以西方游客为受众目标，对封印在中国文物里的文化信息精准提炼，开门见山提出相应的"信息主题"，紧扣"信息主线"，先从宏观视角重点介绍文物所反映的文化背景知识，再从微观视角对文物的个体外观信息进行简要陈述、呼应主题，最后将文物的产生时代、出土遗址等次要信息置于文末。在解说词句式结构上处理上采取"化整为零"的方式，将由若干个意群构成的流水式"意合结构"长句调整成为若干个短句或复合句。同时，文物名称及文物介绍等重要信息可以用加粗、大号字符放在段首，文物产生的时代（朝代）、出土遗址等次要信息用普通、小号字符单独成行放在文末，便于参观者快速搜索、读取所需信息。

（四）借鉴英语平行文本的语言习惯和表达方式

作为一种外国游客自导性的公示语，文物解说词英译应该遵循规范性、简洁性、通俗性、文明性等公示语翻译的普遍原则，在遣字用词上应

---

① 孙艺风. 翻译与跨文化交际策略［J］. 中国翻译，2012（1）：23.

化繁为简、以实代虚，突出主要信息，避免使用英语的生僻词汇、复杂术语、自我贴金式的评价性语言，在语言风格上抛弃"文艺范"和"权威腔"，译写内容应通俗易懂、简洁明了，从而增强译本的亲和力和可读性。对西方世界广为熟知的文物术语进行英译时，"应建立中西术语关联，使用国际通用、约定俗成的规范术语语言，避免术语多元化带来歧义，干扰视听"①。面对文化语境迥异的外国游客，对尚无定译的文物术语和中国文化专有项进行英译时，应遵循"民族性"原则，使用回译、移译、音意兼译、文内阐释、术语加注等适应外国读者思维方式和阅读习惯的增益策略，通过"释古""释义""释疑"等手段解压缩文物里的"文化信息包"，对文物隐含的文化预设信息进行凸显，运用"Chinese +"、英译文本中穿插汉字等手段对中国文化符号进行宣传，让外国游客更多地了解中国文明。

三、结束语

中国是文物大国，中国博物馆的每一件文物都是承载历史记忆、蕴涵民族特色，凝聚先人智慧的国之重器，是中国向世界解读自身漫长而恢宏演进历程的一块块历史拼图。中国文物解说词英译的过程也是中国文化对外传播、中国特色对外话语体系译介与构建的过程。"我们必须采用传播受众熟悉的话语和话语体系，'确保我们在同一个频道上说话'，从而实现翻译中的话语等效。"② 以大英博物馆为例，其展厅所有的说明内容均由"学习与观众部"（Learning and Audience）的"释展团队"（Interpretation Team）负责，与馆藏的研究人员不同，这些负责展板说明的人员对观众的构成、需求和在博物馆的行为了如指掌，研究人员为他们提供知识点，通过他们的编撰将知识点转化为文字说明，传达给观众。③ 在外宣翻译中，中国博物馆文物解说词英译时，译者应处理好杨绛先生提出的翻译中的

① 黄蔷."功能对等"理论观照下的学术论文摘要英译研究 [J].重庆科技学院学报（社会科学版），2019（1）：71.

② 祝朝伟.翻译的话语等效与对外话语传播体系创新 [J].中国外语，2020（2）：7.

③ 吴悠.展柜中的"中国故事"：大英博物馆中国展厅主题式陈列 [J].艺术博物馆，2019（5）：68.

"一仆二主"关系，加强与展品研究人员、策展人、释展人和海外游客之间的沟通交流，充分关照海外游客的语言习惯和审美体验，将英语国家博物馆中国文物解说词现成的规范文本作为重要参考，分析归纳英语平行文本在语体和语言上的主要特征，采取变通的翻译策略在译文文本中复刻、再现这些文本特征，弥补藏品本土研究阐释与西方游客体验需求之间的落差，使译文尽量符合文物解说词英语平行文本的行文规范和语言惯例，从而产生出地道的、话语等效的译文以实现预期的交际功能。

第三节 中式菜名的翻译

一、中式菜名里的中国文化

中国幅员辽阔、人口众多，几千年的悠久历史形成了丰富多彩的饮食文化。美食配美名是中国饮食文化的特色之一，菜名浓缩了博大精深的烹饪技艺和地方特色，折射出中华民族源远流长、绚丽多姿的饮食文化。中国菜品命名主要分为写实型和写意型两类。写实法如实地反映出菜式的原料搭配、刀工火候、烹饪调味以及摆盘器皿等，重点突出菜品的主料名称。而趋吉避讳、去俗求雅的文化心态是写意法菜名命名的心理基础，写意法菜名注重"形、音、意"方面的意境美，往往可以激发食欲、耐人寻味。写意性菜名主要包括通过谐音、同音寄意抒怀的菜名，"三元及第"的"元"与"丸"谐音，"绝代双骄"的青椒炒红椒的"椒"与"骄"谐音；通过形态相似类比象征的菜名，例如"步步高升"指"乌竹笋炒排骨"，"青龙过江"指空心菜汤；通过意合神会祈福求吉的菜名，"一品天香"即清炒素菜，"五谷丰登"即八宝饭；通过数字夸张，意趣横生的菜名，例如"千层油糕""九转大肠"；通过饮食行业隐语美化粉饰真实用料的菜名，"龙虎凤"实代蛇猫鸡，"芙蓉"暗喻蛋白，"翡翠"实代青菜，"划水妙"喻鱼尾，"白玉"意指豆腐。面对这林林总总的中国菜名的英语翻译，是强调食物的烹饪过程，还是传达菜品的文化内涵，的确值得翻译界人士全面思考，细细斟酌。

二、中国烹饪方法的翻译

中国菜讲究色、香、味、形、器相承相济。"古代大家孔子就自有一套'美食经'，称'色恶不食''臭恶不食''割不正不食''失饪不食''不时不食''不得其酱不食'，讲的其实就是饮食要注意色泽、味道、刀工、烹制、火候、调味的道理"①，体现出中国饮食自古以来的"食不厌精，脍不厌细"的精细化艺术特色。

（一）备料及刀工的翻译

中国菜肴的形，在很大程度上取决于材料的制备、切配等初加工过程。备料过程包括刮鳞（scaling）、去菜皮（peeling）、去肉皮（skinning）、剔骨（boning）、脱壳（shelling）、捣碎（mashing）、泡制（pickling）、装馅（stuffing）、（用料酒、醋、油、香料等）腌泡（marinating）、酒酿（liquor-soaking）、盐腌（salt-soaking）等，其英文翻译应为该原料加工方式的过去分词加上该原料的专有名词，如：皮蛋（preserved egg）、虾仁（shelled shrimp）、泡菜（pickled vegetable）、土豆泥（mashed potato）、酿黄瓜（stuffed cucumber）等。

刀工精细也是中国烹饪的特长。刀工既要适合菜肴的烹调要求，以便原料在烹饪过程中受热均匀、入味迅速，又要造型美观，使切割后的原料做到大小均匀、厚薄一致。刀工分为切块（cubing）、切丝（shredding）、切片（slicing）、切丁（dicing）、切柳（filleting）、切碎（mincing）等。刀工程序后食物的成型状态有两种翻译方法，一种是"刀工法的过去分词+原料"，另一种是"原料+刀工成型后其形态的复数形式"，如，鸡片（丝、块、丁、柳）分别可以译为 sliced（shredded, cubed, diced, filleted）chicken 或 chicken slices（shreds, cubes, dices, fillets）。另外，由于食物切碎后呈现不可计数状态，故末状食物只适用前一种译法，如：猪肉末（minced pork）。

---

① 青边. 家庭菜谱［M］. 北京：轻工业出版社，1985.

（二）味型与味汁的翻译

味是中国菜的灵魂，是烹饪成败的关键。古人把甜、酸、苦、辣、咸定为五味。五味又可调出诸如五香（spiced）、糖醋（sweet and sour）、麻辣（pungent and spicy）、鱼香（fish-flavor）、怪味（multi-flavor）等多种复合味道。中菜烹调其实也是一种滋味调和的艺术，其味型讲求甘而不浓、咸而不减、辛而不烈、淡而不薄。由各式作料调和出的味汁为创造"一菜一格，百菜百味"的多元化中菜味型起到了画龙点睛的作用。例如：豉汁（black-bean sauce）、鱼香汁（garlic sauce）、京酱汁（sweet-bean sauce）、红烧汁（brown sauce）、葱姜汁（onion and ginger sauce）、糖溜汁（sweet and sour sauce）、酱油汁（soy sauce）、醋熘汁（vinegar sauce）、蚝油汁（lobster sauce）、白扒汁（white sauce）、干烧汁（chili sauce）、豆瓣汁（chili bean sauce）、番茄汁（tomato sauce）、糟熘汁（in rice wine）、蜜汁（honey sauce）。

（三）火候与烹饪的翻译

中国烹饪特别讲究用火。早在宋朝时期，大文豪苏东坡烧肉时就知道"慢著火，少著水，火候足时它自美"的"不惛不火"的火候诀窍。火候指的是烹饪中火力的大小和时间的把握。中国烹饪的火候主要有文火（gentle heat）、武火（high heat）和中火（moderate temperature），是否恰到火候直接关系着菜肴烹饪的成败。而火候的控制又由材料的性质和烹调方法来决定，一般情况下，烹煮肉类宜先用武火再改文火，而蔬菜宜用武火爆炒。

中餐基本烹法近百种（常用的约 40 种），因时、因地、因料、因味的变化又演化出近千种复合烹法：把食材置于水中进行烹饪的蒸（steamed）、煮（boiled）、炖（stewed）、涮（instant-boiled）；把食材置于油中进行烹饪的煎（fried）、炸（deep-fried）、烧（braised）、炒（stir-fried）、清炒（sauteed）、炝炒（quick-fried）；把食材通过蒸汽热力烹熟的清蒸（steamed in clear soup）、白灼（scalded）；以炭火和烤炉为热源的各种烧烤，如烤（barbecued）、烘（baked）、扒（grilled）、炙（broiled）等。

三、中式菜名的英译

（一）直译法

针对由食物主料辅料、备料刀工、烹制调味、装盘器皿构成的中国菜名，最好采用直译法，对菜品进行客观和写实的描述，使外国朋友对该菜的用料刀工、烹饪过程一目了然。由此，笔者总结了如下五种翻译格式。

1. 主料（+with）+辅料

以主料为中心词，再用介词"with"连接辅料。如：韭黄鳝糊（Eel with Chives）、虫草鸭子（Duck with Chinese Caterpillar Fungus）、腰果鸡丁（Diced Chicken with Cashew Nuts）、青椒肉丝（Pork Shreds with Green Pepper）等。值得一提的是，盖浇饭系列通常用"原料 + over rice"模式进行翻译，如，排骨盖浇饭（Pork Chop over Rice）。

2. 主料 + in/with + 味汁（作料）

以主料为中心词，再用介词"in"或"with"连接味汁和作料。如：豆瓣鱼（Fish with Chili Bean Sauce）、京酱肉丝（Shredded Pork with Sweet Bean Paste）、糖醋排骨（Spare Ribs in Sweet and Sour Sauce）、芥末鸭掌（Duck Webs with Mustard Sauce）、陈皮兔丁（Diced Rabbit with Orange Peel）等。

3. 烹饪法 + 原料

烹饪法与原料构成的中文菜名可采用直译的方式，把对应的烹饪法译出来，再以菜的主料为中心词。如：回锅肉（Twice-cooked Pork）、清炒空心菜（Sauteed Water Spinach）、红烧猪蹄（Braised Pork Feet）、软炸大虾（Soft-fried Prawns）、醉鸡（Liquor-soaked Chicken）等。

4. 原料 + in + 食器（烹饪或装盛器皿）

中国烹饪出了讲究用料精选、味型精美、烹饪精细，还讲求食器精美。针对许多中式菜品中以烹饪或容器命名的菜肴，可以以原料为中心词，再用介词"in"或"with"连接其烹饪或装盛器皿，如：砂锅系列——砂锅鱼头（Fish Head in Casserole）；煲仔系列——招牌海鲜煲

（House Special Seafood in Clay Pot）；火锅系列——毛肚火锅（Ox Tripe in Hot Pot）；蒸笼系列——小笼牛肉（Beef in Small Steamer）；叶包系列——荷叶包鸡（Chicken Wrapped in Lotus Leaves）、豆沙粽子（Sticky Rice with Red Bean Paste Wrapped in Reed Leaves）。

5. 烹饪法 + 原料 + in（with）调料

用烹饪方法加原料再用介词"in"或"with"连接调料的翻译法既满足了西方人讲究食物成分内在营养的科学饮食习惯，又传达了该菜式在调味、刀工和制作方法中所蕴含的中国烹饪文化，让外国朋友看得明白、吃得放心。如：黑椒牛排（Sizzling Steak with Black Pepper）、黄焖鸡翼（Braised Chicken Wings in Rice Wine）、滑熘里脊（Sauteed Pork Fillet with Gravy）、葱爆羊肉丝（Quick-fried Mutton Shreds with Scallion in Ginger Sauce）。

（二）直译加注法

中国菜名中有许多依据历史典故和人名加以命名，有很深的文化寓意，如果生硬地把"佛跳墙"直译成"Buddha Jumping over the Wall"，"叫化鸡"译为"Beggar's Chicken"，"麻婆豆腐"译为"Pock-marked Grandma's Bean-curd"，只会让外国食客云里雾里、大倒胃口。针对这类菜名，应该首先直译出菜名的表面意思，然后用破折号简短注解出该历史人名或传说与此菜肴的渊源，再在括弧内解释该菜肴实际的烹烩方法和所用食材，从而再现源语的文化信息。例如：

叫化鸡——Beggar's Chicken—a name after a legend telling a beggar smeared a chicken all over with clay and threw it into a fire. After a long while, he removed it and cracked it open, finding it already baked into a delicious dish（roasted chicken wrapped in lotus leaves and mud）[1]；

佛跳墙——Buddha Jumping over the Wall-a name after a legend saying that even Buddha couldn't resist the temptation of the dish and jumped over the wall of the temple to taste it（stewed shark fins with assorted seafood）；

---

[1]　任静生. 也谈中菜与主食的英译问题［J］. 中国翻译，2001（6）：56-57.

麻婆豆腐——Ma Po Bean-curd, a name after its inventor, a pock-marked woman in Sichuan province（ground pork with bean curd in chili sauce）。

（三）音译法

中国饮食文化博大精深，许多名特小吃在英语中无法找到对等的文化语义符号，由此形成语际交际中的词汇空缺，"由于语际交际中的词汇空缺而造成的译文承载信息量小于原文承载信息量的欠额翻译时，往往可以采用引进及借用的办法"①。许多以广东话发音为基础的中国特色食品音译名保留了原汁原味的中国情调，成为约定俗成的翻译法，例如：Dim Sum（点心）、Chow Mein（炒面）、Lo Mein（捞面）、Chow Fan（炒饭）、Wonton（馄饨）等。

（四）音译加注法

随着人类社会的交流融会，中国餐馆在世界各地遍地开花，以传播源语语言文化信息为归宿的异化翻译原则在中国菜名的翻译中得到普遍运用，而使其妙趣横生。通过音译加注释的方法，不仅可以向译语读者介绍中国传统的饮食文化符号，还可通过注解释义兼顾西方读者理解的需要。笔者在美国一家中餐馆听到一个"老外"点菜"Jah Tsay Row Shuh"，翻开菜单一看，餐馆老板将榨菜肉丝译为"Jah Tsay Row Shuh（shredded pork with Sichuan-style preserved vegetables）"，这种译法不仅符合西方人的发音习惯，也顺应了国际上急剧升温的汉学热潮。中国饮食中许多风物特产都是通过音译加注法翻译，如：粽子（Zong Zi, pyramid-shaped sticky rice wrapped in reed leaves）、油条（You Tiao-deep fried twisted dough stick）、锅贴（Guo Tie-pot stickers），区区数词就让食物的形、材、制鲜活于纸上。值得注意的是，我国用面皮包上馅料制作出来的饺子、烧卖、汤圆、馄饨等特色面点英译时往往都称为"dumpling"，不妨用音译加注法对此类食品进行翻译，从而起到推广和区别中国特色食品的作用。

---

① 周芳珠. 翻译多元论［M］. 北京：中国对外翻译出版公司，2004：18－19.

如：饺子（Jiao Zi，dumpling stuffed with vegetable and meat fillings）、烧卖（Shao Mai，steamed dumplings with pork and sticky rice fillings）、汤圆（Tang Yuan，dumplings made of sticky rice flour served in soup）、馄饨（Wonton，dumpling soup）。

我国幅员辽阔，长期以来，受气候、物产、习惯和生活方式的影响，形成了各具特色的地方风味，素有"东甜""西辣""北咸""南鲜"的说法。中国菜中许多以地名命名的菜式往往反映了当地独特的烹饪特色，用音译地名加注烹饪技艺的方法对此类菜名进行翻译可以让外国朋友更好地了解中国不同地域的饮食文化，如：京酱肉丝——Shredded Pork, Peking Style（shredded pork sauteed with special plum sauce with fresh scallion）[1]、西湖牛肉羹——West-lake Ground Beef Soup（minced beef with egg swirl soup）。

（五）意译（加注）法

在翻译谐音、同音、行业隐语和数字夸张所产生的写意性菜名时，由于其包含的中国餐饮文化的语境特征在英语文化中不存在，找不到对应的目标语，应"放弃形象的比喻的描写手段，略其形象色彩，退而求其文本上的不冲突，做到概念意义上的转换"[2]，遵守避虚就实的原则，充分了解这些文化菜名中的比喻象征，把翻译重点放在菜肴的材料和烹饪工艺上，通过意译法对此类菜名进行翻译。如：霸王别姬（Stewed Turtle with Chicken）、发菜好市（Black Moss Cooked with Oysters）[3]、翡翠羹（Vegetable Soup）、珍珠粥（Corn Congee）、芙蓉燕窝（Sweet Bird-nest Soup with Egg-white）、千层饼（Multiple-layer Steamed Bread）、四色扒鸭（Stewed Garnished Duck）[4]。在翻译形似类比产生的菜名时，由于人类生活体验上的某些共性，可以采用意译加注的方法，让外国朋友在点菜时一

---

① 乔平. 中餐菜名分类及其英译方法［J］. 扬州大学烹饪学报，2004（2）：48.
② 朱晓媚. 浅释饮食文化中菜名的翻译技巧［J］. 河南职业技术师范学院学报，2002（1）：72 - 74.
③ 何高大. 实用英汉汉英口译技巧［M］. 长沙：中南工业大学出版社，1997.
④ 范谊. 餐厅服务英语［M］. 成都：四川大学出版社，1993：140.

157

目了然、心领神会，如：全家福——Stewed Assorted Meats（happy fami-ly），红烧狮子头——Braised Pork Patties（in the shape of lion's head）。

四、结束语

在实际翻译过程中，应视语境状况对菜名进行灵活翻译。例如在商务宴请中，受现场口译时间的局限以及菜谱菜单的版面的局限等客观因素的制约，不必生搬硬套地把菜名背后的传说、典故翻译出来。另外，随着中国菜品的不断推陈出新，中西菜品的同化融合，必将对于中国菜名的英译带来诸多新的挑战。随着我国对外开放和国际交往的日渐频繁，翻译界、旅游界和餐饮界应联合起来，携手规范中国菜名的译法，统一口径，编著有关中国菜名英译的辞书，做到有章可循、有据可依，从而更好地推广我国寓意深刻而丰富多彩的饮食文化。

第七章 应用翻译实践——
城市公示语的翻译①

第一节 公示语译写与城市的国际化形象

21 世纪以来，全球经济蓬勃发展，全国各地主题鲜明、标题醒目的中英双语公示语标牌如雨后春笋般出现。林林总总的双语公示语标牌已成为现代城市中习焉不察的语言现象，被称为"环境中的字刻（environmental print）"。②公示语是一种以"牌"为载体在城市公共空间建构的语言景观，是城市公共服务领域的视觉识别系统。城市公示语标牌包括文博旅游景区景点的导览牌、介绍牌、指示牌、提示牌；路桥交通运输系统的路牌、交通指示牌、交通标识牌；公交服务设施（机场、地铁、车站、港口等）的指引牌、导乘牌、站名标牌、安全导流牌、应急避难提示牌；商业经营机构（商场、酒店、餐厅、停车场、美容美发、网吧等）的导引牌、服务指南牌、餐牌、店铺招牌、广告牌；市政服务管理机构（医院、邮局、银行、政府部门等）楼宇楼层索引牌、业务标识牌、导诊牌等。

---

① 本章内容引自笔者发表于《聊城大学学报》2022 年第 2 期的《城市国际化建设背景下的公示语英译》以及发表于《重庆广播电视大学学报》2022 年第 1 期的《重庆市公共服务场所标识标牌英文译写的生态现状与对策》。

② 巫喜丽．语言景观的多语现象研究述评［J］．广州大学学报（社会科学版），2017（8）：78.

"城市形象是公众对一个城市静态的地理环境与建筑设计以及动态的政府管理行为和市民生活行为的全部印象的总和。"① 形而上者谓之道，形而下者谓之器，城市形象包括"硬形象"和"软形象"两个部分。如果把城市的山川湖海等自然生态风貌、路桥街景等物理空间形态、建筑园林等市容硬件设施，即"硬形象"，比作一个城市的"颜值"；把历史积淀所形成的地域文化风格和人文环境和精神理念，即"软形象"，比作城市的"气质"；那么在钢筋水泥的城市森林里，设立在公共服务场所的中英文公示语标牌则可以称作城市的"名片"。"面对全球化的国际环境，区域形象作为参与区域之间合作与竞争的关键因素，对地区发展有着至关重要的作用。"② 《国家语言文字事业"十三五"发展规划》指出，要加强语言文字规范化建设，提高国家语言文字服务能力。设立在城市公共服务领域的中英文公示语标牌是城市公共服务体系为来华旅游、留学、工作的外籍人士提供视觉导引、解说、提示和保障等服务信息的重要载体，方寸之间的中英公示语标牌是国家语言服务能力的重要体现，是城市国际化形象传播的重要载体、是城市进行主场外交的重要语言阵地。

但是，我国城市公示语翻译现状却不容乐观，质量亟待改进。可以说，一个城市的硬件建设再多么的高端大气上档次，提供食宿行游购娱等公共服务信息的公示语一旦误译，对外籍人士来说，那些令人一头雾水的路牌、匪夷所思的菜单、不知该何去何从的交通设施、辨不清东南西北的钢筋森林，极大地破坏了这个城市的国际品味。③

第二节　我国城市公示语研究状况回顾

"中国的公示语翻译研究起步相对较晚，严格来说，我国公示语翻译

---

① 冯晓辉. 以城市形象提升为导向的石家庄语言景观翻译探讨［J］. 科技视界，2014 (18)：30.

② 郭越，兰杰. 国际环境下构建新疆形象的新闻话语方式研究［J］. 新疆大学学报（哲学·人文社会科学版），2015 (2)：124.

③ 黄蔷. 目的论观照下的公示语翻译原则探析——兼析重庆市公示语英译语用失误［J］. 重庆理工大学学报（社会科学），2015 (2)：128.

有规模、有组织、比较正式的研究应该从 2005 年北京首届全国公示语翻译研讨会的召开算起。"① 伴随着北京奥运会、上海世博会、广州亚运会等重大国际盛事在我国的举行，世界的目光一次又一次地聚焦中国，举办城市纷纷以举办大型国际盛事为契机，成立规范公共场所中英公示语标识工作领导小组，对城市的公共场所公示语英文译名的使用情况进行摸底、评估、规范和重新设置，同时也让学术界意识到公示语英译规范化研究的重要性、艰巨性和紧迫性。

我国对公示语翻译的研究成果主要体现在以下六个方面。

一是对公示语的名称进行了规约，对公示语按照示意功能进行了分类。国际图形标志委员会主席巴里·格雷（Barry Gray）将公示语定义为"对技术层面复杂信息进行沟通的一种最简便的查询方式或者叫作'信息标记'"。戴宗显、吕和发等人对公示语的内涵和外延进行了进一步界定："公示语是公开和面对公众，告示、指示、提示、显示、警示、标示与其生活、生产、生命、生态休戚相关的文字及图形信息。"② 该定义得到了译界众多专家的认可。根据应用场景的示意功能，公示语被分为"指示性""提示性""限制性""警示性"及"禁止性"五类。国内有学者在此基础上进行了补充，加入了"劝导性"公示语和"宣传性"公示语。③

二是我国学界偏重公示语在语言环境中的实证研究。研究者往往以某一城市公共场所采集到的中英对照的公示语语料为研究对象，进行定性分析后，提出相应的解决对策。研究地域从"北上广深"等我国一线城市逐步扩展到我国的二、三线城市。由于学者大多是以个体为单位开展语料实证研究，语料标本选样的数量较少、选取译例的典型性不高、选样的场景代表性不强，同时由于"政、产、研、用"的脱节，研究结果的权威性及运用性较差。

三是城市公示语翻译研究覆盖的行业领域较为广泛。现有公示语翻译

---

① 杨永和. 我国新世纪公示语翻译研究综述 [J]. 外语教学，2009（3）：104.

② 戴宗显，吕和发. 公示语汉英翻译研究——以 2012 年奥运会主办城市伦敦为例 [J]. 中国翻译，2005（6）：38.

③ 牛新生. 公示语文本类型与翻译探析 [J]. 外语教学，2008（3）：90.

研究领域涵盖旅游、医疗、银行、交通、商业、教育、文化、环保等众多行业领域，并以景区景点、餐厅、商场、医院、银行、地名、招牌路牌作为主要的物理载体。随着研究的深入，学界对英语公示语整体设置的系统性、精准性和频密度有了一定的思考。

四是公示语翻译研究的理论依据颇为多元，公式语翻译从最初的以"错误举隅"为主到从如今以中西方译论为理论支撑进行系统分析。学界通过"功能对等理论""交际翻译理论""读者反应论""生态翻译观""目的论""语用等效论""接受美学""顺应论""语境角色认知""文本类型理论"等理论视角对我国公示语翻译进行了有针对性地分析。

五是城市公示语翻译的社会关注度不断提高，国家标准、地方译写规范相继出台。中国翻译协会先后于 2005 年、2007 年、2014 年、2017 年分别以"国际化都市旅游目的地信息服务环境建设""公示语翻译与语言环境建设""中国特色世界城市与国际一流旅游目的地建设""语言服务、标准规范、外语政策"为会议主题举办了四届"全国公示语翻译研讨会"，掀起了译界对城市公示语翻译的研究热潮。与此同时，中国日报网等主流媒体相继开辟网站专栏，通过曝光触目惊心的公示语误译、胡译、滥译，深入探讨了公示语翻译问题。2017 年，国家质检总局、国家标准委联合发布《公共服务领域英文译写规范》系列国家标准，成为保障我国公共服务领域英文翻译和书写质量的基础性标准。北京、上海、广州、深圳、陕西、厦门等中心城市先后正式出台公共服务领域公共标识英文译写的地方规范。公示语翻译研究从服务超大型国际赛事、会议、活动的应急性工作发展成为都市国际化进程中公共服务信息体系外语服务功能建设的新常态。

六是公示语翻译研究视点发生转向。早期的公示语英译研究多以公示语的语用纠错为主，或是以观察者身份赴海外大都市采风、近距离观察英语国家的公示语设置及使用情况所写下的学习体会的形式出现。当下研究热点包括公示语翻译如何配合中国文化走出去；全球化语境下如何通过提升城市的涉外语言服务能力来助力城市发展；公示语翻译规范化与术语化的国家标准、地方标准和行业标准，公示语翻译语料库建设等议题。

总的来说，现有关于城市公示语的英译研究大多从某一译学理据的视角，以某一地区或某一行业公共场所的公示语英译文本为研究样本，从语言、交际等维度对中英文对照的公示语的语用失误进行纠错和改译，大中小城市通常各自为战，人力智力重复消耗、低水平重复研究的问题比较突出，对公示语服务对象（外籍访客）的阅读体验及评价反馈也缺乏足够的关注，公示语翻译的社会功能发挥仍有大量的工作要做。

第三节　城市公共服务场所中英文公示语标牌的生态现状

"在中国，一个城市的汉英两种语言的公示语应用是否广泛是这个城市开放程度的直接体现，应用是否规范是对这个城市国际化程度的检验，翻译是否得法是这个城市整体素质的直接展现。"① 本节将以重庆为例，分析我国城市公共服务场所中英文公示语标牌的生态现状。作为中国最年轻的直辖市以及"一带一路"和长江经济带的连接点上西部唯一的国家级中心城市，重庆以独特的城市地形特点（四通八达的"8D魔幻城市"）、包容的城市个性、丰富的城市内涵成为人气最高、最受国内外游客欢迎的旅游目的地之一。根据"中国旅游城市榜单"，2017年、2018年、2019年重庆接待国内外游客量分别为5.42亿、5.5亿、6.57亿人次，连续3年成为中国接待国内外游客最多的城市，被世界旅游及旅行理事会评为"2017全球十大发展最快旅游城市"第一名，同时也被世界最大的私人旅行指南出版商《孤独星球》官网评为"世界十大最具有潜力的旅行地"。但是，重庆公共服务领域公共标识英文译写现状已不能满足重庆"行千里·致广大"的城市定位，也不能满足城市丰富的旅游资源、超高的城市吸引力的实际需求，重庆市公共场所国际化语言环境建设工作亟待加强。

一、国际语言环境建设工作成绩显著但差距犹存

为加强公共场所外语中英文公示语标牌的规范化设置，重庆市于2021

---

① 吕和发. 公示语的汉英翻译 [J]. 中国科技翻译，2004（1）：64.

年初成立了由市宣传部、市外办、市文旅委等部门共同组成的"重庆市公共场所外语标识标牌规范化设置工作联系会议机制"，出台了《重庆市公共场所外语标识标牌规范化设置工作实施方案》，并计划在建立重庆公共场所英语公示语标牌词条资源库的基础上，在相关区县试点推广双语公示语标牌及智慧媒体的安装设置。但是重庆至今尚未出台地方公示语英文译写规范，城市公共服务场所公示语标牌的英文译写及设置依然缺乏地方标准。同时，"政""产""研""用"未能建立良好的沟通机制，出现两头热（政府重规划、学界重研究、媒体报道热、社会关注热）、中间冷（城市公示语标牌实际设置单位对译写的重要性认识不到位、英文译写不规范）的情况，城市公共服务领域公示语英译的学术研究成果与城市公示语英译规范通则的制定、城市公共服务领域公示语英文译写的实践与服务对象（外籍人士）的文化习惯相脱节，影响了城市涉外服务功能的充分发挥。

二、公共服务场所公示语标牌缺乏"准入""退出"机制

全员参与性不强，"动态纠错"机制尚未建立。公示语标牌质量监管部门对公示语英文译写各环节（翻译、校对、排版、印刷）监管乏力，经常出现诸如字母疏漏、空格缺省、大小写不规范、语法错误等诸多低级别错误。市民即便发现公共场所外语公示语标牌出现错误信息，也会由于与监管部门沟通渠道不畅和整改滞后而得不到修正。某商铺为蹭热门景点的热度，在店铺外的人行道私自设置了双语多方向导向牌，除对自己的餐饮品牌进行形象营销（某某梁山鸡 Since 1981），还对附近的景点随意进行翻译："轻轨穿楼"被译为"incredible train"（意即"难以置信的火车"）、"抗战遗址博物馆"被译为"Liziba Park"（意即"李子坝公园"）。同时，户外双语标识牌由于长期日晒雨淋风化严重，许多字体模糊不清，缺乏有效监管和定期维护更新。

三、公共服务场所公示语标牌归口管理部门众多

按照"属地管理"和"谁主管、谁负责"原则，标识标牌设置责任主体划地为界，各自为战，译名不统一、不规范问题突出。重庆市内的旅游交通标志，高速公路、城市快速路、主城区已建城市道路、主城区新建城市道路、主城区以外各类道路（高速公路除外）沿线的旅游交通标志分别由市交通局、市政设施管理局、市公安局、市城乡建委和道路建设业主单位、主城区以外各区县人民政府等部门分头负责组织实施。反映二战时期中美联合抗战和美军援华历史的"飞虎队陈列馆"，主干道的景区交通指示牌、支马路商家自设的导向指路牌、渝中区全域旅游导览牌各执一词，出现"Flying Tigers Exhibition Hall""Flying Tigers Museum""Flying Tigers Memorial"三种译法。网红景点鹅岭二厂文创园景区内外标牌上演"双簧"，该景区是在民国时代中央印钞厂旧址上改建的一个文创项目，是英国设计师艾尔索普继在伦敦完成"TESTBED1"项目（即将一座废弃的奶制品厂改造的艺术空间项目）之后推出的系列作品，被命名为"TESTBED 2"，而景区大门外的标牌译名为（Plant Cultural & Creative Park）。

四、公共服务场所公示语标牌英译存在"缺位"和"越位"现象

公共服务场所公示语标牌英译的缺位主要体现在城市窗口单位、文化部门和基础服务设施（政务服务中心、文化书城、图书馆、车站码头、大型商场、餐饮行业等）设置的频密度不足。三峡博物馆为提升服务水平设立了"观众留言台"，留言簿上除了姓名、电话、邮箱、地址使用了中英双语，对于需游客留下具体意见和建议的博物馆"陈列展览""讲解服务""博物馆商品""安全保洁"等信息栏却只见中文，笔者翻阅了留言簿只见中国游客在上面留言，博物馆管理层无法采集到国外游客的意见建议。另外，城市公共场所安全隐患（施工现场、地质灾害频发地

点）的安全警示语以及应急管理和危机干预的标识语频密度不足，高速公路的应急救援电话只有中文标识信息。我国《公共服务领域英文译写规范通则》（GB/T 30240.1 - 2013）规定，党政机关的英文译写不得用于机关名称标牌。某管委会机关大楼党群纪检业务处室的楼层标牌赫然出现中英双语。

五、公共服务场所公示语标牌设置及更新滞后

随着城市化的进程不断加快，城市面貌日新月异，公共服务场所公示语标牌的设置和更新严重滞后，无法跟上市政设施建设一日千里的速度。另外，滥竽充数的翻译公司、鱼目混珠的"专业"翻译加上标牌承制企业责任心缺失，对翻译软件的过度依赖，导致城市公共服务场所标识标牌英译良莠不齐，规范性和准确性难以保证。

第四节　城市公示语英译中语用失误的主要类型

地球是平的，连锁商业、跨境物流、万物互联的全球化时代造成了城市生活的趋同化。由于城市公共服务体系如路桥交通、金融商业、餐旅文教、医疗卫生的趋同性，本节以重庆为样本，对我国城市公共场所中英文公示语的生态现状进行研究，总结出我国城市公示语英文译写的典型性语用失误。

一、望文生义的中式英语

"一个孩子从出生之日起就进入了民族语言流，他的母语决定了他一生的精神格局和语言行为。"① 英语属印欧语系，汉语属汉藏语系，汉英两种语言系统存在很大的差异。语言决定思维，译者受母语语言规则和

---

① 申小龙.汉语与中国文化［M］.上海：复旦大学出版社，2004：42.

表达习惯负迁移的影响，未能认识到两种语言在组织语篇时所存在的系统差异，没有考虑词语在不同语义场中的词义差异，甚至没有完整地理解源文本的语言、结构和意义，根据源文字面意思逐字对译，不可避免地在目的语使用中夹带中式英语。大礼堂是重庆的地标性建筑，其公示牌"关注大礼堂微信公众号进入语音讲解"提示游客邀请游客扫描二维码可开启"语音导览"等智慧旅游功能，译者生搬硬套源语的语序结构，牵强附会源语的字面意义，将其译为"Attention to the auditorium We-chat Public Number, listen to phonetic explanations"，应改译为"Subscribe our official We-Chat account to get access to the audio guide service"。某商场"小心地滑"的警示语"Carefully Slide"（意为"小心地""滑"）、某发廊"暂停营业"的告示牌"Business Suspension"、高速公路的警示牌"Don't Drive Tiredly"，译者抑或依靠翻译软件、抑或参阅翻译词典将相关词汇进行想当然组装拼凑，导致不规范、不地道的标牌四处可见，应采用英语国家的规范用法"Caution. Slippery. ""We are Closed""No Drowsy Driving"。

二、张冠李戴、译不符实问题

公共服务场所中英文标识标牌自说自话，意指相悖。某机场自动人行道的禁止标识牌"请勿嬉戏打闹"被译为"No reverse walking or running"，英语的意思是"禁止反向行走和奔跑"，应借译更符合英语文化习惯的"No Horseplay"。航站楼玻璃幕墙的标识牌"请勿倚靠、禁止攀爬"被笼统译为"Please Keep Away for safety"（为了您的安全，请保持距离），与原文初衷不吻合，应译为"No Leaning. No Climbing. "。酒店浴室的温馨提示"浴前请用防滑垫"被译为"Before shower bath, use smooth-proof mat"，"Shower"和"bath"在英文中分别代表"淋浴"和"泡浴"，属于两个洗浴概念，" – proof"作为后缀表示"防止"的意思，建议改为"Please use the slip-proof mat before taking the shower or bath"。"伪友词"源于法语"faux amis"，表示字面意义相同而实际意义完全不同的词语。貌合神离的伪友词是翻译中容易踩雷的陷阱，由于译者翻译水平有限，对看似相似实为不同的"伪友词"真假不分，想当然地张冠李戴，欢乐谷的"哺乳室"被译为"feeding area"（饲养区），"洗手液"被译为"hand lotion"（护手霜）。当代中国，公开哺乳违背公序良俗，在公共卫生间旁设置以"母婴同室"为特征的"哺乳室"的理念来自英语国家，其英译也应采取"名从主人"的做法，借鉴英语国家平行语境下所使用的"nursery"一词。同理，洗手液应改译为"hand detergent"。

三、专名通名不分问题

公共服务场所公示语中"专名"意指区分同类型场所、设施、机构的名称，具有唯一性特征，"通名"表示场所、设施、机构的共通类别属性。李家沱大桥"LI JIA TUO DA QIAO"、万象大道"WAN XIANG DA DAO"用汉语拼音代替英译，未表示出道、桥的类别属性。重庆天地的"浪漫广场"和"双喜钟楼"被译为"Romance Square""Double Happiness Bell Tower"通名、专名不分。翻译时应采用"通名英译、专名音译"策略，注意区分专名和通名，通名是标配、专名是变量。如"肖家河天桥"（XIAO JIA HE Pedestrian Bridge）、"李子坝正街"（LI ZI BA Main Street）、"菜园坝立交"（Cai Yuan Ba Interchange）。内环快速路路牌"NEI HUAN Expressway"，内环本身也属通名，应译为"Inner Ring Expressway"。山城巷步道是连接重庆上下半城、依山而建沿崖而上的街巷梯道，山城巷也是重庆唯一以"山城"命名的街巷，山城巷的"山城"是地名，属专名，山城巷步道在渝中区的全域导览牌被译为"Mountain City Lane Plank Road"，"Plank Road"为木栈道之意，而山城巷步道本身属于石板路山行步道，建议翻译为"SHAN CHENG Lane Walking Trail"。

四、过度翻译问题

"过度翻译的最直观表现是字面上通常指翻译中超出最小量、最恰当量的表述形式，而采用了冗余、啰唆的表现形式，过犹不及。"① 洪崖洞的景区人数核定告示牌"本景区日最大承载量为 12.2 万人"，原译为"The Maximum Daily Carrying Capacity of this Scenic Spot is 122 000 People Per Day"，"daily"（日均）和"per day"（每日）语义重复。公示语英译的一个典型性错误是"见字就译"，告示牌本就放置在"本景区"为"本景区"代言，"This Scenic Spot"的译文是多此一举，应予省译，可改译为"Our Maximum Carrying Capacity is 122 000 Visitors Per Day"。旅游观光巴士的告示牌"请到一楼马路边观光巴士站乘坐所需观光巴士"被译为"Please Take the Required Bus at the Sightseeing Bus Station on the Road on the First Floor"，原译累赘繁复不够凝练，可改译为"Please Take the Sightseeing Bus on the First Floor"。

五、社交语用失误问题

"社交语用失误是指跨文化交际过程中由于话语双方的交际规约、文化差异导致的语言表达失误。"② 中英文公示语的语用功能有时存在不一致的情况，汉语的公示语讲究委婉含蓄、循循善诱、以文化人，英语的公示语讲究逻辑理性、客（观）主（观）分离、以理示人，如果译者照本宣科对中文公示语进行对译、直译，会给外国游客一种"说教"和强加于人的感觉，让他们产生审美疲劳，同时也不符合相同语境下国外此类公示语的功能特征。"在'信息'与'移情'难以两全的情况下，目的语文本的信息功能要优先于移情功能。"③ 某小区关于爱护花草的提示牌"绿草茵茵踏之可惜"（The shadow of the shadow of the green grass, but a pity to tread on）、某"打卡墙"边的提示牌"尊重艺术家们的工作，

① 吕和发，蒋璐，王同军. 公示语汉英翻译错误分析与规范 [M]. 北京：国防工业出版社，2011：217.

② 黄蔷. 目的论观照下的公示语翻译原则探析——兼析重庆市公示语英译语用失误 [J]. 重庆理工大学学报（社会科学版），2015（2）：129.

③ Nord Christiane：Translating as a purposeful activity, functionalist approaches explained [M]. 上海：上海外语教育出版社，2001：63.

请勿在墙上乱涂乱画"（Please Respect the Works of the Craftsman. Don't Scribble on the Wall。），未能实现源语与译入语的语用功能等效，应分别省译为英语国家常用的"Keep Off the Grass"（远离草坪）和"No Graffiti"（严禁涂鸦）。

六、欠额翻译信息漏译问题

"欠额翻译指在译语中，原语信息被译者无视或打了不应有的折扣，即信息度过小，以致读者得不到理解原文意思的必要信息。"[①] 某植物园的警示语"美景共赏，请勿破坏""一草一木、请勿带走"分别被翻译为"Please Do No Break""Please Do Not Take Away"，属于信息漏译。电梯警示牌"火警地震时请勿乘坐电梯"被译为"Do not use elevator fire and earthquake"，连词"in case of"的漏译导致逻辑不清、意指不明。重庆作为抗战时期的陪都、第二次国共合作所在地，是世界反法西斯战争的英雄城市，留下大量弥足珍贵的抗战遗址。在旅游导览图中，"周公馆""戴笠公馆旧址"分别被译为"MANSION OF MR. ZHOU EN LAI""RESIDENCE OF DAI LI"，但这些"旧居""旧址"由于物是人非，应增加关键信息"former"，避免让海外游客产生时空错位的感觉。

七、胡译问题

胡译是指译文完全不能判断出基本的语法、词汇和相应的汉语源文。如某景区自动扶梯乘梯安全须知中"小心衣物夹入"被译为"Be careful clothes sandwich"、卫生间的"坐便器"被译为"sit implement"，译文扞格难通，艰涩难懂。

---

① 方梦之. 译学词典［M］. 上海：上海外语教育出版社，2004：2.

第五节 城市公示语的翻译原则

一、构建和谐的语境角色关系——礼貌性原则

"面子就是每个人意欲为自己争取的公共的自我形象。"[①] 佩内洛普·布朗和斯蒂芬·莱文森（Penelope Brown and Stephen C. Levinson）在"面子理论"的框架下，提出了"正面面子""负面面子""面子维护行为""面子威胁行为"的概念。"正面面子指希望得到他人的认可和肯定，或希望被视为同一群体的成员；负面面子指有自主的权利，有行事的自由，行为不受他人强制或干预。"[②] 公示语作为一种"以人为本"的公共服务信息，应该充分考虑服务对象的感情期待和心理体验，这就要求译者遵循礼貌原则，关照受话人的"面子"，同时注意保全自身的"面子"，构建施话人和受话人平等和谐的语境角色关系。

礼貌现象是语言运用的普遍现象，礼貌原则是公示语英译所应遵循的基本规则。服务特殊群体的公共设施公示语，其英译应避免贴上"弱势群体"的标签，避免损害他们的正面面子，从而缩小潜在的话语冲突。如采用"Wheelchair-accessible"（无障碍设施）代替"For disabled only"（残疾人专用设施），用"Priority Seating"（爱心专座）来翻译"老弱病残孕专座"。公示语语气强硬程度与"负面面子"受威胁程度正相关，公示语语气越强硬，对受话人约束限制功能越强，受话人自主决定行动的自由度就越小，其负面面子受威胁的程度也就越大。强硬的禁止类公示语"No…""…not allowed""…forbidden"，会给崇尚个性的英语国家受众一种咄咄逼人的感觉，损害他们的"负面面子"，引起受话人的消极应对甚至逆反抵制。可以采用较为礼貌的"Please be advised that…""Please

---

① Brown P, Levinson S. Politeness: Some universals in language usage [M]. Cambridge: Cambridge University Press, 1987: 24 – 61.

② 何自然. 新编语用学概论 [M]. 北京：北京大学出版社，2009：98 – 101.

understand that…" 等句式，通过把强制性语境转化为提示性语境，构建起施话人和受话人平等和谐的语境角色关系，让受话人心悦诚服地接受施话人的告诫。礼貌原则是跨文化服务意识的直接体现，可以产生良好的社会效益。酒店在非吸烟房放置了公示语 "Please be advised that there will be 200 Yuan smoking fee added to your bill if you smoke in this non-smoking room"，酒店以礼相待、"有言在先" 对住客进行禁烟提醒，住客自然也会对 "禁烟令" 积极应对。

翻译限制性公示语话可采取反话正译（negation）的方法，调整表达视角，转换表达的主体，减轻对受话人 "负面面子" 的冲击，给予他们善意的提醒而不是颐指气使的命令。如将 "非请勿入" 翻译成 "Authorized Access Only" 代替 "No Unauthorized Access"，"即停即走" 译为 "Drop Off and Pick Up Only" 代替 "No Standing"，"禁止触摸" 译为 "Hands Off" 代替 "Do Not Touch"。

幽默是人际关系的润滑剂，公示语交际中施话人处于强势主导地位，通过充满智慧带有喜感的幽默来规范约束受话人的行为，保全受话人的面子。重庆三峡博物馆身着汉服的少女手举 "Shh-hh！"（嘘）提示牌在展厅内笑盈盈地向游客示意，相信国外游客保持安静之外，也能心领神会这份幽默，比 "请勿高声喧哗" 更能起到事半功倍的效果。笔者在国外曾看到这么一则谢绝推销禁止语："No soliciting！We are too broke to buy anything, we know who we are voting for, we have found Jesus, and we love our Vacuum"（谢绝推销！我们囊中羞涩，我们知道要把手中的选票投给谁，我们已经找到了上帝，我们珍爱我们的 "真空"。）通过对经济状况、政治取向、宗教信仰的自亮家底，规避了与推销员的正面冲突，不动声色地将五花八门的上门推销拒之门外，而不是声色俱厉的 "禁而不止"。

二、内外有别，有所 "译" 有所 "不译"——必要性原则

随着我国出境旅游人数的增加，少数人的不文明行为被一些海外媒体夸大泛化成中国游客的 "通病"。公示语是城市的 "面子" 和 "里子"，侧面反映出公民的个人素质、民族的道德素养、国家的文明程度。公示语

的设立及翻译应当遵循必要性原则，正如时任北京市外办副主任刘洋在2007年4月11日北京市规范公共场所标识暨市民讲外语新闻发布会上讲的："总的原则就是根据需要，确实有必要，不可能所有的地方都是双语，这是必要的原则"。"景区严禁乱刻乱画""洗手盆禁止洗脚"之类针对少数"耗子屎"的警示语的设置和英译，容易让老外以点带面、以偏概全，误认为此类不文明行为是一种群体性现象，破坏我国礼仪之邦的文明形象，应予不译。"商品售出概不退换""严禁停车，违者放气"等野蛮的霸王条款以及"禁止随地便溺"等对我国对外开放传播有负面影响的公示语应予不译。

某观景平台文明游览公约"这里是看风景的地方，喝醉酒的、摆地摊的、野炊的、拾荒的、算卦的、乞讨的、跳广场舞的，通通别来，因为大煞风景啊"，源文充斥着强势群体（景区管理者）对弱势群体（拾荒乞讨者等）的偏见和歧视，景区也对此进行了直译。在"人人平等"的观念已深入人心的社会，对社会特殊群体的歧视性称谓，容易让译文受众甚至海外媒体质疑在我国对弱势群体缺乏人文关怀，因为免费开放的公共服务设施没有将特殊人群贴标签并拒之门外的道理，对特殊群体的称谓在这里没有必要译出，采用"Pedestrian Only（仅限行人）"既含义明确又规避了对弱势群体的轻视和冒犯。

三、以"人（受话人）"为本——服务性原则

英语公示语的服务对象是以英语为母语或者第二语言的来我国进行长短期工作、留学、生活、旅游的外国友人，公示语翻译的主要目的是通过为服务对象提供准确明晰、密度和频度适宜的食宿行游购娱等公共信息，来实现信息传播、商业营销、形象宣传、社会公益、危机防范、应急管理等社会功能，归根到底，是一种社会服务性功能。公示语管理部门应加强"和而不同"下的中西合作，倾听外国专家和服务对象的建议和声音，了解公示语受众的语言习惯、文化习俗、实际需求和心理期待，使公示语的英译做到有的放矢、精准高感。公示语属于应用文体，其英译须以人（受话人）为本，符合英语表达习惯和思维，让目的语读者对公示语译文的反

应等同于源语读者对公示语源文的反应。公示语的翻译应按照方梦之[①]提出的"达旨"（即明确公示语的预期目的）、"循规"（即遵循译入语文化规范），"共喻"（即达成源文读者与的语读者相同的读者效应和文化移情）三原则进行。

根据关联理论，"认知语境是一种心理建构体，是一系列存在人们大脑中的假设"[②]。在公示语英译中，由于施话人（公示语作者）和受话人（公示语受众）的人生体验、知识架构、认知语境的差异导致信息意图与交际意图剥离现象时有发生，完全以中文公示语为归宿，一字不落的"全译"、亦步亦趋的"对译"、宁"死（译）"不"曲"的直译等"自说自话"的译文在跨文化语境的交际性和可读性非常有限。很大一部分公示语英译语用失误均是由于译者受汉语思维影响，生搬硬套"生造"出不符合英语表达规范、带有明显"中式特征"的洋泾浜英语（Chinglish）或者叫作"中式英语"。某停车场自助停车收费的告示牌提示车主可以"使用微信或支付宝扫码支付"，其英译为"Use We-Chat or Ali-pay sweep code payment"，汉字一字多义，不同的认知语境下具有不同的内涵意义和搭配意义，扫地的"扫"是打扫之意，扫码的"扫"是扫描之意，两者是词汇语义场的不对应部分，而译文却混为一谈。公示语英译中，译者应判断源文的认知语境及信息交际意图是否与公示语受众所共享。如果是，可以选择直译，因为受话人几乎不需要复杂的推导就可以理解源文的信息意图；如果不是，就应兼顾源文的信息意图及受话人的语言习惯，遵循"服务性原则"，发挥译者主体性，在译文认知语境中进行动态的语言选择，通过对译文进行一定程度的语用加工使其成为特定的语境化信息，实现公示语源文试图传达的语境效果。支付宝和微信的二维码是一种"快速响应码"（Quick Response Code），缩写为"QR code"，前文的扫码支付停车费可改译为"Use We-Chat or Ali-Pay to pay the parking fee by scanning the QR code above"。"In session, Don't disturb."这一译文可扩展为"De-

---

① 方梦之．译学词典［M］．上海：上海外语教育出版社，2004：70．

② Sperber D，Wilson Relevance. Communication and cognition［M］. Oxford：Blackwell Publishers Lt．，1986：15．

tour. Road work ahead. " "Ambulance entry. Do Not Block the driveway",译者通过对"在开会""道路施工""内有救护车出入"等背景信息进行语境补全,弥补施话人和受话人间的信息差,使受话人对施话人"请勿打扰""绕道而行""不要堵占通道"的诉求觉得事出有因,情有可原。

"世界各地文化都有各自的独特文化现象与内容,相对其他文化而言,就成了文化专项。"① 公示语英译是给"老外"提供的公共服务信息,译者应该树立以"服务对象"为中心的观念,考虑受话人的文化背景、知识内存,对文化缺省项进行变译,填补受话人的文化真空。我国具有悠久的历史底蕴和丰富的文化内涵,旅游公示语中许多景点、地名、人物、风物都有内涵、有典故、有出处,对大多数受话人而言均是文化缺省项,译者需主动构建文化身份的本土意识,采取音译、译借、加注、语义再生等间接性翻译手段进行必要的文化补偿,把语际间的字面转化拓展为本民族文化信息的内涵阐释。很多"故居""旧址""遗址"类景点早已物是人非、时过境迁,但外国游客对这一情况并不了解,因此在译语中应增加关键信息"former"(原来的)来重构时空语境以避免服务对象产生误解。例如"茅盾故居""澳大利亚公使馆旧址"应分别被译为"Former Residence Of Mao Dun""Former Site of the Australian Legation"。

四、去繁就简,去虚译实——简明性原则

英语公示语信息性文本功能突出,具有用词简明、句式严谨、风格简约、言尽其意、通俗易懂的特点。英语与汉语是东西方文明最具代表性的两种语言,二者在语言结构、特征、风格、形式方面存在诸多差异。公示语汉译英过程中,为更好地实现语际的互文性转换,应充分关照公示语服务对象的语言习惯、审美情趣及期待视野,去繁就简,去虚译实,实施"省力原则",对源语进行分析、转换和重构,对冗余信息施以"减肥术",提取核心信息,传递关键概念,实现相互理解,达到交际意图。拒绝酒驾公示语"酒字旁边三点水,酒驾之后是泪水",译者与其费时费力

---

① 金惠康. 跨文化旅游翻译[M]. 北京:中国对外翻译出版公司,2009:367.

解释汉语方块字的偏旁部首与酒驾悲剧的联系，不如用"No Drunk Driving"让受话人"秒懂"酒驾的严重后果。"快来冲厕所，哼哼哈兮，一身香气"使用流行歌曲《双节棍》元素让公共卫生间公示语充满了现代气息，机械硬译会脱离译语的文化语境、不符合目的语读者的认知经验，建议省译为"Flush After Use."（使用后请冲水）。

简洁明了的公示语可以在城市森林的海量信息中脱颖而出，让人一目了然、过目不忘。消防通道公示语"常闭式防火门，请保持关闭"被译为"Please keep the Normally Closed Fire Door Close"，防火门常关是常识，"保持正常情况下关闭着的防火门关闭"的译法画蛇添足，应改译为"Keep the Fire Door Closed"。"请勿使用闪光灯"的译文"No using flash lamp while taking pictures"存在过度翻译问题，译文的信息量超过了源文的信息量，可直接使用"No Flash"。

五、全球化语境下的公示语平行进口——规约性原则

"世界各国都以国际标准、国家标准、地方标准、行业标准的形式推广规范公示语及图形信息，规约性是公示语翻译最突出的特点。"① "在全球化这个宏观语境范围内，现代城市功能、交通网络、建筑布局都在功能方面吸取了世界最领先的科技理念，率先实现了全球化。在机场、酒店、超市、剧院、赛场等国际化程度较高的处所、语境中，'中国元素'应用极为有限。"② 公共服务信息译写应符合英文使用规范，并尽量使用英语国家同类信息的习惯用语。英语公示语具有高度的标准性、规约性和沿袭性，对与我国应用场景、语用功能、服务对象、受众反应完全对等的英语国家公示语，可以采取整体平行进口的方式进行借译或回译。例如：地铁提示语"注意站台空隙"被译为"Mind the gap between the platform and screen door"，伦敦地铁站台接近车厢处会画出黄白两条间距较窄的双实

---

① 方梦之. 应用翻译研究：原理、策略与技巧［M］. 上海：上海外国教育出版社，2013：74 – 76.

② 吕和发，蒋璐. 公示语翻译［M］. 北京：外文出版社，2011：47 – 62.

线，在地铁停靠站台车门打开乘客上下车处的位置书写"MIND THE GAP"，同时，站台还循环广播"Please mind the gap between the train and the platform"（请注意车厢与站台的间隙）。同理，地铁车门的"当心夹手"（原译：Caution，Risk of Pinching Hand）可以改译为英美国家地铁常见的"Keep Hands Clear"或者"Pinch Point. Watch your hands"。被广泛运用于公共卫生间的自动出水龙头、自动出纸机的自动感应功能，可借用英语国家常用的"Automatic""Motion-Activated"来实现对应。基于公示语源文与译文文本互文性特点，对属于全人类共时性认知体验的公示语应采用英语约定俗成的规范化用语，符合英语国家受众的语言习惯，避免翻译多元化可能产生的歧义，更容易让受话人感同身受。比如森林"严禁明火（No open flame）""人行横道减速慢行（Pedestrian Crossing. Slow Down. ）""如遇火警，切勿使用电梯（Do not use elevator in case of fire. ）""携带托运行李离开请出示行李票（Please have your claim check available when exiting with baggage）"。

"回译是把译文译回原文的过程，是对舶来词完璧归赵的特殊翻译，其本质是名从主人的'零翻译'。"① "史迪威将军博物馆"被译为"General Shidiwei Museum"，其中的"史迪威"（Stillwell）作为英文专有人名被硬译为"Shidiwei"，需要采用"名从主人"的原则改译为"General Stillwell Museum"。目前，我国绝大多数规范汉语公示语都可以在英语源语中找到他们的原型。从英语国家引进的公示语，其英译原则上都应该追本溯源，让他们认祖归宗、恢复他们在"原籍"的"原名"，"Manicure Shop""Sheraton Hotel""Outlets"就是对"美甲店""喜来登宾馆""奥特莱斯"（专门销售过季名牌的工厂直销店）等"舶来公示语"的文化还原。

六、语气适切性原则

根据语用学的"言语行为理论"（speech act theory），说话即是做事。公示语作为一种指令类施为性语言，通过温馨的提示（油漆未干——Wet

①　黄蕾. 当代汉语新词英译中的误译现象及对策研究［J］. 外国语文，2019（6）：114.

Paint)、客观的指示（租车服务——Car Rental）、直白的限制（限速 80 英里/小时——Speed Limit 80 MPH）、强烈的警示（危险！有毒！——Danger！Toxic！）、生硬的禁止（请勿入内——No Entry）来实现以言指事、以言行事、以言成事的目的。公示语在实际运用中具有提示性、指示性、限制性、警示性及禁止性五种示意语气。警示类公示语又分为一般性警示语气：如"注意台阶"（Watch the Step）；可能导致人身伤害需要引起特别注意的警示语气："当心落物"（Caution. Falling Objects）；危险性极大需要引起高度重视的严重警告语气："危险！腐蚀性物质，避免与皮肤和眼睛接触（Danger. Corrosive. Avoid contact with eyes and skin）"。应用语境和语用功能不同，公示语采用不同强硬程度的语气，来实现对受众行为不同程度的约束和限制。翻译不仅要实现语际概念意义的转换，同时也要实现风格意义和语境意义的转换。汉语公示语，尤其是劝导功能的提示语辞藻堆砌和同义重复现象明显，多以文学诗意风格登场。爱护花草的告示语"青青绿草地，悠悠关我心"（Gently green grassland, leisurely please my heart），译者围绕"规劝行人爱惜花草"这一意念主轴，将中国人的审美意趣和思维观念强加在外国朋友身上，希望游客能读出"言外之意"，但译文不符合相同语境下国外此类公示语的禁止性功能特征，可采用"Keep Off the Grass"一言概之。某湿地公园"保护一池碧水、营造一片宁静"公告牌旁边却画有禁止下河游泳的标志，应直接译出它的禁止语气"No Swimming"。白金卡会员可以延迟退房至下午两点（Kind Reminder：Platinum Elite Members May Check Out As Late As 2 P. M. ），酒店有义务对客人告知"延迟退房"这种隐形福利，情态动词的使用凸显了酒店对宾客善意的提示语气。"当心扒手！如有遗失，概不负责。"的译文"Please take good care of your personal belongings（请妥善保管你的随身物品）"使用了委婉的暗示语气，由于游客要钱责自负，游客就有对"此处有扒手出没"信息的知情权，而原译文轻描淡写完全没有任何警示语气，普通游客无法从公示语中体会出"话里有话"，建议译为"Beware Of Pickpockets.（小心扒手）"。

第六节 关于改进城市公共场所公示语英译状况的思考

一、宏观层面

"现代城市功能、交通网络、建设布局和景点建设都在功能方面汲取了世界最领先的科技理念，在机场、酒店、超市、剧院、赛场等国际化程度较高的处所及语境中，'语境'国别元素使用降到最低，'中国元素'应用极为有限，目前国内绝大多数规范汉语公示语都可以轻而易举地在英语源语中寻到他们的原形。"① 公共服务领域各行业可加强对国外约定俗成的公示语的学习和借鉴。2017 年，国家标准委、教育部、国家语委联合发布了《公共服务领域英文译写规范》系列国家标准，该标准是关于公共服务领域英文译写的国家标准，规定了包括交通、旅游、文化、餐饮等13个服务领域的英文译写原则、方法和要求。各大城市应加强该标准中有关公共服务领域英文译写规范和书写规范的学习、培训、推广和应用，将该标准所提出的 3 500 余条规范译文作为公共服务场所标识标牌英译的重要参照。

二、中观层面

原中国翻译协会常务副会长陈明明曾在"公示语外译助力城市国际形象塑造专题论坛"上指出："公示语对于城市国际化具有重要意义，优则成为中外交流的方式，劣则将被当作一个笑柄或疮疤"。我国各大城市可集思广益，整合公共服务领域中英标识标牌的监管、设置、研究、使用，整合"政""产""研""用"各个层面的各方资源（"政"，即政策引领层面：外事部门、语言文字机构、文旅部门等公共场所中英双语标识牌的

---

① 吕和发，蒋璐. 公示语翻译 [M]. 北京：外文出版社，2011：1–5.

质量监管部门；"产"，即公共服务领域标识语英译的委托单位、翻译服务机构、标牌制作机构；"研"，即城市公共场所标识语英译研究者；"用"，即公共场所标识标牌英译文本的"用户"，包括来华工作、留学、旅游、经商的外籍人士等），通过"政府统筹、部门联动、行业自律、专家会诊、出台规范、专题培训、媒体监督、横向调研、老外参与、全员纠错"等举措，形成部门、行业、区域、社会密切协作联动的城市公共服务体系国际化语言环境长效建设机制。同时，建立全社会共同参与、全过程严格监管的公共服务场所中英标识标牌"准入、审核、纠错、退出"的动态管理机制，提升城市的公共服务能力水平和国际化形象。

三、微观层面

很多公示语标牌中出现的中式英语、胡译、误译都与译者语言不够精通，仅凭翻阅词典和借助翻译软件开展翻译工作有关。"就公共服务场所公示语标牌英译而言，仅仅翻阅词典的'眼见'不足以支持服务特定功能、具有独特语用规律的'现实'。"① 作为公共服务领域公示语的翻译人员，应增强双语素养、跨文化交际的敏感性以及"读者意识"，明确这些公共场所公示语的服务对象是来中国进行公务、学习、生活的以英语为母语或外语的常住外籍人士以及来华旅游和参加国际会议、赛事等的短期流动性外籍人士，关照到他们的阅读习惯、心理体验，加强对国际旅游目的地和国际中心城市的公示语标牌平行语料对比及公示语术语化研究，加强对服务对象的心理及需求调查研究，使公示语译文规范化、标准化的同时，符合目的语语境要求和英语语用规律，从而让服务对象能更好地体验中国、了解中国。例如可根据警示性、限制性、指示性、提示性等公示语不同的语用功能采取不同的译法，从而确保语气适切。对汉语标识语英译时应符合英语标识语言所具有的简明性、规约性、服务性、

---

① 吕和发，蒋璐，王同军. 公示语汉英翻译错误分析与规范 [M]. 北京：国防工业出版社，2011：117.

国际性等语言特点，同时注意"内外有别"，不要见字就译、译无巨细、自译自乐，避免在服务对象心中形成"文化上强加于人、语言上冗余啰唆，译法上僵直中式、语用上背离语境、交际上漠视对象、思维上迂腐石化"① 的印象。

---

① 吕和发，蒋璐，王同军. 公示语汉英翻译错误分析与规范［M］. 北京：国防工业出版社，2011：217.

第八章　应用翻译实践——中国特色词汇的翻译①

第一节　中国文物中文化专有项的英译——以中国国家博物馆文物解说词为例

一、中国文物中的"文化专有项"

近年来，伴随着《国家宝藏》《我在故宫修文物》《如果国宝会说话》等文博类节目的走红，"博物馆热"在华夏大地持续升温。中华文明上下五千年，每一件文物都是承载历史记忆、传承文化血脉、蕴藏民族特色、凝聚先人智慧的国之瑰宝，是中国向世界展示自身五千年漫长而恢宏演进历程的一块块历史拼图，是中国形象对外传播的优秀文化载体。

中国是一个文物大国，文物中所蕴含的本土文化和民族特色信息十分丰富，文物解说词里常出现包括民俗风物（如鼎、簋、如意、兵符）、宗教神灵（如观音、阎王）、历史朝代（如春秋战国）、历史人物（如乾隆、关羽）、专有地名（如景德镇、哥窑）、传统工艺（如贴塑、鎏金、天青

---

① 本章引自笔者发表于《外国语文》2019 年第 6 期的《当代汉语新词英译中的误译现象及对策研究》以及发表于《重庆科技学院学报（社会科学版）》2022 年第 1 期的《全球化语境下中国文物"文化专有项"的英译策略——以中国国家博物馆文物解说词为例》。

釉）、祥瑞纹饰（如真子飞霜纹、杏林春宴款）、铭文篆字（如"永受嘉福"瓦当）、传统观念（如事死如事生、黄道吉日、五行、八卦）、民间风俗（如猜拳、斗鸡、哭嫁、祭祀）、社会制度（如科举考试、三教九流）等大量文化专有项（cultural specific item）。在全球化语境下，翻译好这些中华民族特有的信息极为重要，这些独具内涵的"中国元素""中国意象""中国符号"，是中国与世界文明对话交流、讲好中国故事、阐释中国价值、提升中国文化国际影响力的一张张"金色名片"。

二、艾克西拉的文化专有项翻译策略

每一种文化都具有言说世界的自身结构，即文化结构。"这种结构对文化中的每一种因素都具有阐释意义，这使得同样一种元素在不同的文化结构中具有不同的意义空间和位置。"① 西班牙翻译学者艾克西拉（Aixela）把这种在译语文化系统中不存在对应项目，或者与该项目有不同文本地位且容易发生翻译困难的词语，定义为文化专有项（cultural specific item）。当源语与译语之间语言形式与语境特征的缺失，造成一定程度上的语言不可译和文化不可译，译语文化系统里就会出现"语义缺省"项或"文化缺省"项，成为极易影响译文理解的意义真空，这也是跨文化交际翻译的重点和难点。

艾克西拉②从美国作家达希尔·哈米特的侦探小说《马耳他之鹰》（*The Maltese Falcon*）的 3 个西班牙译本中，观察到 11 种处理文化专有项的策略，包括重复（transference）即照抄原词、转换拼写（orthographic adaptation）、语言翻译（linguistic translation）、文外加注（extra-textual gloss）、文内注释（intra-textual gloss）、同义词（synonymy）即使用不同的方式来翻译同一个文化专有项、有限世界化（limited universalization）即选用译文读者较熟悉的另一个源语文化专有项来替换该文化专有项、绝

---

① 金惠康. 跨文化旅游翻译［M］. 北京：中国对外翻译出版公司，2009：363.

② Aixela. Culture-specific items in translation［M］//Alavarez R, Vidal M. Translation, power, subversion. Clevedon：Multilingual Matters, 1996：52 – 60.

对世界化（absolute universalization）即选用中性的非文化专有项来替换该文化专有项、归化（naturalization）即选用译语文化专有项来替换源语文化专有项、删除（deletion）、自主创译（autonomous creation）即引进原文所无的源语文化专有项，其中前5种是保留法、后6种是替换法。"艾克西拉强调，他的分类法及其排列方式并非试图客观描述实际存在的类别，而是着眼于方法学上的用途，旨在提供一个框架，以便迅速发现译文的整体趋势是要'读来像其原文'还是要'读来像原文'。"①

三、中国国家博物馆文物解说词文化专有项的翻译策略分析

"中国国家博物馆（以下简称国博）是代表国家收藏、研究、展示、阐释中华优秀传统文化代表性物证的最高机构，是我国最高历史文化艺术殿堂，现有藏品数量140万余件，几乎涵盖了所有文物种类。"② 国博在向世界展示中国文物方面经验丰富，是中国文化国际传播的集大成者。本章共收集国博中英对照文物解说300余条，参照艾克西拉的方法对其中含有文化专有项的词条进行了归类整理（见表1），发现国博主要采用了语言翻译、转换拼写、文内加注、归化、绝对世界化和删减6种翻译方法。限于篇幅，在此仅选用部分译例来展示国博文物解说词中文化专有项的翻译策略。

表1　　　中国国家博物馆文物解说词中文化专有项翻译策略统计

翻译策略	译例1	译例2
语言翻译	凤冠 Phoenix Coronet	虎符 Tiger Tally
转换拼写	三彩 Sancai	麒麟 Qilin

---

① 张南峰. 艾克西拉的文化专有项翻译策略评介 [J]. 中国翻译, 2004 (1): 19.

② 中国国家博物馆. 国博简介 [EB/OL]. [2021-08-23]. http://www.chnmuseum.cn/gbgk/gbjj/.

续表

翻译策略	译例1	译例2
转换拼写 + 语言翻译	法门寺 Famen Temple	"国宝金匮直万"青铜钱 "Guobao Jinkui Zhiwan" Bronze Coin
转换拼写 + 文内加注	魂瓶 Hunping（funerary urn）	刘修 Liu Xiu，King of the Zhongshan State
转换拼写 + 语言翻译 + 文内加注	"妇好"青铜鸮尊 "Fu Hao" Bronze（wine vessel）in the Shape of Owl	仰韶文化 Yangshao Culture（c. 5 000 B. C—3 000 B. C）
转化拼写 + 归化	铺首 Pushou（doorknocker）	《编年纪》 Bian Nian Ji（Annals）
绝对世界化	傀儡戏 puppet show	金缕玉衣 Jade Shroud Fastened with Gold Threads
删减	"灵山孕宝"群兽铜镜 Bronze Mirror with Auspicious Animal Design	"皇帝之宝"玉印 Imperial Jade Seal
归化	陆羽 Saint of Tea	螺钿 Mother-of-pearl

四、中国文物解说词中文化专有项的翻译原则及方法

（一）术语统一、形式规范原则

文物术语的翻译应具有规约性、准确性、简明性、单义性和国际性等特点。中国文物的文化专有项包含大量造型、纹饰、釉色、材质、工艺、款式等术语，因此，国博在翻译这些文物术语时十分注重译名的统一，例如用"…shaped"来表达文物的造型：马蹄形（hoof-shaped）、马头形（horse-head-shaped）、葫芦形（double-gourd-shaped）；用"with…design"来描述文物的纹路：花鸟纹（with flower-and-bird design）、几何纹（with geometric design）、菊瓣纹（with chrysanthemum design）；用"…glazed"来反映文物的釉色：青白釉（green-white glazed）、玫瑰紫釉（rose-violetglazed）、粉青釉（lavender-gray-glazed）、单色釉（polychrome-glazed）。又比如，由于陶俑是中国古时替代了"人殉"的一种墓葬雕塑，国博将"陶俑"译为"tomb figurine"（墓葬俑），并将此译法应用到不同造型的陶俑之中：吹笛陶俑（tomb figurine of a flautist）、击节板陶俑（tomb figurine of a clapperboard player）、彩绘陶持壶西域俑（painted tomb figurine of merchant from the regions west of China holding a pot）、彩绘陶贴金仪卫俑（painted and gilded tomb figurine showing ceremonial guard）。"画像砖"起源于战国时期，是古代嵌砌在墓室壁面上的一种图像砖，主要反映墓主人饮食起居、舞乐百戏等各类生产生活场景，国博对此也统一采用"brick depicting + 图案"的译法：盐场画像砖（brick depicting salt panning）、庖厨画像砖（brick depicting a kitchen scene）、酿酒画像砖（brick depicting wine brewing）、舂米画像砖（brick depicting the pounding of rice）、妇女斫鲙画像砖（brick depicting a woman gutting fish）。同时，为避免因术语的多元化引起理解的歧义，国博也大多使用中西方文博界约定俗成的英文译名来描述文物外观造型和制作工艺等特征，如鎏金（gilded）、粉彩（famille rose）、彩绘（painted）、镂空（openwork）、贴花（appliqué）、景泰蓝（cloisonne）等。

而文物作为历史的遗存，总是以一定的形式和形制存在。国博对各类文物都遵循一定的定名规范，因此其英文译名也是由各个构成要素在"词素层"翻译后系统组装得来，同样具有高度的规约性，例如瓷器类文物一般按"窑口 + 釉色 + 图纹特征 + 形制"方式定名，其英译就是"...ware" + "...glazed" + "文物图纹英文" + "文物形制（缸、罐、杯、瓶、盆等）英文"——钧窑玫瑰紫釉花盆（Jun ware purple-glazed flower pot）、景德镇窑青白釉注子与温碗（Jingdezhen ware green-white glazed washing bowl and ewer）、耀州窑青釉刻花围棋盒（Yaozhou ware green-glazed incised flower decoration go case）；又如"釉上彩"又称"炉彩"，是在瓷器釉面上用彩料绘制纹饰并二次入窑、低温固化的一种陶瓷装饰技法，主要包括斗彩、五彩、粉彩等具体工艺。国博在翻译"釉上彩"瓷器时常用"over-glazed enamel" + "工艺技法英文" + "文物形制英文" + with + "图纹特征英文"的固定形式——斗彩雉鸡牡丹纹缸（over-glazed

enamel doucai vase with pheasant and peony）、粉彩折枝花卉纹六方碗
（over-glazed enamel Famille rose hexagonal bowl with flowers and plants）、
嘉靖五彩鱼藻纹盖罐（over-glazed enamel wucai pot with lid with design of
fish among aquatic plants）。

（二）保留意象、文化传真原则

在漫长的演进过程中，中国文化逐渐形成了自己的个性，中国文物
解说词中的文化专有项蕴含着独特的历史文化内涵，这就要求译者应以
源语文化认同为出发点，恪守本土语言规范，通过揭示和凸显本土文化
的独特性（cultural uniqueness）和差异性（cultural otherness）让世界了
解中国的文化特质，从而实现中华民族文化身份的建构。对此，国博主
要采用了转换拼写、语言翻译、加注释义等翻译手段来保留中国文物的
文化意象。

转化拼写法即音译法，这种以源语文化为归宿的翻译方法可以在很大
程度上保留源语的语言风格和民族特色，从而达到宣传中国文化的目的。
值得一提的是，音译法是向英语世界输出汉语借词的重要途径，这种"翻
而不译"常常用于已被西方文博界广泛接受的中国文化专有项，其中的概
念意义和文化内涵已通过前期的译介为译入语文化所悦纳，对于交际双方
都有"不言而喻"的意义，成为"文化共识"的一部分，例如：中国瓷
都景德镇（Jingdezhen）、三彩（Sancai）、瑞兽麒麟（Qilin）等。

不同民族对某些事物（如自然现象）的历时性文化体验和共时性文化
感受的高度相似性，使得文化移情在一定程度上成为可能，这让部分文物
解说词中的文化专有项通过语言翻译保留住源文的字面指示意而为译文受
众所理解成为可能，比如"妇女束发雕砖"（woman-binding-up-her-hair
carved brick）生动再现了雕砖中的妇女结发戴冠的场景；"张掖太守虎
符"（tiger-shaped tally issued to prefecture of Zhangye）确切指明了这是颁
发给张掖郡的虎形符牌；"小篆体"的英译"small seal script"反映出这
是一种形体笔画省简、用于铭铸的汉字手写体；"云雷纹"（cloud-and-
thunder pattern）让西方游客对纹路指示的内涵一目了然；卜骨（oracle
bone）清晰传达出这是一块"寻求神谕的骨头"。

中国文物解说词包含大量的历史朝代、文化人物、民俗风物、文化符号等专有项，其中所蕴含的人文信息是中华民族的文化默契，但对译入语来说却是全新的命题，因而无法产生心照不宣的文化移情。通过文内加注可以对处于"我"知"你"不知的"文化隐蔽区"中不为译入语所了解的文化信息进行注解及阐释，从而弥补这些意义的真空，是国博较常使用的翻译方法。"对于外国游客不太熟悉的文化专有项采取加注的方式揭示其中的文化内涵是进行文化移植的一种有效翻译补偿手段"①，具体来说，可以对历史朝代加注起始年代、对文化人名加注生卒年代与身份事迹、对民俗风物加注功用内涵等，例如"明朝宣德年间"——Ming Dynasty Xuande period（1426～1435）、"老子"——Laozi（about 571 B. C～471 B. C），a thinker of the Chu State in the final years of the Spring and Autumn Period，he was the founder of the Taoism、"关中地区"——Guanzhong area（now the central Shaanxi plain）。

"蝠莲纹"（见例62）是中国的一种祥瑞纹饰，国博采用文内加注翻译法，揭示出该纹饰是通过谐音双关（"蝠"通"福"、"莲"通"连"）在表达"幸福相连"的美好祈愿。

◉例62◉

蝠莲纹

bat-and-lotus design（one of the traditional auspicious designs in China. The Chinese character for "bat" has the same pronunciation as the one for "happiness"；and the lotus，which emerges unstained from mud，is regarded as a noble plant，the Chinese character for it has the same pronunciation as the character for "unbroken". Thus the bat-and-lotus design implies unbroken happiness.）

---

① 黄蕾. 跨文化交际视阈下的旅游宣传资料英译研究［J］. 重庆工商大学学报（社会科学版），2015（4）：122－128.

（三）审美认同、话语等效原则

"不同文化对同一文本会有不同的解读，对不同于自己的文化中的语言更有一种本能的曲解，其结果可能是意指相同而意谓不同。"① 英语与汉语分属印欧语系和汉藏语系，是东西方文明最具代表性的两种语言，二者在语言结构、特征、风格、形式方面存在诸多差异。完全以源语为归宿，一字不落的"全译"、亦步亦趋的"对译"、宁"死（译）"不"曲"的直译等"自说自话"的译文在跨文化语境中的交际性和可读性非常有限。然而，"翻译即交际，译文只有被译文受众理解才具有翻译价值"②。译者在对中国文化专有项进行翻译时，应树立跨文化交际意识，摒弃"自说自话"的民族中心论（ethnocentrism），要充分关照译入语受众的语言习惯和思维方式，追求源文和译文的语义连贯，使译文读者能够像阅读源文一样获得等值的理解体验。因此，在以文物的文化专有项为载体进行文化传播时，也"必须采用传播受众熟悉的话语和话语体系，'确保我们在同一个频道上说话'，从而实现翻译中的话语等效"③。对此，国博主要采用有限世界化、归化法、删除法等翻译手段来实现话语等效。

绝对世界化是采用非文化专有项（中性词）来翻译文化专有项的一种做法。文物遗存着古代的信息，因此，文物解说词不可避免地包含了大量的"古语言"。这些语言由于脱离了原先的文化语境和使用环境，随着时代的变迁，已成为现实世界中的"陌生人"。这就意味着译者首先要通过"释古"缩短历史与现实的时间距离完成"语内交际"，同时再通过"释义"缩短源语文化与译语文化的空间距离完成"语际交际"，最终达到对文化专有项的"释疑"，例如商代文物"王令众人协田刻辞牛骨"记载的是商王命令众人进行"协田"的活动，这个文化专有项的翻译要点就在于要让对方理解"协田"是古时众人在土地上集体耕作的行为，对此，国博将其译为"collective Farming"，这种以现代化的语言来解读中国传统的农

---

① 金惠康. 跨文化交际翻译续编 [M]. 北京：中国对外翻译出版公司，2004：5.

② 黄蔷. "功能对等"理论观照下的学术论文摘要英译研究 [J]. 重庆科技学院学报（社会科学版），2019（1）：68-72.

③ 祝朝伟. 翻译的话语等效与对外话语传播体系创新 [J]. 中国外语，2020（2）：4-12.

耕文化的翻译方式，成功地完成了语际译介，实现了话语等效；"步摇"是一种中国古代妇女的重要头饰，多用金玉制作，当佩戴者行走时，饰物随着步履的颤动而不停地摇曳，故得名"步摇"，然而译入语中并没有直接精准的词语能传达这种形、韵、音、意皆美的"因女子行步而动摇"的文化意象，为减少译文读者理解的负担，国博便采用绝对世界化的翻译方法，将其译为"gold hat ornament"，强调了步摇的材质和功用，即"金子做成的帽子装饰物"。

此外，由于文物名称通常包括大量款识、造型、图纹、工艺、釉色等外观信息，国博在为文物定名时遵循"以类别定通名、以特征定专名"的原则，观其名则知其貌。"而英语平行文本强调表达的简洁性，且由于文物外观对游客来说是直观可见的，因此，英译文物解说词时常使用减译法、删减文物外观描写和文物外观评价的内容。"① 例如"乾隆款剔红百子宝盒"（red lacquer box carved with one hundred children）、"河内太守"青铜虎符（tiger-shaped bronze tally）、"绿釉凤首瓶"（green-glazed porcelain vase）的英译，就分别删除了款识、铭文、形状等可能会造成译入语读者理解困难的干扰项，仅保留了文物的关键性特征，使得译文简洁明了且满足受众的审美体验。"这种因为输入的文化信号激活不了应激活的文化关联，或者译者的交际对象记忆里根本就没有相关的文化预设备用的现象，在跨文化交际中十分典型。"②

"'济南刘家'功夫针铺铜版"（见例63）是北宋时期用来印刷针铺广告的青铜模版，被认为是世界现存最早的商业印刷广告实物。国博的英文翻译舍弃了中文解说词中关于"白兔捣药""铁杵磨针"的历史典故，删除了广告词所反映的针铺的商标、商品质量、商家服务等具体内容，只保留了文物的功用和历史价值等关键信息，"使字面上有失信而意义不背原文"③。

---

① 邱大平. 大英博物馆文物解说词对中国文物英译的启示 [J]. 中国翻译，2018（3）：108 – 112.

② 王建荣，郭海云，孙倩. 文化预设视角下的文物英译策略研究 [J]. 东岳论丛，2010（6）：183 – 186.

③ 李芳. 中国博物馆解说词英译策略 [J]. 中国翻译，2009（3）：74 – 77.

●例63●

"济南刘家"功夫针铺铜版

中文：这块青铜版是用来印刷广告的，印版上方标明店铺字号"济南刘家功夫针铺"，中间刻有一幅"白兔捣药图"，图案两侧注明"认门前白兔儿为记"。图案下方是广告词"收买上等钢条，造功夫细针，不误宅院使用。别有加饶。请记白。"这也是目前已知世界上最早的商标广告。

英文：Copperplate for Printing Needle Shop Advertisement, inscribed with a logo and message advertising the needle shop of the Liu family at Ji-nan. It is the earliest extant evidence of commercial advertisement.

"西王母"（见例64）又称"阿母""金母""瑶池老母""王母娘娘"等，"其形象经历了从掌瘟疫刑杀的半人半兽之神，到手握长生不死药的天界女仙之首的吉神，再到化育万物的创世女神的多次转变"①，三言两语很难将其富含世俗化、妖性化及仙性化的文化内涵解释透彻。因此，国博采用归化法，使用西方游客更为熟悉的"Mother Queen"（根据《韦伯词典》"Mother Queen"指"a queen dowager who is mother of the reigning sovereign"，是对已逝君王的妻子且是新君母亲的称呼，即太后。）来诠释这位中国道教文化中的"千面女神"形象，做到尽量不干扰读者的阅读体验；"elixir"词源来自中世纪的拉丁语，指阿拉伯国家的炼金术士用"哲人之石"炼制的"伤口干燥粉"（aliksir）。这种灵丹妙药流传至欧洲，其名称也随之进入拉丁语世界，被拼写为"elixir"。这个西方世界的"elixir of immortality"（不老仙丹）是与西王母炼丹炉的"不死之药"内容不同但文化意指高度相似的物质，因此，国博也使用归化法，用"elixir"来诠释中国文化中的"不死之药"，实现了源文与译文的话语等效，并得到高度相似的读者反应。

---

① 刘永红. 千面女神：西王母信仰的演变［N］. 中国社会科学报，2011 – 08 – 24（第7版）.

●例 64●

西王母与不死之药

说后羿从西王母那里获得不死之药，其妻盗食后成仙奔月。

As the legend goes, Chang'e s husband, Houyi obtained the elixir of immortality from the Mother Queen of the West, but his wife secretly swallowed it.

（四）视界融合、求同存异原则

人们在跨文化交际中总是以自身的文化预设和文化默契来编码和解码，文化专有项的翻译一定程度上也是语际文化差异性的传递。译者首先要明确中国文物解说词中的文化专有项在译语文化中是形式缺省还是内容缺省，是完全缺省还是部分缺省，并本着"求同存异、和而不同"的文化翻译观，在源语文化的自我阐释与译语文化的适应性接受，译文的民族性、真实性与译本的可读性、流畅性，以及民族文化身份建构与话语权力博弈之间，寻求一个最佳的"视界融合"点来平衡文化差异，最终实现译文预期的交际功能。在这个过程中，"求同"相对容易，因为文化专有项在两种语言之间的相同之处是交际双方都可以接受的；"存异"相对复杂，因为译者要让译语读者在感知到外来文化的"不同之处"的同时，还不会对这些"不同之处"有误解、厌恶，甚至是抵触。①

"蹴鞠纹青铜镜"（见例 65）展示了男女 4 人共同蹴鞠的场景。蹴鞠是一种由训练士兵演变而成的中国古代以脚击球的运动。译文通过转换拼写法不断强化"Cu-Ju"（蹴鞠）这一中国文化概念，并在具体的文化专有项翻译中全部采用归化法，让目的语文化替代源语文化：中国的"蹴鞠"被演绎成西方的"football"（足球）；古代汉族妇女的"峨髻"发型被解读为当代的顶髻造型"topknot"；男子佩戴的"幞头"（始于汉代，又名软裹，是古代男子包裹头部的纱罗软巾）被诠释为西方的"scarf"（头巾）；蹴鞠"球社"被描述为西方人常光顾的"club"（俱乐部），蹴鞠"高手"成为万众瞩目的"star"（球星）。这些译法考虑了译文读者的

---

① 石春让，吴琳. 民族学著作中的文化专有项的翻译原则：以《丝绸之路戏剧文化研究》英译本为例［J］. 民族翻译，2020（5）：5－12.

思维习惯，增强了译本的传播力和亲和力，为"Cu – Ju"（蹴鞠）这一文化概念移植西方营造了良好的"外部环境"。

●例65●

蹴鞠纹青铜镜（Bronze Mirror with Figures Playing Cu – ju）

On the back of this mirror is a scene in high-relief，depicting four male and female people playing a Cu-ju game：the woman，with her hair worn in a topknot，is kicking a football，while the man，wearing a scarf and leaning forward，seems to be playing defence…With the popularization of Cu-ju，there were also specialized football clubs at that time. At that time，there were also many "stars" known for their high level of skills.

又如，中国古代的众多器物（钟鼎、碑板、陶瓷、钱币、印章、铜镜）多有篆文铸字。这些有铭器物往往带有祈福、赏赐、祭祀、立言、鉴戒、记载等社会功能，具有重要的史料价值。中国的文物研究讲究"以古为尚"，注重史料考证，因此相关的文物解说词中常常出现古代文史典籍名称。在翻译这类可译度较低的铭文和文史典籍等文化专有项时，国博主要采用"语言层归化、文化层异化"的方式，首先"通过转换拼写、语言翻译等异化翻译方法保留原汁原味的中国文化意象，同时辅以释义、加注等归化手段，对可能影响连贯和重构的文化缺省进行必要的释义和增补，弥补语境间的互文意义，达到得'意'而不忘'形'的境界"①。如《史记》——"Shi Ji"（Records of the Grand Historian）、《战国策》——"Zhan Guo Ce"（Strategies of the Warring States）、《武林旧事》——"Wu Lin Jiu Shi"（Old Tales in Society）、《茶经》——Cha Jing（Classic of Tea）。

"'王命 = 传令'铜虎节"（见例66），即"符节"，是我国古代调动军队、出入关驿及征收赋税的重要凭证，用时双方各持一节，合验无误才能生效，其形式和内容对于译入语而言都是完全缺省项。国博对此采用绝

---

① 黄蔷. 当代汉语新词英译中的误译现象及对策研究［J］. 外国语文，2019（6）：111 – 117.

对世界化的翻译方法，将其译名定为"bronze tiger knob"（青铜虎节），把铭文中"王命＝传贳"的形式和内容直接还原为"wang ming ＝ chuan lin"，再通过文内加注，进一步解释符节的功用、使用方式和铭文的内容，即"王命令各驿站，凡有人持此节过站，可借与车马及饮食"，以此完整展示了神秘的"符节"文化。

◉例 66◉

"王命＝传令"铜虎节（Bronze Tiger Knob）

The knob is a certificate for mobilizing the army, entering and exiting the customs and courier route, and levying taxes. When it is time to use, both parties must hold their own knob. It can only be effective after the verification of combining two knobs into one piece. The knob is in the shape of a tiger, with the words "Wang Ming ＝ Chuan Lin" engraved on the front. It means that the king orders all the courier stations offering horses, carriages and food to anyone who crosses the stations with a knob.

商周是中国礼制的形成和成熟期，崇尚"藏礼于器"。这一时期的青铜礼器种类繁多、名称生僻，其用途也知之者甚少。在翻译这类文化专有项时，国博主要采用了名称"异化"、功用"归化"的方式，兼顾鲁迅先生提出的"求易解"与"存风姿"的目的，实现了译文与源文的"视角融合"——卣：You（wine vessel）、琮：Cong（ritual object）、鼎：Ding（food container）、觥：Gong（drinking vessel）、鉴：Jian（a vessel that can be used for holding water or frozen food）。

（五）以物证史、以文化人原则

"每一件文物都是一个传统文化的信息包，犹如文化的 DNA 片段。文物的材质、工艺、形式、功能等都是这个信息包里的重要信息，是人类进行文化记忆与传承发展的核心部件。如果某一文物和具体的历史、社会事件有关，这些信息将更为丰富易感。"① 国博擅长从"某一件"藏品所代表的"某一类"文物身上的"某一历史时代"的社会特征或"某一文化符号"中提炼出"某一信息主题"，进而深度解读文物"背后"的历史性、民族性和人文性。这些历史人文信息包括：文物产生的时代背景、流转的前世今生、关联的历史事件、反映的社会嬗变；文物制造者、使用者、收藏者、甚至掠夺者在内的物主信息；文物祥瑞纹饰的含义；文物所反映的社会特征及风俗习惯等。"在'东方主义'与'西方主义'对立的话语体系下，译者作为翻译活动的主体，如何界定自己的文化身份、政治立场，如何适宜地通过翻译来传达中国声音、讲好中国故事，这是处于弱势地位的中国文化向以英语为代表的强势文化引介过程中需要关注的着力点。"②

"乾隆霁蓝釉粉彩描金莲花纹双燕耳尊"（见例67）是景德镇御窑为圆明园海晏堂烧制的一件传世珍宝。圆明园作为清朝著名的皇家园林，最初被西方称为"Summer Palace"，但第二次鸦片战争期间遭英法联军焚毁。慈禧后来重建一座清漪园（后改称颐和园），此后西方世界始称颐和园为"Summer Palace"、圆明园为"Old Summer Palace"。在对"乾隆霁蓝釉粉彩描金莲花纹双燕耳尊"的介绍中，国博以传世文物"双燕耳尊"为载体，选取"圆明园海晏堂""十二生肖兽首"作为关键信息主题，通过重构时空坐标和文化语境，还原了"万园之园"的圆明园中最负盛名的欧式园林景观"海晏堂"河清海晏和"十二兽首"报时喷泉的昔日盛景，复盘了英法联军火烧圆明园、兽首流失海外的屈辱历史，实现了文物的历史传承和社会教育双重功能，达到了以物叙史、以物证史、以文载道、以文化人的目的。尤其值得一提的是，用西方世界熟悉的"Old Summer Palace"（老夏宫）来介绍"圆明园"，侧面强调了这个曾经的万园之园，因为西方列强的劫掠焚毁沦为废墟的惨痛史诗。

---

① 曹兵武. 每件文物都是传统文化信息包：谈文博事业与优秀传统文化传承发展 [N]. 中国文化报，2018－05－17（第8版）.

② 卜彪，祝朝伟.《习近平谈治国理政》中文化负载词翻译策略：基于生态翻译学视角 [J]. 福建师大福清分校学报，2019（6）：46－52.

◉**例 67**◉

乾隆霁蓝釉粉彩描金莲花纹双燕耳尊（Indigo Glazed Porcelain Zun (vessel) with Swallows and Gold-painted Design）

中文：这件瓷尊是景德镇御窑为圆明园海晏堂烧制的陈设品。海晏堂亦是圆明园中最著名的一处欧式园林景观，堂正楼朝西，上下各 11 间，楼门左右有叠落式喷水槽，阶下为一大型喷水池，池左右呈字形排列着我国十二生肖人身兽头铜像（圆明园兽首铜像）。不幸的是，圆明园这一世界名园连同海晏堂于公元 1860 年惨遭英法联军野蛮的劫掠焚毁，最终沦为一片废墟，当年海晏堂内的实情实景后人已无从得见。

英文：This porcelain vessel was a piece of furnishing fired by the imperial kiln in Jingdezhen for the Haiyan Hall（Hall of National Peace）of the Old Summer Palace…Haiyan Hall was also the most famous European style garden in the Old Summer Palace. The main building faced west，with 11 rooms respectively upstairs and downstairs. Hierarchical fountains and elaborate statues adorned the Haiyan Hall. Twelve bronze statues representing the Chinese zodiac could be found in front of the hall，surrounding a fountain pond in the splayed shape. Unfortunately，the world famous Old Summer Palace，together with the Haiyan Hall，was brutally looted and burned down in 1860 by the Anglo-French Allied Force. The original appearance of the Haiyan Hall could no longer be seen by later generations any more。

五、结束语

中国文物是中华上下五千年文明的亲历者、见证者和幸存者，中国文物中的文化专有项蕴含着中华民族长盛不衰的文化基因，是打开时光宝盒、再现尘封历史、考证中国文明发展脉络的文化关键词。对这些文化专有项的英译过程，也是中华文化对外传播以及国际社会了解中国源远流长历史和博大精深文明的过程。作为外宣翻译，中国文物解说词中文化专有项的英译要首先确保文物术语的标准化、文本形式的规范化。在全球化语境下，译者应以中西方的双重视野观察世界，在理解他者的基础上，更好地解读及言说自身，提升文化专有项英译的精准性、民族性、可读性和可传播性。总的来说，一方面译者要以源语文化为遵循，提取中国文物中的"文化关键词"进行精准释读与传播，让文物"开口说话"，做到"以物说史""以文载道""以文化人"，讲好中国历史故事、阐释好中国特色、弘扬好中国传统文化；另一方面译者需要具备跨文化交际的敏感性，将"内宣"与"外宣"区分开来，充分关照译文受众的期待视野、思维方式和语言习惯，做好中国文物故事的"国际表达"，让西方游客能充分感受到中国文化的吸引力，提升中国文化的国际影响力。

第二节 当代汉语新词的英译

"法国作家雨果说过，语言像大海，处在不停的流动之中"。① 词汇系统是一种动态的语言系统，具有强大的新陈代谢能力。"新"是一个相对的概念，彼时为新，此时为旧，推陈出新，如此往复，新词的生命力在于其被高频率、长周期、广范围地稳定使用。学界对"新词"的定义莫衷一是，熊金星先生的定义具有一定的代表意义："所谓新词语（neologism），指的是内容新、形式新，原来的词汇系统中没有或虽有但内容是全新的词语"②。这里我们所探讨的当代新词主要是指我国改革开放以来汉语的新造词、旧词的新意义或新用法、从其他民族语言借入的新词、从本民族语言吸收的方言新词。

新词是语言对社会变化表现最活跃、最敏感的部分，最能勾勒出这个时代的万千气象，反映社会的热点焦点。自媒体（we media）时代为普通人提供了开放的话语空间，赋予大众用自创语言进行公开表达的可能，人们在微信、微博、论坛、贴吧等自媒体平台解读公共事件、传播人间万

① 张静媛. 从认知社会语言学视角探析流行词语"刷 X"［J］. 现代汉语, 2018（7）: 117－121.

② 熊金星. 汉语中的新词语［M］. 北京: 北京教育出版社, 2001: 18.

象、宣泄个人情绪、娱乐公众生活。重大社会事件、流行现象、新闻人物都是催生新词的重要发酵剂。"双 11"，这个一年一度的人造购物狂欢节又催生了"守零人"（双 11 前夜抱着手机等零点钟响开始抢单的人）、"爆花户"（购物狂）、"无递自容"（没快递可拿不好意思）等系列新词；"洪荒之力"让没有得奥运金牌的傅园慧一夜圈粉 300 万；作为中国制造典型代表的"新四大发明"（高铁、支付宝、共享单车、网购）带来了人们生活方式的深刻变化，涌现的"刷脸""秒杀""小黄车""抢红包"等新词刷新了汉语词汇。新年贺词、政府年度工作报告、巡视反馈中也不乏"大国工匠""软问责""中梗阻""给力""00 后"等新词。当代汉语新词的英译对翻译界提出了新的挑战。

一、当代汉语新词的主要来源

（一）当代国外新词语的汉译

"语言，像文化一样，很少是自给自足的。"① 作为一种动态的开放系统，语言总是在民族间商旅往来、文体交流、战争征服、移民迁徙所产生的高频度的接触中，不断吸收融合来自外族语言中有益的成分，吐故纳新，丰富自身的系统。汉语中的外来词，或称借词，是跨文化交流中多语言融合的必然结果。外来词汉化的主要形式有：（1）借音（音译），如脱口秀（talk-show）、嘉年华（carnival）、乐活族（LOHAS）；（2）借义（意译），如路怒族（road rage）、表情包（emoticon）、宅男（otaku）、自拍杆（selfie）；（3）音义双借（音译＋意译），如桑拿浴（Sauna）、拉力赛（rally），这种音译＋表示类别属性的偏正结构合成外来词，既保留了外文发音，也符合汉语的构词习惯；（4）借形（字母词），包括原封不动直接引进的单纯字母词（如 MBA、GDP）以及汉字和外文字母、数字混合而成的复合字母词（如 BB 霜、PM2.5、卡拉 OK、SIM 卡）。

---

① 萨丕尔. 语言论 [M]. 陆草元，译. 北京：商务印书馆，1997：27.

（二）当代方言的吸收

我国是一个拥有 130 多种语言的多语言国家，其中使用最多的汉语又有普通话和方言之分。方言是一种在方言区域使用的词汇，"方言词义往往以流行语的面貌、以同义词或近义词的身份进入普通话词义系统，与普通话词义展开竞争"①，进一步滋养和丰富了普通话词汇系统。方言词由于其独特的语体、感情和形象色彩通常具有强烈的表现力和感染力，像春节小品《卖拐》带火的东北方言"忽悠""嘚瑟"，来自粤港澳地区的"八卦""手信""狗仔队""无厘头"，一经推出得到大众的广泛传播，已被《现代汉语词典》（第六版）收录。

（三）新造词

新造词是新词的一个重要构成部分。根据《现代汉语导论》，"新造词分为新词新义型、新词旧义型和旧词新义型三种类型"②。（1）全新形式表达全新意义的新造词，如："壁咚""屌丝""duang"（加特效）、"楼脆脆""范跑跑"。（2）用全新形式表达已有意义的新造词，如"眼缘"（一见钟情）、"颜值"（相貌）、"汗"（尴尬）、"闷骚"（外冷内热）。"走召弓虽"就是"超强"一词被强拆后新瓶装旧酒式的新造词。（3）用原有形式表达全新意义的新造词，"拍砖"等于提反对意见，"吐血"表示心情郁闷，"挖坟"意即将很早以前的帖子重新置顶刷版，原本没落的八旗子弟发明的古玩界"碰瓷"行为也由于"假摔""你碰掉了我的挖耳勺"等讹人的把戏不断被翻新而泛指敲诈勒索行为。被称为 21 世纪最风行的汉字——"囧"，原义为光明，这个人形哭脸的象形表情符号，现在通常被表示为郁闷、无奈。腐败官员炫耀性消费招致网民人肉搜索的事件屡屡发生，"表哥""表姐"也由原来单纯的亲戚关系称谓，引申为拥有大量奢侈名表的人。2008 年，某电视台采访路人甲对"艳照门"的

---

① 宋伶俐. 汉语新词中的方言词义渗透现象分析 [J]. 西南民族大学学报（人文社科版），2003（12）：254.

② 周芸，邓瑶. 现代汉语导论 [M]. 北京：北京大学出版社，2011.

看法，他的一句"关我啥事，我是出来打酱油的"将"打酱油"从一种家务行为扩义为"路过，与我无关"的明哲保身的处事态度。

（四）缩略词

美国哈佛大学学者齐普夫（George Kingsley Zipf）首次提出了语言的"省力原则"，他发现"语言中的短词很明显地比长词更受人欢迎"[①]。在惜字如金的网络时代，如何用最少的言语投入，在最短的时间内，最有效地向读者传递最大的信息流量，发挥最大的交际效益？从"全面二胎"政策后的"喜大普奔"（喜闻乐见、大快人心、普天同庆、奔走相告）到"矮矬穷"（个矮貌矬家穷）被"白富美"（肤白家富人美）"十动然拒"（十分感动然后拒绝）后的"人艰不拆"（人生已经如此艰险，有些事情就不要拆穿了），从对到处高调显摆爱情的嫉妒式吐槽——"秀分快"（秀恩爱分得快）到调侃式的"伙呆"（我和我的小伙伴都惊呆了），进行结构性精简的各种缩略词无疑解决了这一命题。

（五）谐音词

有关农副能源产品的新词"向钱葱""蒜你狠""煤超风"等横空出世，专家自以为是的专业论断与大众的认识格格不入时被"拍砖"冠以"砖家"称号，电视栏目"新闻联播"甚至被某化妆品公司以谐音"馨吻脸脖"抢注成商标。由于汉字一字多音和一音多字的特点，同音词和近音词催生了大量的网络新词，谐音带来的谐意，谐意引发的谐趣，促使谐音词在网络中被迅速传播、高频使用，甚至成为电脑拼音输入法的固定词条。谐音词主要有6种类型：（1）语音快速连读形成的合成谐音词，如："造"（知道）、"表"（不要）、"肿么酱紫"（怎么这样子）、"酿紫"（那样子）；（2）方言谐音词，如："帅锅"（帅哥，四川方言）、"矮油"（哎哟，潮汕方言）、"粉稀饭"（很喜欢，广东方言）；（3）普通话谐音词，如："人参公鸡"（人身攻击）、"火钳刘明"（火前留名）；（4）数字谐音词，如："987"（就不去）、

---

① Zipf G K. Human behavior and the principle of least effort: an Introduction to human ecology [M]. Cambridge: Addison-Wesley, 1949: 126.

"555"（呜呜呜）；（5）英语发音谐音词，如："爱老虎油"（I love You）、俺不能死（ambulance，意即救护车）；（6）"n""l""f""h"平、翘舌音不分，貌似打趣卖萌的网络新词，如："菇凉"（姑娘）、"骚年"（少年）。

（六）合成派生词

牛津大学后达尔文主义倡导者理查德·道金斯（Richard Dawkings）在《自私的基因》①（*Selfish Gene*）一书中提出了模因理论，提出文化传承传播的重要原因是由于人类认知活动中存在一种类似人体基因的文化信息单位——"模因"，"一种语言会通过其构词能力不断地生成和再生"②。根据语言模因论，词缀模因有开放性、类推性、高产性等特点，往往通过类推（包括同音类推和同构类推）的方式创造出新的模因变体。汉字是一种音形义高度融合的表意形文字，其语素拥有强大的衍生造词功能，能产型极高的类词缀模因在类推机制的作用下根据"道生一、一生三、三生九、九生万物"的道理衍生出一系列类化型新词，如：X 哥、X 客、X 族、X 控、X 二代。2014 年 APEC 会议期间北京的蓝天白云被网友刷屏，"APEC 蓝"一词火遍神州，继北京的"APEC 蓝""阅兵蓝"之后，郑州市市长被环保部闭门约谈后郑州出现了"约谈蓝"，上海也打造出了 2016年迪斯尼开业期间的"迪斯尼蓝"，全国人民都在呼唤，没有政府的行政干预天天也能出现"常态蓝"。"闪"，意即"如闪电般快速而短暂""闪约""闪爱""闪婚""闪孕""闪离""闪复""闪跳""闪辞"在语言类推机制的作用下衍生出了一批迅速蹿红的"闪"族新词，反映了现代快餐文化影响下的青年男女的婚恋工作观。

二、汉语新词英译的误译

（一）一名多译为术语标准化带来挑战

术语之所以为术语是因为其概念的单义性，应"一名一译"。"中华

---

① Dawkins Richard. Selfish gene［M］. Oxford：Oxford University Press. 1990：15.

② Wilhelm Von Humboldt. On language［M］. Cambridge：Cambridge University Press, 1988：93.

民族伟大复兴"这一概念，在外交部、新华社、中国国际问题研究所、人民日报等机构的英文官网曾先后出现过"the great renewal""revival""revitalization""resurgence""renaissance""rejuvenation of the Chinese Nation"六种不同版本的英译。"钓鱼执法"这一法律术语在学界就有"fishing law enforcement""administrative fishing"以及"entrapment"等多种译法，术语类新词翻译的同名异译现象是概念混乱、学术涣散的表现，不仅术语的规范性无从谈起，更可能被利用来混淆大众视听、干扰社会秩序。

（二）舶来词误译面目全非

通过借词法去翻译从其他文化中引入的舶来词，是一种吃力不讨好的做法。例如"拼车"常被翻译为"car-share"，实际上美国高速公路上到处可见"carpool lane"字样，这是政府支持环保节能出行、鼓励两人以上乘坐一辆轿车的拼车专用车道。公交车为老弱病残孕群体准备的"爱心专座"，被想当然地译为"love seat"，而应译为"priority seat"；某些一线城市常常自诩为国际大都会，给自己贴上"international city"的标签。

（三）"伪友词"张冠李戴

"伪友词"是词汇翻译学上的一个术语，源自法语的 faux ami。"'伪友'是指在两种语言中意义看似对等但却存在差别的词或词组，甚至还指在翻译中由于主观的想当然而造成的不该出现的误译或错译现象。"[①] 英语中"designated driver"一词由来已久，聚会的朋友们在同来的一群人中指定一个驾驶员，酒后逐一送大家回家。"designated driver"（指定驾驶员）与代驾（substitute driver）就是一对"伪友词"。单位发放的现金抵用券（voucher）经常与商家发放的优惠券（coupon）混为一谈，"voucher"是指他人预付可以抵现取得商品或服务的兑换券，而"coupon"是商家为刺激营业额发放的折扣券，购买商品仍需付款。

---

① 陈福宇. 从英汉词义对等论翻译中的"假朋友"——由"床前明月光"说起［J］. 重庆交通大学学报（社会科学版），2008（3）：113.

（四）文化负载词硬译成中式英语

汉语和英语的文化渊源大相径庭。大量反映中国当代特征、传递社会语境的中国文化负载新词，在译语文化中没有对应义项的表达，成为新词翻译中的难点。"受母语的干扰和影响，硬套汉语规则和习惯，在英语交际中出现了不合规范英语或不合英语文化习惯的畸形英语或中式英语。"①裸官（officials in the nude）的翻译引发不明真相的读者对官员桃色事件的种种联想，"小鲜肉""打酱油"被生硬地译为"little fresh meat""come to buy soy sauce"，这种不伦不类的译法既未能完成语际间的语符信息传递，也没有实现跨时空的文化信息移植。

（五）语体色彩词移译语域不分

语域（register）是系统功能语言学的重要概念，即语言使用的情景（context of situation）。"而语体（linguistic style）是指同一语言品种（标准语、方言、社会方言）的使用者在不同的语域中所典型使用该语言品种的变种。"② 周芳珠在《翻译多元论》一书中指出："在实际应用时，词汇根据语体色彩可主要分为口俗语、常用语和书面语"。"奇葩"本意指奇特而美丽的花，现常指"特立独行、不按常理出牌、不顾及别人感受的人"③，"strange person"虽然表达的是同一个意思，但是语体色彩与源语不一致，而 weirdo（异人）、freak（怪胎）、crackpot（脑残）、oddball（另类）等译法形神兼备地保留"奇葩"一词浓厚的市井化的口语色彩。"给跪了"这一网络新词表示真心叹服，"I salute you"这一文绉绉的书面化翻译让源语口语谐趣化的感觉荡然无存，建议译为"You have got me"，从而再现"给跪了"一词想传达的语体色彩和情感意义，让译文读者能获得和原文读者相同或相近的情感体验。

① 王欣. 扫除中式英语：一场必打之仗——就路透社一则消息浅谈区分中式英语和中国英语的必要性［J］. 改革与开放，2009（9）：183.
② 张志刚. 论英语词汇的语体色彩［J］. 呼兰师专学报，2002（9）：92.
③ 周芳珠. 翻译多元论［M］. 北京：中国对外翻译出版公司，2004：145.

三、汉语新词英译策略

（一）舶来词的回译

"回译就是文化还原，即将某些英语文化语汇的汉语译名还原成其原来的英语形式"。① 回译是把译文译回原文的过程，是对舶来词完璧归赵的特殊翻译和追本溯源的文化考证，其本质是"零翻译"（zero translation)，被大量运用于对人名、地名、科技术语及专有名词等舶来词的翻译。"在翻译舶来词时，应当'从其主人'进行文化还原，绝不可另起炉灶、别出心裁，否则再怎么精彩译文也是不对的"②：如瑜伽（Yoga）、普拉提（Pilates）、全球定位系统（GPS）、自拍杆（Selfie Stick）、跑酷（Parkour）。

（二）基于构词法层面的合成派生新词语素层翻译

吉恩·艾奇逊（Jean Aitchison）在《朗文当代英语辞典（第三版增补本）》③ 序言中指出。新词进入英语主要有外来词、构词法生成的新词、插入法即旧词衍生新意三种途径。构词法形成的英语新词中以派生法（词缀法 derivation）、复合法（合词法 compounding）和混成法（blending）最为常见，这三种构词法是翻译汉语中合成派生词的最佳构词选择。无论是通过词缀法进行同类仿译的系列新词"无手机恐惧症"（nomophobia：no + mobile + phobia）、"app 痴迷症"（appiphilia）、"太空飞行员"（taikonaut），还是通过两个单词掐头去尾、由词素（构成词汇的最小的有意义的）重新混成的新词"脱欧"（Brexit = British + exit）、"杀熟"（friendvertising = friend + advertising）、表情包（emoticon = emotion + icon），或是脸盲（face blindness）、共享充电宝（shareable charger）、暖宝宝（heating

---

① 贺显斌. 回译的类型、特点与运用方法 [J]. 中国科技翻译，2002（4）：45.

② 方梦之. 中国译学大辞典 [Z]. 上海：上海外语教育出版社，2011：90.

③ Aitchison Jean. The Longman dictionary of contemporary English [Z]. Beijing：Foreign Language Teaching and Research Press，2002：15 – 96.

pad）等复合新词，都是词素层翻译，即通过"译语等值的义素来替换源语的义素，以义素或词素为单位来进行翻译，原文的语法关系不变，构词方式保持相对关系，即构成原文的每一个词素在译语对应词中有一相应词素"①。词素层翻译规避了意译等释义性翻译的冗长，通过译文读者所熟悉的词素重构新词，能够让读者立刻看懂新词内涵，不易产生歧义，是翻译新词的重要方法。

对于由类词缀模因派生的新词，不可死套其英语词缀模块，应当处理好一词多义的问题。人工智能颠覆了传统的工作模式，雅虎的"无人驾驶"、京东的"无人配送车"、阿里的"无人酒店"、富士康的"无人工厂"、缤果盒子的"无人便利店"、海底捞的"无人餐厅"，层出不穷的"无人 XX"技术宣告了"无人时代"的全面到来，在翻译此类无人新词应根据上下文分析该词缀实际的指称意义（referential meaning）进行灵活翻译。"无人便利店"是顾客自主购物、自助收银的一种全新零售业态，强调的是自助服务，"self-service convenience store"就比"cashier-free convenience store"更为适当；"无人机"表示的是"无人驾驶飞行器"（unmanned drone）；"无人餐厅"指为顾客提供从点菜、出菜、传菜、买单的前台智能化服务，后台的管理、服务及技术团队为前台的"无人化"体验提供了保障，并不是真的无人，建议译为"smart restaurant"；"无人配送车"可以自动避让行人还可以识别红绿灯，显示了高度的自动化，大有取代快递小哥之势，建议译为"automated delivery vehicle"；"无人工厂"是工业 4.0 背景下"机器换人"从事全部生产活动的全自动化工厂，应译为"fully automated factory"。

（三）迻译相似文化意象新词，实现文化移情

翻译是一种跨文化跨语言的交际活动，由于人们的共时性人生体会和历时性人生经历有很大的差异，对同一文本会有不同的解读，对于不同于本土文化的语言更是有一种本能的曲解，这就要求译者在翻译新词时跳出本土文化的框架，有意识地在译文认知语境中进行语言选择。全球化浪潮

---

① 方梦之．中国译学大辞典［Z］．上海：上海外语教育出版社，2011：20．

趋同性的大背景下，人们认知心理的趋同性又使得跨文化移情（cross-cultural empathy）成为可能。"文化意象的可译度与文化的相似度成正比"。① "所谓'迻译'，亦可作'移译'，是一种平行移动式的翻译。"② 当本土文化与译语文化存在着相似或相同的文化意向时，我们应优先采用"拿来主义"，借用译语文化语境下互文性（intertextuality）高且意义相近的现成的最佳关联词汇进行移译。前文提到的"小鲜肉"可借用 Adonis（希腊神话爱与美的女神阿芙罗狄娜所爱恋的美男子）一词实现对花美男这一形象的文化传真。沽名钓誉的"形象工程""自掏腰包出版的文稿"、花钱买来的"手机靓号"，都是一种虚荣消费，可以借用英语中的"vanity project""vanity publish""vanity number"来表达，从而实现译文读者的认知和谐。足不出户的"家里蹲"、长大不成人的"巨婴"以及把父母当成"提款机"的"啃老族"，在我国被译为"home-stayer""childish adult""the elder-devouring generation"。这种现象显然不是中国独有，而是全世界父母面临的共同命题：英国就有不升学、不就业、不进修，终日无所事事的"尼特族"（NEET：Not currently engaged in Employment, Education or Training）；美国人把一毕业就返回儿时的卧室与父母同住寻求父母照顾及经济支援的人称为"回力标一代"（boomerang generation）；澳大利亚人把毕业还寄居在父母"袋囊"，不肯独立的青年人称作"袋鼠族"（kangaroo generation）；加拿大的真人秀节目"My House, Your Money"反映了欧美千禧一代子女买房、父母买单的普遍事实，房地产界出现了"Bank of Mom and Dad"（父母银行）这一新词。而采用 NEET、boomerang generation、kangaroo generation、Bank of Mom and Dad 这种译语文化中与原文交际意图最贴近、最匹配的对等语句时，可以瞬间激起读者的感情共鸣、发挥最大的读者效应。

（四）得"意"而不忘"形"——音译加注文化负载新词

东西方文化渊源大相径庭，文化意象以不同的方式植根于中西方的文

---

① 方菁，郭继荣. 家族相似视阈下文化意象可译度研究［J］. 外语教学，2017（11）：97.
② 王向远. 以"迻译/释译/创译"取代"直译/意译"——翻译方法概念的更新与"译文学"研究［J］. 上海师范大学学报，2015：134.

化土壤之中，这种差异性导致某些源语文化意象在译语语境中的语义空缺（lexical gap）和文化缺省（cultural default）。凝聚着本民族智慧的文化负载新词如果翻译成其他语言，这种土壤就消失了，译文的传播效应相应大打折扣。"传递文化意象的问题，从根本上而言，其实也就是困扰翻译界的如何正确处理原作的形式和内容的问题。"① 当新词所蕴含的文化意向为中国所独有，可译度较低时，可通过音译、直译等异化翻译手段保留新词原汁原味的中国文化意象，同时通过释义、加注等归化手段对影响连贯重构的文化缺省进行必要的释义和增补，弥补语境间的互文意义，达到得"意"而不忘"形"的境界。美国俚语词典（*Urban Dictionary*）收录的"不作不死"（no zuo no die, meaning one would not be in trouble had not asked for it, "Zuo" is a Shanghainese word meaning to act silly or daring for attention.）、"土豪"（tuhao, Chinese nouveau riche. New money, mostly not well spent.），维基百科收录的"大妈"（Dama literally Chinese aunties, known for their bulk gold buying and ubiquitous love of square dance）、"糖水"（tong sui, a sweet soup served as dessert in Cantonese cuisine）等新词，都是采用了在语言层面"异化"、文化层面"归化"的折中翻译法。

在中国特色新词进入英语之初，总是通过音译加注的方式移植特定的中国文化意象，再通过意义的增补把隐形的理解过程显性化，一旦该词的形式（音）和内容（加注内涵）得到英语世界的接纳和认可，像婴儿一样在译语文化中"落地上户"，加注部分就会像孕育婴儿的胎盘一样自行剥离。英译是向英语世界输出汉语借词的重要途径。汉语输入英语的借词，从海洋贸易时代的"cumshaw"（赏钱）、美国淘金时代的"sampan"（舢板）、香港被英殖民时代的"cheongsam"（长衫），到改革开放后伴随移民潮输出的"Feng Shui"（风水）、"Wushu"（武术）、"Guanxi"（关系），可以看出英语世界对保留中国元素的英译词的接纳和喜爱。

2018 年中国外文局发布了《中国话语海外认知度调研报告》，在英语国家民众知晓度前十名的中国词条分别是：（1）少林（Shaolin）；（2）阴阳（Yin and Yang）；（3）元（Yuan）；（4）故宫（Gugong, Forbidden City）；

---

① 谢天振. 隐身和现身［M］. 北京：北京大学出版社，2014：123.

(5) 你好（Nihao，hello）；（6）武术（Wushu，martial arts）；（7）龙（Long，dragon）；（8）气（Qi）；（9）道（Dao，natural rules）；（10）麻将（Mahjong）。可见音译及音译加注是最具辨识度、最能得到英文世界广泛读者效应的一种翻译手段。

（五）填补意义真空——释译缩略类新词

"中国人善于归纳，关注整体，常将某一复杂的概念进行结构性精简，浓缩成内涵丰富、易懂易记便于传播的特定术语。"[①] 这类缩略词被广泛使用于我国当代政治经济、科教文化、组织机构等领域。翻译此类文化专有项新词时，需要通过文内加注或释义的方式进行语境补缺和信息补全，便于译文读者解读出字面以外的隐含信息。例如："营改增"（replacement of business tax with vat）、"两会"（annual plenary session of CPC and CP-PCC in China）、"双创"（Mass entrepreneurship and innovation）、"三公经费"（spending on official overseas visits，official vehicles and official hospitality）、"钉子户"（nail household：person or household who refuses to be relocated and bargains for unreasonably high compensation when the land is requisitioned for a new construction project）。释译即释义，译文读者方能"通过注释解决意义的真空点，沟通与上下文的关联，从而建立起语篇连贯"[②]。

四、结束语

当今中国正处于一个高速发展的时代，科学技术一日千里，社会生活日新月异，新生事物层出不穷。当代汉语新词是国际社会观察当下的中国的重要媒介，其准确英译对于向世界展示出真实、全面、立体的当今中国意义重大。

---

① 黄蔷. 中国政治术语的语言特征及英译策略研究［J］. 重庆理工大学学报（社会科学版），2017（3）：121.
② 王东风. 文化缺省与翻译中的连贯重构［J］. 外国语，1997（6）：58.

参 考 文 献

［1］柏舟. 西湖十景英语译名新探［J］. 城市文化，2008（4）：9.

［2］包惠南. 文化语境与语言翻译［M］. 北京：中国对外翻译出版公司，2001.

［3］卜彪，祝朝伟.《习近平谈治国理政》中文化负载词翻译策略：基于生态翻译学视角［J］. 福建师大福清分校学报，2019（6）：46 – 52.

［4］曹兵武. 每件文物都是传统文化信息包：谈文博事业与优秀传统文化传承发展［N］. 中国文化报，2018 – 05 – 17（第 8 版）.

［5］曾利沙. 论旅游指南翻译的主题信息突出策略原则［J］. 上海翻译，2005（1）：19 – 23.

［6］陈福宇. 从英汉词义对等论翻译中的"假朋友"——由"床前明月光"说起［J］. 重庆交通大学学报（社会科学版），2008（3）：113.

［7］陈刚，党争胜. 论英汉翻译中的"神似"与"形似"［J］. 外语教学，1999（3）：46.

［8］陈胜前. 考古学研究的"透物见人"问题［J］. 考古，2014（10）：64.

［9］陈淑萍. 语用等效与归化翻译策略［J］. 中国翻译，2003（5）：43.

［10］成绍伟. 此中有"真译"——教科书中鲜有提及的译论译事［M］. 北京：国防工业出版社，2011.

［11］戴宗显，吕和发. 公示语汉英翻译研究——以 2012 年奥运会主办城市伦敦为例［J］. 中国翻译，2005（6）：38.

［12］刁克利. 翻译学研究方法导论［M］. 天津：南开大学出版社，2012：144 – 146.

［13］丁杰，孙勇强. 从纽马克文本功能理论看科技英语文本翻译策

略 [J]. 现代经济信息, 2016 (22): 362.

[14] 董晓波. 翻译通论 [M]. 北京: 对外经济贸易大学出版社, 2013: 15.

[15] 樊天宇. 后真相时代与新闻失实 [J]. 传播与版权, 2018 (4): 4-5.

[16] 范谊. 餐厅服务英语 [M]. 成都: 四川大学出版社, 1993: 140.

[17] 范勇. 跨文化交际视角下的国内高校英文网页中 "文化性翻译失误" 研究 [J]. 北京第二外国语学院学报, 2010 (8): 16.

[18] 方菁, 郭继荣. 家族相似视阈下文化意象可译度研究 [J]. 外语教学, 2017 (11): 97.

[19] 方梦之, 毛忠明. 英汉-汉英应用翻译教程 [M]. 上海: 上海外语教育出版社, 2005.

[20] 方梦之. 翻译学辞典 [Z]. 北京: 商务印书馆, 2019.

[21] 方梦之. 近半世纪我国科技翻译研究的回顾与评述 [J]. 上海科技翻译, 2002 (3): 1-4.

[22] 方梦之. 译学词典 [Z]. 上海: 上海外语教育出版社, 2004.

[23] 方梦之. 应用翻译研究: 原理、策略与技巧 [M]. 上海: 上海外国教育出版社, 2013.

[24] 方梦之. 应用文体翻译学的内部体系 [J]. 上海翻译, 2014 (2): 1-2.

[25] 方梦之. 中国译学大辞典 [Z]. 上海: 上海外语教育出版社, 2011.

[26] 冯晓辉. 以城市形象提升为导向的石家庄语言景观翻译探讨 [J]. 科技视界, 2014 (18): 30.

[27] 傅敬民, 刘金龙. 中国特色应用翻译研究的特色问题 [J]. 外国语, 2021 (2): 82.

[28] 傅敬民, 喻旭东. 大变局时代中国特色应用翻译研究: 现状与趋势 [J]. 上海大学学报 (社会科学版), 2021 (4): 128.

[29] 傅敬民. 我国应用翻译研究: 成就与问题 [J]. 语言教育,

2019（4）：39.

[30] 高存，张允. 旅游文本的英译——问卷调查与策略探讨 [J]. 上海翻译，2005（3）：22-25.

[31] 葛赛尔. 罗丹艺术论 [M]. 傅雷，译. 傅敏，编. 北京：中国社会科学出版社，1999：45-46.

[32] 龚雪梅. 音译用字的文字学考察 [J]. 福建师范大学学报（哲社版），2006（4）：108-111.

[33] [法] 古斯塔夫·勒庞. 乌合之众——大众心理研究 [M]. 冯克利，译. 北京：中央编译出版社，2004.

[34] 桂田田. 中央编译局眼中哪些词最难"翻"？[N]. 北京青年报，2015-05-04（1）.

[35] 郭越，兰杰. 国际环境下构建新疆形象的新闻话语方式研究 [J]. 新疆大学学报（哲学·人文社会科学版），2015（2）：124.

[36] 韩琴. 论林则徐摘译国际法的选择性 [J]. 福建师范大学学报（哲学社会科学版），2018（4）：151.

[37] 何高大. 实用英汉汉英口译技巧 [M]. 长沙：中南工业大学出版社，1997.

[38] 何自然. 新编语用学概论 [M]. 北京：北京大学出版社，2009：98-101.

[39] 何自然. 语用学与英语学习 [M]. 上海：上海教育出版社，1997.

[40] 贺显斌. 回译的类型、特点与运用方法 [J]. 中国科技翻译，2002（4）：45.

[41] 洪堡特. 论人类语言结构的差异及其对人类精神发展的影响 [M]. 姚小平，译. 北京：商务印书馆，2011：86-93.

[42] 胡安江. 中国特色对外话语体系的译介与传播研究 [J]. 中国翻译，2020（2）：24.

[43] 黄蔷. "功能对等"理论观照下的学术论文摘要英译研究 [J]. 重庆科技学院学报（社会科学版），2019（1）：68-72.

[44] 黄蔷. 当代汉语新词英译中的误译现象及对策研究 [J]. 外国

应用翻译研究：理论与实践

语文，2019（6）：111 – 117.

[45] 黄蔷 . 跨文化交际视阈下的旅游宣传资料英译研究 [J]. 重庆工商大学学报（社会科学版），2015（4）：122 – 128.

[46] 黄蔷 . 美国主流媒体对中国形象的话语偏见——以"新冠疫情"报道为例 [J]. 外国语文，2021（4）：95.

[47] 黄蔷 . 目的论观照下的公示语翻译原则探析——兼析重庆市公示语英译语用失误 [J]. 重庆理工大学学报（社会科学版），2015（2）：127 – 131.

[48] 黄蔷 . 中国政治术语的语言特征及英译策略研究 [J]. 重庆理工大学学报（社会科学版），2017（3）：121.

[49] 黄友义 . 国家翻译队伍里的外国学者们 [EB/OL] [2020 – 11 – 23] [2021 – 10 – 27]. http：//www. china. org. cn/chinese/2020 – 11/23/content_76939443. htm.

[50] 黄友义 . 黄友义：如何突破中外文化差异让世界更了解中国？中国新闻网 [EB/OL]. [2021 – 11 – 04] [2021 – 11 – 16]. https：//www. chinanews. com. cn/gn/2021/11 – 04/9601886. shtml.

[51] 黄忠廉，信娜 . 应用翻译学创建论 [J]. 上海翻译，2011（2）：10.

[52] 黄忠廉，朱灵慧 ."应用翻译学"重构及其文库构想 [J]. 上海翻译，2017（3）：9.

[53] 黄忠廉 . 论摘译——国外信息开发方法之一 [J]. 上海科技翻译，1997（3）：5.

[54] 晁彦 . 中国对外传播"有理说不出"？习总告诉你如何破局 . 大公网 [EB/OL]. http：//news. takungpao. com/mainland/focus/2015 – 07/3037696_print. html. 2012 – 07 – 02/2021 – 11 – 16.

[55] 季羡林 . 中国翻译词典 · 序 [Z]//林煌天 . 中国翻译词典 . 武汉：湖北教育出版社，1997：1 – 2.

[56] 季宇，王宏 . 论译者主体性——从译者身份的变迁谈起 [J]. 扬州大学学报（人文社会科学版），2010（1）：126.

[57] 贾福相 . 诗经 · 国风——英文白话新译 [M]. 北京：北京大学

出版社，2010：3.

［58］贾文波．应用翻译功能论［M］．北京：中国对外翻译出版公司，2004：158.

［59］杰里米·芒迪．翻译学导论：理论与应用［M］．李德凤，译．北京：外语教学与研究出版社，2021：106.

［60］金惠康．跨文化交际翻译续编［M］．北京：中国对外翻译出版公司，2004.

［61］金惠康．跨文化旅游翻译［M］．北京：中国对外翻译出版公司，2009.

［62］孔慧怡．翻译·文学·文化［M］．北京：北京大学出版社，1999：88.

［63］蓝红军．译者主体性困境与翻译主体性建构［J］．上海翻译，2017（3）：21.

［64］雷大川．政治：一种语言的存在——兼论政治语言学的建构［J］．文史哲，2009（2）：163－167.

［65］李丹，黄忠廉．零翻译类型考［J］．山东外语教学，2012（2）：94.

［66］李德超，王克非．平行文本比较模式与旅游文本的英译［J］．中国翻译，2009（4）：54－60.

［67］李芳．中国博物馆解说词英译策略［J］．中国翻译，2009（3）：74－77.

［68］李国斌．国家地理图鉴（中国卷）［M］．北京：华龄出版社，2006.

［69］李红霞．目的论视域下的政论文英译策略研究——以2010年《政府工作报告》为例［J］．外国语文，2019（5）：87.

［70］李洵．试论科技英语特点［J］．中国科技信息，2005（5）：134.

［71］李长栓．非文学翻译理论与实践［M］．北京：中国对外翻译出版公司，2004.

［72］梁君华．平行文本与网络旅游广告英译［J］．上海翻译，2012

（2）：69.

[73] 廖七一. 当代英国翻译理论 ［M］. 武汉：湖北教育出版社，2001.

[74] 林克难，籍明文. 应用英语翻译呼唤理论指导 ［J］. 上海科技翻译，2003（3）：10.

[75] 林玉华. 从文化角度看旅游景点名称的翻译 ［J］. 重庆交通大学学报，2008（2）：103.

[76] 刘海萍，徐玉臣. 人文社科类论文英文摘要文体特征分析：以SSCI 及 A&HCI 检索学术论文摘要为例 ［J］. 西安外国语大学学报，2015（12）：46－49.

[77] 刘华秋. 邓小平外交思想永放光华 ［J］. 求是，2014（8）.

[78] 刘宓庆. 文化翻译论纲 ［M］. 北京：中国对外翻译出版公司，1999：1－14.

[79] 刘永红. 千面女神：西王母信仰的演变 ［N］. 中国社会科学报，2011－08－24（第 7 版）.

[80] 刘永厚，张颖. 中外学者国际期刊英语学术论文摘要写作的对比研究 ［J］. 外语界，2016（5）：20－26.

[81] 刘重德. 西方译论研究 ［M］. 北京：中国对外翻译出版公司，2003.

[82] 卢植，胡健. 术语翻译的网络检索策略研究 ［J］. 上海翻译，2019（2）：72－78.

[83] 陆建平. 中国学术期刊"走出去"最缺什么 ［N］. 光明日报，2012－11－27.

[84] 吕和发，蒋璐，王同军. 公示语汉英翻译错误分析与规范 ［M］. 北京：国防工业出版社，2011.

[85] 吕和发，蒋璐. 公示语翻译 ［M］. 北京：外文出版社，2011.

[86] 吕和发，张文，蒋璐. 文化视域下的旅游翻译 ［M］. 北京：外文出版社，2011.

[87] 吕和发，周剑波，许庆欣. 文化创意产业翻译 ［J］. 北京：外文出版社，2011.

［88］吕和发．公示语的汉英翻译［J］．中国科技翻译，2004（1）：64.

［89］茅盾．茅盾译文选集［M］．上海：上海译文出版社，1981：518.

［90］蒙岚，周晓玲．跨文化交际的语用问题研究［J］．学术界，2011（7）：181.

［91］穆雷．翻译的职业化与职业翻译教育［J］．中国翻译，2012（4）：13.

［92］牛新生．公示语文本类型与翻译探析［J］．外语教学，2008（3）：90.

［93］怒安．傅雷谈翻译［M］．沈阳：辽宁教育出版社，2005.

［94］钱钟书．林纾的翻译［M］//钱钟书等．林纾的翻译．北京：商务印书馆，1981：18－52.

［95］乔平．中餐菜名分类及其英译方法［J］．扬州大学烹饪学报，2004（2）：48.

［96］青边．家庭菜谱北京：轻工业出版社，1985.

［97］邱大平．大英博物馆文物解说词对中国文物英译的启示［J］．中国翻译，2018（3）：108－112.

［98］任静生．也谈中菜与主食的英译问题［J］．中国翻译，2001（6）：56－57.

［99］萨丕尔．语言论［M］．陆草元，译．北京：商务印书馆，1997.

［100］申小龙．汉语与中国文化［M］．上海：复旦大学出版社，2004.

［101］沈辰．文化和艺术的归属——全球化下海外博物馆藏中国文物诠释［J］．博物院，2019（5）：66.

［102］石春让，吴琳．民族学著作中的文化专有项的翻译原则：以《丝绸之路戏剧文化研究》英译本为例［J］．民族翻译，2020（5）：5－12.

［103］宋伶俐．汉语新词中的方言词义渗透现象分析［J］．西南民族大学学报（人文社科版），2003（12）：254.

[104] 孙艺风. 翻译与跨文化交际策略 [J]. 中国翻译, 2012 (1)：23.

[105] 孙致礼. 翻译、理论与实践探索 [M]. 南京：译林出版社, 1999.

[106] 索绪尔. 普通语言学教程 [M]. 高名凯, 译. 岑麒祥, 叶蜚声, 校注. 北京：商务印务馆, 1982：38.

[107] 谭载喜. 西方翻译简史 [M]. 北京：商务印书馆, 2004.

[108] 唐际根, 吴聪健. 青铜器如何命名 [J]. 美成在久, 2020 (2)：87.

[109] 腾真如, 谈万成. 英文摘要的时态、语态问题 [J]. 中国科技翻译, 2004 (1)：5-7.

[110] 佟晓梅. 光明网. 构建对外话语体系, 更好传播人类命运共同体理念 [EB/OL]. [2019-8-16] [2022-2-5]. https：//theory. gmw. cn/2019-08/16/content_33082816. htm.

[111] 万华. 趋近：汉语熟语英译研究 [M]. 上海：上海大学出版社, 2017.

[112] 王丹. 翻译的文化转向及其对中国翻译研究的启示 [J]. 青海师专学报（教育科学）, 2007 (4)：81.

[113] 王定华, 杨丹. 为构建新时代中国对外话语体系提供人才支持 [N]. 光明日报, 2021-6-7 (15).

[114] 王东风. 翻译与国运兴衰 [J]. 中国翻译, 2019 (1)：31.

[115] 王东风. 文化缺省与翻译中的连贯重构 [J]. 外国语, 1997 (6)：55-60.

[116] 王吉会. 特殊历史条件下开启的明末清初科技翻译高潮 [J]. 中国科技翻译, 2013 (3)：49.

[117] 王建荣, 郭海云, 孙倩. 文化预设视角下的文物英译策略研究 [J]. 东岳论丛, 2010 (6)：183-186.

[118] 王明树. 英语颜色词的文化内涵与翻译 [J]. 重庆大学学报（社会科学版）, 2009 (3)：101.

[119] 王向远. 以"迻译/释译/创译"取代"直译/意译"——翻译

方法概念的更新与"译文学"研究［J］.上海师范大学学报，2015：134.

［120］王晓辉.讲好中国故事，创新话语体系［J］.天津外国语大学学报，2021（11）：8.

［121］王欣.翻译研究的文化转向与译者的主体性［J］.青海民族学院学报（社会科学版），2009（2）：162.

［122］王欣.扫除中式英语：一场必打之仗——就路透社一则消息浅谈区分中式英语和中国英语的必要性［J］.改革与开放，2009（9）：183.

［123］王永义.试论西学东渐与中国近代文化的发展［J］.天津大学学报，1989（5）：49.

［124］维颐，嘉祥，同均.常用译法归类［J］.中国翻译，1986（1）：64.

［125］卫梦舒.从跨文化交流角度探究异化与归化翻译及注释法的桥梁作用［J］.海外英语，2012（12）：143.

［126］巫喜丽.语言景观的多语现象研究述评［J］.广州大学学报（社会科学版），2017（8）：78.

［127］吴琴琴.论《浮生六记》布莱克英译本的改译现象［J］.合肥学院学报，2012（6）：43.

［128］吴悠.展柜中的"中国故事"：大英博物馆中国展厅主题式陈列［J］.艺术博物馆，2019（5）：68.

［129］吴赟.中国特色对外话语体系译介与传播研究：概念、框架与实践［J］.外语界，2020（6）：7.

［130］习近平.建设中国特色中国风格中国气派的考古学更好认识源远流长博大精深的中华文明［J］.求是.2020（23）：4-9.

［131］习近平.在党的新闻舆论工作座谈会上的讲话［M］//中共中央文献研究室.习近平关于社会主义文化建设论述摘编.北京：中央文献出版社，2017：149.

［132］谢柯.英汉博物馆藏品解说词平行文本比较及启示［J］.重庆交通大学学报（社会科学版），2015（2）：134.

［133］谢天振.海上杂谈［M］.桂林：广西师范大学出版社，2020.

［134］谢天振.隐身和现身［M］.北京：北京大学出版社，2014：

123.

[135] 熊兵. 翻译中的概念混淆——以"翻译策略""翻译方法"和"翻译技巧"为例 [J]. 中国翻译, 2004：83.

[136] 熊金星. 汉语中的新词语 [M]. 北京：北京教育出版社, 2001：18.

[137] 徐珺. 文化内涵词——翻译中信息传递的障碍及其对策 [J]. 解放军外国语学院学报, 2001（1）：77-81.

[138] 许钧. "忠实于原文"还是"连译带改" [N]. 人民日报, 2014-08-18（24）.

[139] 许钧. 翻译论 [M]. 南京：译林出版社, 2014：221.

[140] 许钧. 翻译思考录 [M]. 武汉：湖北教育出版社, 1998：136.

[141] 严建强, 邵晨卉. 非物质文化遗产与博物馆——关于当代中国非物质文化与博物馆关系的若干思考中原文物, 2018（3）：123-128.

[142] 晏小花, 刘祥清. 汉英翻译的文化空缺及其翻译对策 [J]. 中国科技翻译, 2002（1）：8.

[143] 杨明星. 中国新词对外翻译的原则与策略 [J]. 中国翻译, 2014（3）：103-107.

[144] 杨全红. 高级翻译十二讲 [M]. 武汉：武汉大学出版社, 2009：1.

[145] 杨寿康. 论科技英语与科技翻译 [M]. 合肥：安徽文艺出版社, 2013：95.

[146] 杨晓荣. 翻译批评导论 [M]. 北京：中国对外翻译出版公司, 2005.

[147] 杨雪冬. 政治话语的改造是有边界的 [J]. 决策, 2014（12）：14.

[148] 杨颖. 对外传播与多模态话语研究 [J]. 全球传媒学刊, 2016（9）：96-97.

[149] 杨永和. 我国新世纪公示语翻译研究综述 [J]. 外语教学, 2009（3）：104.

[150] 杨振兰, 王世昌. 论色彩的寓意与色彩词语的意义 [J]. 山东

行政学院学报，2019（5）：111－114.

[151] 于新松．科技论文标题翻译技巧与方法 [J]．海外英语．2021（7）：19.

[152] 张静媛．从认知社会语言学视角探析流行词语"刷 X" [J]．现代汉语，2018（7）：117－121.

[153] 张犁．关于政治语言汉英翻译修辞特点的研究 [J]．中共贵州省委党校学报，2009（1）：125－127.

[154] 张南峰．艾克西拉的文化专有项翻译策略评介 [J]．中国翻译，2004（1）：19.

[155] 张志刚．论英语词汇的语体色彩 [J]．呼兰师专学报，2002（9）：92.

[156] 赵昌彦，武俊．"文本类型"与"策略选择"：纽马克文本类型翻译理论及其应用探析 [J]．教育现代化，2017（4）：191.

[157] 赵永峰．福柯话语权力视域下社会隐转喻研究——以美国政治正确类表达为例 [J]．天津外国语大学学报，2020（1）：37.

[158] 郑剑伟，范文君．翻译思维、策略与技巧 [M]．武汉：武汉大学出版社，2018：142.

[159] 郑玮．中英旅游宣传资料翻译策略——基于审美角度 [J]．郑州航空工业管理学院学报（社会科学版），2010（6）：101.

[160] 中国国家博物馆．国博简介 [EB/OL]．[2021－08－23]．http：//www. chnmuseum. cn/gbgk/gbjj/.

[161] 中国社会科学院语言研究所词典编辑室．现代汉语词典（增补版）[Z]．北京：外语教学与研究出版社，2002.

[162] 仲伟合，周静．译者的极限与底线——试论译者主体性与译者的天职 [J]．外语与外语教学，2006（7）：45.

[163] 周方珠．厚翻译述评 [J]．宿州学院学报，2011（1）：44－48.

[164] 周芳珠．翻译多元论 [M]．北京：中国对外翻译出版公司，2004.

[165] 周薇．奥运翻译模式中委托人、译者与作者的合作 [J]．疯狂

英语（教师版），2009（1）：111 –114.

[166] 周芸，邓瑶. 现代汉语导论北京：北京大学出版社，2011.

[167] 朱洪国. 旅游与导游 [M]. 重庆：重庆大学出版社，1994.

[168] 朱晓媚. 浅释饮食文化中菜名的翻译技巧 [J]. 河南职业技术师范学院报，2002（1）：72 –74.

[169] 祝朝伟. 翻译的话语等效与对外话语传播体系创新 [J]. 中国外语，2020（2）：4 –12.

[170] Aitchison Jean. The Longman dictionary of contemporary English [M]. Beijing：Foreign Language Teaching and Research Press，2002：15 –96.

[171] Aixela. Culture-specific items in translation [C]// Alavarez R，Vidal M. Translation，power，subversion. Clevedon：Multilingual Matters，1996：52 –60.

[172] Allen A E，Macmillan D. The productive merger of iodonium salts and organocatalysis：a non-photolytic approach to the enantioselective alpha-trifluoromethylation of aldehydes [J]. Journal of the American Chemical Society，2010，132（14）：49 –86.

[173] Brown P，Levinson S. Politeness：some universals in language usage [M]. Cambridge：Cambridge University Press，1987：24 –61.

[174] Catford J C. A linguistic theory of translation [M]. Oxford：Oxford University Press，1965.

[175] Chilton P，Schaffner C. Discourse and politics [C]// van Dijk et al. Discourse as social interaction. London：Sage Publications Ltd，1997：206 –230.

[176] Christian Nord. Translating as a purposeful activity，functionalist approached explained [M]. Shanghai：Shanghai Foreign Language Education Press，2001.

[177] Connor Ulla. Contrastive rhetoric：cross-cultural aspects of second language writing [M]. Shanghai：Shanghai Foreign Language Education Press，2001.

［178］ Dawkins Richard. Selfish gene ［M］. Oxford：Oxford University Press，1990：15.

［179］ DOD USA 2008. Military power of the People's Republic of China 2008 ［M］. Washington DC：Pentagon.

［180］ Hans Robert Jauss. Toward an aesthetic of reception ［M］. Minneapolis：Minneapolis University of Minnesota Press，1982：143.

［181］ Hejwowski K. The cognitive-communicative theory of translation ［M］. Warszawa：Wydawnictwo Naukowe PWN，2004.

［182］ Jauss Hans Robert. Toward an aesthetic of reception ［M］. Minneapolis：University of Minesoda Press，1989：143.

［183］ M Mézard，Parisi G. Thermodynamics of glasses：a first principle computation ［J］. Physical Review Letters，1999，11（4）：A157 – A165（9）.

［184］ Nature Formattingguide ［EB/OL］. https：//www. nature. com/nature/for-authors/formatting-guide. 2021 – 12 – 18.

［185］ Newmark P. A textbook of translation ［M］. New York：Prentice Hall International（UK）Ltd.，1988：40.

［186］ Nida E A. Language and culture：contexts in translation ［M］. Shanghai：Shanghai Foreign Language Education Press，2001：91.

［187］ Nida Eugene. Translating meaning ［M］. California：English Language Institute，1982：10.

［188］ Nida Eugene A. Language，culture，and translating ［M］. 上海：上海外语教育出版社，2001：129.

［189］ Nimmo D D，Sanders K R. Handbook of political communication ［M］. Richmond：Sage Publications，1981：195 – 196.

［190］ Nord Christiane. Translating as a purposeful activity，functionalist approaches explained ［M］. 上海：上海外语教育出版社，2001：63.

［191］ Peter Newmark. Approaches to translation ［M］. 上海：上海外语教育出版社，2001.

［192］ Regis St Louis，Amy C Balfour，Sandra Bao. Lonely Planet USA

[M]. Lonely Planet Publications, 2014.

[193] Shuttleworth M, Moira Cowie. Dictionary of translation studies [Z]. Beijing: Foreign Language Teaching and Research Press, 2004: 59.

[194] Sperber D, Wilson Relevance. Communication and cognition [M]. Oxford: Blackwell Publishers Lt., 1986: 15.

[195] Swales J M, Feak C B. Academic writing for graduate students [M]. Michigan: The University of Michigan Press, 1994: 210.

[196] Venuti Lawrence. Rethinking translation: discourse, subjectivity, ideology [M]. NewYork: Routledge, 1992.

[197] Venuti Lawrence. The translator's invisibility-a history of translation [M]. London: Routledge, 1995.

[198] Vermeer H J. What does it mean to translate [J]. Indian Journal of Applied Linguistics, 1987 (13): 29.

[199] Wilhelm von Humboldt. On language [M]. Cambridge: Cambridge University Press, 1988: 93.

[200] Zabalbeascoa Patrick. From techniques to types of solutions [C]//Allison Beeby, Doris Ensinger, Marisa Presas et al. Investigating translation. Amsterdam & Philadelphia: John Benjamins, 2000: 119.

[201] Zipf G K. Human behavior and the principle of least effort: an introduction to human ecology [M]. Cambridge: Addison-Wesley, 1949: 126.